**HEYNE FILM- UND FERNSEHBIBLIOTHEK**

*Volker Schlöndorff und Woody Harrelson während der Dreharbeiten zu* PALMETTO

Thilo Wydra

# VOLKER SCHLÖNDORFF
## UND SEINE FILME

**Originalausgabe**

WILHELM HEYNE VERLAG
MÜNCHEN

HEYNE FILMBIBLIOTHEK
Nr. 32/256

Herausgegeben von Bernhard Matt
Redaktion: Rolf Thissen

*Meinen Eltern*

Copyright © 1998
by Wilhelm Heyne Verlag GmbH & Co. KG, München
Printed in Germany 1998
Umschlagfoto: Sammlung Wydra
Rückseitenfoto: Sammlung Wydra
Umschlaggestaltung: Atelier Ingrid Schütz, München
Herstellung: H + G Lidl, München
Satz: Fotosatz Völkl, Puchheim
Druck und Verarbeitung: Ebner Ulm

ISBN 3-453-13228-9

# Inhalt

Vorwort .............................................. 7
Danksagung ........................................ 10
Subjektives Kurzportrait: Volker Schlöndorff .......... 11
Wie aus dem *Erlkönig* ein *Unhold* wurde –
Set-Impressionen aus Paris, Sceaux und Studio Babelsberg . 16

## DIE FILME VON VOLKER SCHLÖNDORFF
DER JUNGE TÖRLESS ............................... 44
MORD UND TOTSCHLAG ............................ 54
MICHAEL KOHLHAAS – DER REBELL ................. 62
BAAL .............................................. 68
DER PLÖTZLICHE REICHTUM DER ARMEN LEUTE VON
KOMBACH ......................................... 72
DIE MORAL DER RUTH HALBFASS .................... 79
STROHFEUER ....................................... 83
ÜBERNACHTUNG IN TIROL .......................... 88
GEORGINAS GRÜNDE ............................... 92
DIE VERLORENE EHRE DER KATHARINA BLUM ......... 96
DER FANGSCHUSS .................................. 106
NUR ZUM SPASS – NUR ZUM SPIEL. KALEIDOSKOP
VALESKA GERT ..................................... 113
DEUTSCHLAND IM HERBST .......................... 118
DIE BLECHTROMMEL ............................... 122
DER KANDIDAT ..................................... 134
DIE FÄLSCHUNG .................................... 136
KRIEG UND FRIEDEN ................................ 144
EINE LIEBE VON SWANN ............................ 146
TOD EINES HANDLUNGSREISENDEN ................. 162
EIN AUFSTAND ALTER MÄNNER ..................... 173
DIE GESCHICHTE DER DIENERIN ..................... 181
HOMO FABER ...................................... 187
BILLY, HOW DID YOU DO IT? ........................ 203
DER UNHOLD ...................................... 207
PALMETTO ......................................... 221

## ANHANG

Volker Schlöndorff – tabellarischer Lebenslauf .......... 231
Die *Sammlung Volker Schlöndorff* im Deutschen
Filmmuseum Frankfurt am Main ..................... 241
Filmographie ....................................... 251
Bibliographie ...................................... 270
Anmerkungen ...................................... 304
Fotonachweis / Über den Autor ..................... 306
Register ........................................... 307

*Volker Schlöndorff beim Babelsberger »Wiederaufbau«*

# Vorwort

*»Mein Vater war Arzt, meine beiden Brüder sind Ärzte. Alles bestimmte mich dazu, auch Arzt oder Anwalt zu werden. Andererseits ist nichts verständlicher, als daß ein Bürgersohn zum Zirkus will. So ist es mir ergangen. Es gibt keinen Zirkus mehr, hieß es; dann eben zum Film; es gibt in Deutschland keinen Film mehr; dann gehe ich nach Frankreich.«*

*Volker Schlöndorff, 1978*

Aus der kleinbürgerlichen, oftmals von Engstirnigkeit und Unverständnis geprägten Welt auszubrechen, der gewohnten Umgebung zu entfliehen, das scheint für künstlerisch tätige Menschen geradezu biographische Prämisse zu sein. Der Schaffensdrang kann in intellektuell beengender Atmosphäre nicht befriedigt oder überhaupt erst ausgelebt werden, die Flucht nach vorn wird meistens mit einer Reise angetreten, die grundlegende Veränderungen mit sich bringt.

Auch bei Volker Schlöndorff muß das so ähnlich gewesen sein, als er 1955 im Alter von nur 16 Jahren sein Päckchen schnürte, der Heimatstadt Wiesbaden schließlich den Rücken zukehrte, um in frankophiler Begeisterung nach Paris zu gehen, dorthin, wo er im Reich der bewegten Bilder, in der Cinémathèque Française, täglich drei Filme sah.

Hier konnte er endlich Filmkunst pur erleben, hier konnte er den seinerzeit bedeutendsten französischen Regisseuren über die Schulter schauen und sich mit Regieassistenzen bei Louis Malle, Alain Resnais und Jean-Pierre Melville jenes notwendige Handwerk aneignen, welches er später dann selbst mit höchster Professionalität bis heute ausüben sollte, welches ihn zugleich von den autodidaktisch vorgehenden Autorenfilmern abhebt.

Volker Schlöndorff ist ein cineastischer Technikus, ein Profi. Wohl kein zweiter beherrscht das technische Einmaleins des Filmens so souverän wie er, der Literaturadept schlechthin, der Billy Wilders Filme ebenso verehrt wie den unnachahmlichen Lubitsch-Touch. In seinen Filmen ist er zwar in gewissem Sinne bodenständig geblieben, doch zeichnet sie dies nachgerade mit aus, erwächst aus der handwerklichen Perfektion erst die Möglichkeit, die Faszination für besondere Inhalte, zumeist für spezifische literarische Vorlagen, umzusetzen. Die Literaturverfilmung ist es, die, einmal abgesehen von den politisch engagierten Gruppenfilmen, den Nukleus, das Herz seines filmischen Werks bildet. Von seinem vielbeachteten Debüt im Jahr 1966, der Verfilmung von Robert Musils Erzählung *Die Verwirrungen des Zöglings Törless* unter dem Titel DER JUNGE TÖRLESS, über die *Oscar*-gekrönte und gleichnamige Adaption von Günter Grass' Roman *Die Blechtrommel* (1979) bis hin zu James Hadley Chases Kriminalerzählung *Just Another Sucker,* von Schlöndorff 1997 unter dem Titel PALMETTO auf die Leinwand transponiert – stets geht es ihm um das besondere Sujet, zu dessen Gunsten ein etwaiges eigenes filmisches Vokabular zurückgestellt wird. *Den* typischen »Schlöndorff-Touch« gibt es demnach nicht.

Das Handwerk wird hier zum unerläßlichen, geradezu altruistischen Diener an der (literarisch-filmischen) Kunst. So hat sich in seinen Filmen zwangsläufig kein singulärer Stil durchsetzen können, changieren stilistische und ästhetische Elemente von Film zu Film mitunter erheblich, paßt sich der Regisseur in seiner Arbeit einem Chamäleon gleich dem jeweiligen Stoff, den es weit mehr als nur zu bebildern gilt, adäquat an.

Dabei versteht Schlöndorff es, sowohl die anspruchsvolle als auch die populäre Schiene gewissermaßen gleichzeitig zu fahren und somit ein recht breitgefächertes Publikum zu bedienen. Das gewährt einerseits niveauvolles Kino, andererseits aber scheint das finanzielle Risiko auch beträchtlich gemindert. Freilich gilt dies längst nicht für alle seine Filme, von denen einige nach wie vor gewiß unterschätzt werden (wie etwa DER FANGSCHUSS, 1976) und insbesondere hierzulande extrem ambivalent rezipiert wurden (wie zuletzt DER UNHOLD, 1996).

Das vorliegende Buch, eine kommentierte Filmographie, will einen erstmals vollständigen Überblick über das filmische Schaffen Volker Schlöndorffs geben, welches nunmehr über drei Jahrzehnte umfaßt: Film für Film wird in der Chronologie der Entstehung erst inhaltlich beschrieben, Produktionshintergründe und/oder Entwicklungsprozeß werden beleuchtet, und es schließt sich vor allen Dingen eine ausführliche Besprechung an. Dies geschieht keinesfalls etwa mit dem nüchternen Blick

*Oskar brachte ihm den* Oscar *ein: Volker Schlöndorff und Margarethe von Trotta, 1980*

der Filmwissenschaft, sondern vielmehr in feuilletonistisch-legerer Manier.

Allem voraus gehen ein subjektives Kurzportrait und ein ausführlicher Drehbericht – entstanden in der zweiten Jahreshälfte 1995 am Set des bis dato letzten und gewiß aufwendigsten Schlöndorff-Films DER UNHOLD –, der die in Paris, Sceaux und Studio Babelsberg eingefangenen Impressionen schildert.

Der Anhang mit einer tabellarischen Biographie Volker Schlöndorffs, mit ausführlichen filmographischen und bibliographischen Angaben zu den einzelnen Filmen sowie Anmerkungen zu den jeweiligen Kapiteln soll die Werkbetrachtung abrunden.

*Thilo Wydra*   *Wiesbaden, im Dezember 1997*

# Danksagung

Zur Entstehung dieses Buches haben einige Menschen beigetragen, denen ich an dieser Stelle danken möchte.

Mein besonderer Dank gilt natürlich Volker Schlöndorff selbst, der mir Einblicke in seine Arbeit am Set von DER UNHOLD gewährte und mir für die eine oder andere Frage zur Verfügung stand. Während der Dreharbeiten und vor allem auch in der Zeit danach habe ich seither sowohl den Regisseur als auch den Privatmenschen etwas näher kennenlernen können. Auch dafür, daß er die Fotos aus der *Sammlung V. S.* hier zur Publikation freigibt, möchte ich ihm meinen aufrichtigen Dank aussprechen: »*Merci pour tout, Volker S.*«

Für all die Hilfe, den Rat und die Unterstützung, die ich erfahren habe, gilt mein Dank folgenden Freunden, Kollegen und Institutionen:

Frau Bachmann (Warner Home Video), Regine Baschny (Just Publicity), Cordula Bauermeister (ehem. Studio Babelsberg), Martin Blaney, Ivan Fila, Deutsches Filmmuseum (Natascha Gikas), Peter W. Jansen, Rüdiger Koschnitzki (DIF), Detelina und Joachim Kreck, Jürgen Labenski (ZDF-Spielfilm), Dieter Laser, Bernhard Matt (Heyne), Franz Rath, Peter Ruckriegl, Marianne Sägebrecht, Agnes Schell (ZDF-Spielfilm), Jürgen Schepers (Studio Babelsberg), Herbert Spaich, Tom Spalek, Brigitte Strubel-Mattes, Siggi Tesche, Tobis Filmkunst, Andrea Wink, Ursel Wydra
und dem engen Kreis (Tania, Eva, Jürgen, Gordon)
sowie den zitierten Zeitungen und Zeitschriften.

Besonders hilfreich waren:
Heiko R. Blum, Henriette Letzner (Büro Schlöndorff), Hans-Peter Reichmann (Deutsches Filmmuseum, *Sammlung V. S.*).

Und vor allem: Ulrike Seyffarth.

# Subjektives Kurzportrait: Volker Schlöndorff

*»Ich bin sowieso ein Kopfmensch.« V. S.*

Wer eigentlich ist der Mensch, der sich hinter dem Regisseur, der öffentlichen Person Volker Schlöndorff verbirgt? »Das ist mein Beruf: Literaturverfilmungen. Man lernt daran, sich selbst und seine Grenzen zu erkennen. Es ist ein Beruf wie jeder andere.« Der Beruf also als Persönlichkeitsfindung, als ureigenste Herausforderung? Als Spiegel auch des Privatmenschen Schlöndorff?

Daß Volker Schlöndorff im Alter von nur 27 Jahren an der Croisette in Cannes erste Triumphe mit seinem Langfilmdebüt erreichen kann, kommt gewiß nicht von ungefähr. Früh schon widersetzt er sich dem väterlichen Wunsch, Arzt oder Rechtsanwalt zu werden wie seine beiden Brüder, sondern geht zielstrebig seinen Weg, lernt eisern in der Schule der Nouvelle Vague, und gerade die Zeit seiner Regieassistenz bei Jean-Pierre Melville, der laut Schlöndorff »nur an das Handwerk glaubte, der überhaupt nur aus Handwerksregeln bestand«, hat ihm für den weiteren Weg das notwendige Rüstzeug mitgegeben. Den klinischen Blick des Vaters allerdings, »des Arztes, wie er leibte und lebte«, den hat er übernommen und bringt ihn mit ein in seine Filmkunst.

Erst viele Jahre nach dem JUNGEN TÖRLESS erfährt der verlorene Sohn, daß sein streng autoritärer Vater dieses Projekt zu behindern versucht hat. Viel später, als er zwei Karten nach Wiesbaden schickt, um Vater und Stiefmutter zum Besuch der BLECHTROMMEL einzuladen, da ist er es, der den Vater eine Woche nach deren Kinobesuch anruft und hören muß, daß er glücklicherweise nicht auch noch für die »scheußliche« literarische Vorlage verantwortlich sei: kafkaeske Demütigungen, die prägend sind, die vermutlich ein Leben lang innerlich widerhallen. Nicht umsonst sucht sich Schlöndorff seine Väter anderswo – filmische Ziehväter: So verbindet ihn etwa eine private und kollegiale Freundschaft mit Billy Wilder.

»Volker Schlöndorff, der Regisseur ohne Stil« *(Die Zeit),* der 1999 sechzig Jahre jung wird, ist ein absoluter Perfektionist, ein obsessiver Pedant, der unter Unzulänglichkeiten anderer und dem befürchteten eigenen Mittelmaß leidet. Alles muß zumindest hundertprozentig sein, die höchsten Ansprüche, die er an sich selbst stellt, setzt er dabei freilich auch bei seinen Mitmenschen an. Das kann zu Unstimmigkeiten, zu Mißstimmungen, zu Launen führen, wenn die Rechnung nicht unbedingt aufgehen will und sich Ergebnisse unbefriedigend ausnehmen. Ein gelegentlicher Temperamentsausbruch, etwa am Set, ist da schon möglich. Aber er nimmt auch kein Blatt vor den Mund, wenn es gilt, sachliche Kritik zu üben und die Dinge klar zu benennen. Mit dieser offenen und direkten Art hat er sich auch hie und da unbeliebt gemacht, doch das ist ihm »Wurscht«, wie er es lapidar faßt, solange er um die Berechtigung seiner Kritik weiß. Euphemismen gibt's bei ihm keine, frank und frei sagt er einem, was Sache ist, ganz gleich, ob positiv oder negativ. Das betrifft persönliche und auch übergeordnete, filmpolitische Belange: Er ist präsent und mischt sich ein, erhebt auch dann noch das Wort, wenn andere längst schon schweigen.

Spricht man mit einigen seiner Kollegen und Freunde, so kristallisieren sich wesentliche Übereinstimmungen rasch heraus, Wesenszüge, die alle miteinander an *ihrem* Regisseur oder an *ihrem* Freund feststellen. Von einer denkbar hohen Professionalität sprechen sie ohnehin alle, daß er zwar kein »genialischer Magier«, dafür aber ein »exzellenter Handwerker« sei, auch, daß er bei der Arbeit »gedanklich stets hochkonzentriert« und »wahnsinnig begeisterungsfähig« sei. Am Drehort befinde er sich »in einer permanenten inneren Auseinandersetzung«, sowohl mit sich selbst als auch mit dem zu adaptierenden Stoff. Er selbst scheint dabei sein strengster Kritiker zu sein, und durch seine Kompliziertheit steht er sich dabei auch mal selbst im Weg. Er scheint an hundert verschiedene Dinge gleichzeitig zu denken, wirkt mitunter vollkommen abwesend und verkopft, erzählt urplötzlich schnell eine weitere Anekdote über Lubitsch, Lang oder Wilder, um sogleich wieder exakt dort anzuknüpfen, wo er zuvor aufgehört hat. »Ich bin sowieso ein Kopfmensch«, sagt er einmal, und jene sehr emotionalen Momente in seinen

*Jean-Pierre Melville mit Regieassistent Schlöndorff, hier in Statistenfunktion*

Filmen sind denn auch recht rar, aber um so intensiver: So ist HOMO FABER gewiß sein zartester, emotionalster Film, entstanden in der Zeit einer persönlichen Krise.

Volker Schlöndorff ist gewiß kein einfacher Mensch: Er ist kompliziert und schwierig, er ist »hochgebildet und hochintelligent«, und die immens hochgesteckten Ansprüche an sich selbst, die mit einer gewissen Starrköpfigkeit und großem Energieaufwand umgesetzt werden, formen da nur die notwendig logische

*Volker Schlöndorff und einer seiner bevorzugten Kameramänner, der Tscheche Igor Luther*

Konsequenz. Seine »großartige Bildung« ist eine der Prämissen, durch welche Schlöndorff von Anfang an mit schlafwandlerischer Sicherheit die große weite Welt entdeckt und jene der bewegten Bilder schnell erobert: »Er hat etwas Großkariertes, ist ganz gewiß ein Europäer.« – »Er hat schon dieses große Weite, was eben international notwendig ist.«

Für manch einen ist er inzwischen selbst zum »Ziehvater« geworden, zur Vaterfigur mit Vorbildcharakter, mit dem zu arbeiten nur heißen kann, zu lernen und persönlich dazuzugewinnen. Der bourgeoisen Welt, in die er hineingeboren wurde, konnte er jedoch nie ganz entfliehen, obwohl er dies über Jahre hinweg versucht hat, vor allem in Frankreich und den Vereinigten Staaten. Während seiner langen Aufenthalte im Ausland bekommt er sein Deutschsein jedoch um so stärker zu spüren, auch die dort gerne vergessene bürgerliche Provenienz, seine Wurzeln. Der Ambivalenz seiner Situation ist er sich dabei durchaus be-

wußt, und so manches Mal wäre es für ihn persönlich besser, ein anderer zu sein, seiner eigenen Haut entschlüpfen zu können und andere Sehweisen anzunehmen. Der innere, private Zwang, sich nie festlegen zu lassen, verfolgt ihn auch im Beruf: Seine Stoffe wechseln – inhaltlich wie auch stilistisch – wie bei keinem zweiten Regisseur, und auch das Team ist immer wieder, mit einigen Ausnahmen, ein neues. Die Bücher, die Volker Schlöndorff adaptiert hat, die habe er nie gesucht, wie er einmal sagt: »Die Bücher haben mich gefunden, sie haben immer zu einem gewissen Lebensabschnitt gepaßt – diese Bücher sind meine Dialogpartner im Leben gewesen.«
Solange es ihm möglich ist, wird er diesen Dialog führen, mit der ihm eigenen Schärfe, mit der ihm eigenen Konsequenz.

(Die zitierten Aussagen stammen aus diversen Gesprächen und Einzelinterviews des Autors, unter anderem mit Georg Alexander, Dieter Laser, John Malkovich, Franz Rath, Marianne Sägebrecht, Margarethe von Trotta, Régis Wargnier und Volker Schlöndorff selbst.)

# Wie aus dem *Erlkönig* ein *Unhold* wurde

*Set-Impressionen aus Paris, Sceaux und Studio Babelsberg*

## I. Paris

Die Sonne wirft ihre Strahlen auf die Stadt und taucht sie in ein goldenes Licht. Die Seine-Metropole ist, wie immer, voller Touristen: allenthalben ein babylonisch anmutender Sprachenwirrwarr. Unweit von Notre-Dame, direkt am Quai des Célestins des Rive Droite, in der recht alten Schule Massillon mit ihrem herrlich morbiden Ambiente und einer relativ gut erhaltenen Bausubstanz, herrscht reger Betrieb: Wüßten die touristischen Passanten davon, die fotoklickend vorbeiziehen, so hätten sie den Ort gewiß rasch zur nächsten Attraktion auserkoren: *Oscar*-Preisträger und Babelsberg-Geschäftsführer Volker Schlöndorff dreht hier diverse Szenen zu seinem Film DER UNHOLD.
Es ist Montag, der Morgen des *28. August 1995*. Das Set befindet sich an diesem Drehtag im dritten Stock jenes Schulgebäudes, direkt unter dem Dach: Hier wurde die Schule in eine schmuddelige Polizeiwache der späten dreißiger Jahre umfunktioniert. Alte Lampen hängen an verlängerten Kabeln von der Decke herab, Plakate mit Suchmeldungen aus dem Jahr 1939 zieren die angelaufenen Wände, die Bürostube ist dunkel möbliert, auf den drei Schreibtischen befinden sich antiquarische Utensilien, die jene Zeit wieder lebendig werden lassen. Das alles mutet sehr authentisch an, zeugt von größter Sorgfalt des Ausstattungs-Teams (Bernhard Henrich u. a.) und der Requisite (Axel Kahnt), von viel kenntnisreicher Liebe zum Detail auch.
John Malkovich, der die Rolle des tumben Toren Abel Tiffauges interpretiert, steht in der Mitte des engen Raums, in dem sich das Team bewegen muß. In übergroßen Cordhosen und verschlissenem, ölbeflecktem Hemd steht Malkovich da, wie ein Fels in der Brandung, sichtlich angespannt, abwesend. Seine Stirn ist blutverschmiert, seine künstlichen Haare wüst durcheinander: ein Koloß von Mensch, ein steinerner Unmensch. Jener Abel, der am Rand von Paris eine Autowerkstatt betreibt

und, mit Fotoapparat und Tonbandgerät bewaffnet, Mädchen und Knaben auf Schulhöfen beobachtet, jener »Unhold« wuchs eltern- und heimatlos in einem Internat in Beauvais auf, bemerkte schon in seiner Kindheit, daß er anders als seine Mitschüler ist, hat nunmehr nur mit Kindern Kontakt und liebt Tiere über alles. Er ist ein Fremder, ein Ausgestoßener, der im Grunde gesellschaftsunfähig ist und somit letztendlich zum untauglichen *Outlaw* degradiert wird. Wesentlich später dann, zur Zeit der Kriegswirren, landet Abel als Kriegsgefangener in Ost-

*Der steinerne Unmensch: John Malkovich am Paris-Set von* DER UNHOLD

preußen, arbeitet für Reichsjägermeister Göring, bereitet in der Zitadelle Kaltenborn, einer Nationalpolitischen Erziehungsanstalt, Jugendliche auf ihr Dasein als Elite des Reichs vor. Auch hier sind es wiederum die Kinder, die sein Leben bestimmen ...
Im spätsommerlichen Paris werden die Sequenzen gedreht, die den erwachsenen Abel vor seiner Kriegsgefangenschaft beschreiben, in dem Pariser Vorort Sceaux, schließlich die Zeit seiner Kindheit im Internat. Gedreht wird in Englisch, da die europäische Großproduktion nur so auf dem internationalen Markt reale Chancen hat. An Malkovichs letztem Pariser Dreh-

*John Malkovich wird der Spiegel vorgehalten, Volker Schlöndorff freut's, und Kameramann Bruno de Keyzer fokussiert*

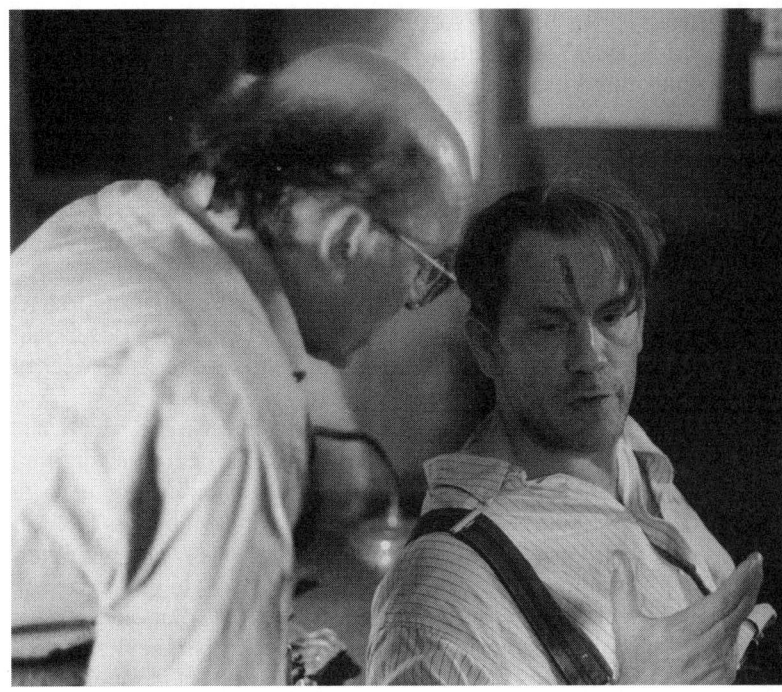
*Der Regisseur und sein Biest*

tag, den Sequenzen auf der Wache, steht auf dem *Shooting Schedule,* dem Drehplan, Abels Konfrontation mit einem der Schulmädchen, der kleinen Martine. Aufgrund eines fatalen Mißverständnisses wird Abel eines Deliktes beschuldigt. Er beteuert seine Unschuld, meint, er habe die Kleine nur beschützen wollen. Zwei Flics führen die blasse und fragil anmutende Martine, gespielt von Sasha Hanau, herein; diese erkennt Abel sogleich wieder, erschrickt und ruft verschüchtert: »He did it! He did it! He hurt me! – Let me go! I don't want to see him.« (»Er war's! Er war's! Er hat mir weh getan! – Laßt mich los! Ich will ihn nicht sehen.« – Sämtliche Dialogpassagen stammen aus der überarbeiteten Fassung des THE OGRE-Drehbuchs vom 20. September 1995; siehe Anm. 1).

Die beiden Stationsbeamten zwingen den klobigen Automechaniker auf die Knie, einer hält ihm höhnisch zischend einen kleinen runden Spiegel vor das blessierte Gesicht und fragt eindringlich: »You see that face? Look in the mirror! Don't you think that's the face of a murderer?« (»Siehst du dieses Gesicht? Schau in den Spiegel! Glaubst du nicht, das ist das Gesicht eines Mörders?«) Malkovich zieht langsam seinen Kopf hoch und schaut erst zögernd auf, dann plötzlich scheint ihn ein Gedankenblitz zu durchfahren, und er betrachtet sich selbst geradezu interessiert, als ob der Polizist mit seiner Vermutung nicht ganz unrecht habe, sein leichter Silberblick irrt im Spiegel umher. – »Cut!« kommt es aus einer Ecke, und Volker Schlöndorff springt auf und geht eilig mit zufriedenem Gesichtsausdruck auf seinen Hauptdarsteller zu, der erst beim zweiten Ansprechen reagiert, aus seiner einverleibten Rolle heraustritt.

Eigentlich wollte der Regisseur das französische »Urviech« Gérard Depardieu für die Rolle haben, doch der sagte aufgrund anderweitiger Verpflichtungen ab, dreht ohnehin nur noch in den USA. John Malkovich, mit dem Schlöndorff bereits 1985 bei der Adaption von Arthur Millers Theaterstück *Death of a Salesman* zusammenarbeitete, mag zwar zweite Wahl gewesen sein, doch scheint seine Besetzung sich nunmehr als Vorteil zu erweisen. Der 1953 geborene Schauspieler verkörpert seinen diffizilen Part, diesen andersartigen Einzelgänger, auf geradezu kongeniale Weise, spielt den Facettenreichtum jener ambivalenten Figur, die perfide-pervers und eigenwillig-liebevoll zugleich scheint, voll aus: Seine Präsenz in der Rolle des Abel ist enorm, und so ist der US-Star denn auch von einer mystisch-düsteren Aura umgeben, von einer undurchdringlichen Sphäre, ist gegenwärtig und unnahbar in einem. Als die letzte Paris-Szene mit Malkovich im Kasten ist, macht er die Runde, bedankt sich per Handschlag bei den Mitgliedern des Teams, die ihm applaudieren, wissend, daß man sich in Polen und im Studio Babelsberg wiedersehen wird: »See you in Berlin – but in Poland I'll have more spare time«, meint er zu mir (»Wir sehen uns in Berlin – aber in Polen werde ich mehr freie Zeit haben«) und eilt davon, nicht ohne noch ein paar Jugendlichen Autogramme zu geben, haben sie ihn doch draußen auf der Straße sofort erkannt und umzingelt.

Der Drehtag jedoch ist noch nicht zu Ende, das nächste Motiv ist bereits vorbereitet. Unten, in den geräumigen Kellergewölben des Schulgebäudes, wurde die Küche des St.-Christophorus-Internats hergerichtet: Schwere, dunkle Küchenmöbel, an denen übergroße Schöpfkellen hängen, prägen das Ambiente, der ornamentale Fliesenboden macht einen zusätzlichen Reiz der ori-

*Es ist angerichtet!*

*Abel (Caspar Salmon, links) und Nestor (Daniel Smith): Warten auf das Zeichen, dann kann »das große Fressen« losgehen*

ginellen Kulisse aus. Die Hauptdarsteller dieser in Schwarzweiß gedrehten Szenen aus Abels Kindheit sind, wie an den darauffolgenden Tagen in Sceaux auch, Caspar Salmon als junger Abel und Daniel Smith als Abels Internatsfreund Nestor. Die Sequenz spielt in der Nacht, und so müssen sich die beiden Jungen ihren Weg zu den Vorratsschränken mit der Taschenlampe bahnen. Denn Nestor hat wieder einmal Hunger, und sein treuer Freund Abel begleitet ihn an den Ort seiner Obsession: So geben die beiden jungen Darsteller in ihrer höchst unterschiedlichen Physiognomie und völlig verschiedenen Wesensart ein schon skurriles Paar ab, das durchaus Assoziationen an Pat und Patachon, an Laurel und Hardy auch, evoziert – der behende, schlanke Caspar/Abel und der behäbige, korpulente Daniel/Nestor. Abel ist denn auch der Kopf des symbiotischen Duos, der flinke Denker, Nestor der Bauch, der in sich Ruhende. Gemeinsam entlocken sie dem unterirdischen Speiseparadies diverse Wurstsorten, Milch, Brot, einen großen Topf mit Marmelade und einen unappetitlich anzuschauenden Schweinskopf, den der filigrane Caspar auf dem Tablett kaum tragen kann! Sie nehmen beide an dem langen, nunmehr reichlich gedeckten Tisch Platz, Nestor beginnt gierig zu essen, während Abel aus dessen Lieblingsbuch über Kanada, *Le Piège d'or* von James-Oliver Curwood, vorlesen soll. Einige Male wird geprobt, bis Volker Schlöndorff das Signal zum Drehen gibt: Bis die zu kopierende Szene erreicht ist, muß Daniel einiges an Wurst und Marmelade verdrücken, doch den Jungen scheint das nicht sonderlich zu stören.

Während dieses Drehs hat sich noch ein Gast lautlos an das Set geschlichen und sich lesend in den Nebenraum begeben: Margarethe von Trotta. Mit seiner geschiedenen Frau, die ihren ständigen Wohnsitz im neunten Pariser Arrondissement hat, geht Schlöndorff nach Drehschluß dann essen – ganz gewiß jedoch keinen Schweinskopf ...

## *II. Sceaux*

*Dienstag, 29. August 1995:* Der letzte Drehort in Frankreich befindet sich etwas außerhalb von Paris, im südlichen Banlieue: In Sceaux hat man den prachtvollen Gebäudekomplex des Lycée Lakanal für die im Internat angesiedelten Szenen ausgesucht. Die verschiedenen Trakte der Schule sind von einer Parkanlage umgeben, das Areal liegt mitten im Grünen und strahlt eine dörfliche Beschaulichkeit und geradezu friedliche Ruhe aus, die nur durch das eifrige Treiben des Filmteams gebrochen wird. Dutzende von Jungen in dunklem Habitus mit wehendem Umhang und landestypischer Calotte laufen hier kreuz und quer durch die Gänge und über die Weite der verschiedenen Höfe; hier und da steht ein Elternteil mit sichtlich stolzer und erwartungsvoller Miene am Rande des Geschehens.

Und dieses ist denn auch »hochexplosiv«: Der von Abel so sehnlich herbeigewünschte Brand in der Internatskapelle steht auf dem Drehplan, es ist dies laut Drehbuch die 13. Einstellung, und es ist nur allzu verständlich, daß die Atmosphäre gerade vor dem Dreh dieser Sequenz etwas angespannt ist, werden doch

Glassplitter der beiden extra installierten Kirchenfenster durch deren Sprengung über den ganzen Hof fliegen. Es besteht also Verletzungsgefahr, und jeder, der nicht unmittelbar an der Szene teilnimmt, begibt sich aus der Gefahrenzone; auch die Kamera ist in einer entlegenen Ecke des Hofes positioniert und mit einer Schutzhülle versehen.

»Action!« heißt es schließlich, und daraufhin wird die erste Sprengung unternommen; in alte Monturen gekleidete Feuerwehrleute eilen herbei, mit goldenen Helmen und einer Axt ausgestattet; dann die zweite Detonation, das Zeichen für die vom Pater (Claude Degen) angeführte, aufgeregte Kinderschar: Verstört laufen sie durch die Szenerie, die vom Rauch mehr und mehr überlagert wird, der Pater hat sichtliche Mühe, sie beieinander- und zugleich vom Brandherd fernzuhalten. Inzwischen hat die Feuerwehr auch ihren Löschwagen an Ort und Stelle gebracht, so daß es endlich »Wasser Marsch!« heißen kann – aus dem Hintergrund hallt das warnende Trommeln des alten Mannes, dessen

*Schlöndorff gibt letzte Anweisungen vor dem explosiven Dreh ...*

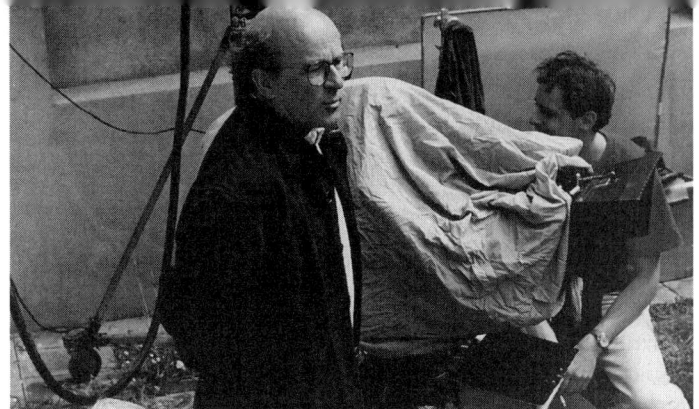

*… schaut sich alles aus der Ferne noch mal an …*

Aufgabe es normalerweise ist, die Jungen zum Unterricht einzusammeln, wenn sie auf dem Schulhof ihre Pause verbringen. – 
Nach dieser relativ aufwendigen und nicht gänzlich berechenbaren Einstellung herrscht allenthalben Erleichterung, ging

*… dann kracht's!*

doch alles gut, und die Szene, die zu wiederholen mindestens etliche Stunden verschlungen hätte, ist im Kasten. Und St. Christophorus, dessen Statue zwischen den beiden zerstörten Fenstern auf einem Sims thront, hat das alles ohnehin nur wenig beeindruckt, er hält weiterhin ruhig das Kind im Arm ...
Die weiteren Einstellungen, die an diesem Tag noch auf dem Drehplan stehen, nehmen sich vergleichsweise unspektakulär aus: Da gilt es zunächst für die Feuerwehrleute, die mächtige Holztür zur Kapelle, in der der Brand ausgebrochen ist, aufzubekommen. Einer der Blaumänner hat eine Axt in der Hand, mit der er gegen jene Tür schlagen soll, die anders nicht zu öffnen ist: Mehrmals müssen die behelmten Statisten auf die Tür zustürzen, einer muß die Axt einsetzen, möglichst heftig, doch ohne die Requisite zu sehr in sichtbare Mitleidenschaft zu ziehen, müssen die Stellen doch jedesmal neu übertüncht werden. Für Volker Schlöndorff jedoch fehlt das notwendige Tempo, jene Eile, die sich in der Not zwangsläufig entwickelt. Ungehalten nimmt er dem Feuerwehrmann die Axt aus der Hand und demonstriert, wie er sich die Szene vorstellt: Heftig schlägt er gegen die Tür, Splitter fliegen, französische Erklärungen für die Statisten folgen außerdem – ungeduldig reicht er dem Mann die Axt zurück und will es vor dem Dreh nun noch einmal sehen. Hier kommt der Perfektionist in ihm durch, der nicht länger an sich halten kann, weil in seinen Augen unzulänglich gearbeitet wird. Da er selbst denkbar höchste Ansprüche an seine ureigene Arbeit stellt, muß es recht ernüchternd sein, diese nicht immer umsetzen zu können, von anderen gar verhindert zu sehen oder an den Umständen zu scheitern. Verständlich ist es da schon, daß sich der Geduldsfaden so manches Mal seinem Ende nähert, zumal der Zeitplan, den es möglichst einzuhalten gilt, insbesondere dem Regisseur im Nacken sitzt, in Gestalt des geldgebenden Produzenten. Unter Volker Schlöndorffs Regie zu arbeiten, erzählen einige am Set, das hieße auch, unter großem Druck zu arbeiten, der durch dessen immens hohe Erwartungshaltung an das Team entstehe, freilich auch durch sein perfektionistisches Handwerk.
Die nächste Szene beschreibt im Grunde das allzu abrupte und viel zu frühe Abschiednehmen Abels von Nestor, der bei dem Brand ums Leben gekommen ist. Einige Meter vor der Kapel-

*Daniel Smith, der junge Nestor, wird von Volker Schlöndorff auf seinen Filmtod vorbereitet*

lentür hält Abel intuitiv inne, so, als ob er ahne, was geschehen ist: Vier Feuerwehrmänner kommen auf ihn zu, eine Bahre tragend, auf der ein Körper liegt – es ist der verunglückte Nestor. Für den jungen Darsteller des Abel, Caspar Salmon, heißt es, an dieser markierten Stelle zu verharren, mit dem Blick und einer langsamen Drehung des Körpers der Bahre ohne größere Bewegung zu folgen. Ein rein auf die Mimik reduziertes Spiel ist hier vonnöten, und Caspar vermag es, den Schockmoment und die Erkenntnis über den tragischen Tod des Freundes glaubhaft zu vermitteln. In jenem Augenblick, in dem die Bahre auf seiner Höhe angelangt ist, bemerkt Abel das versengte Buch auf Nestors Bauch, jenes Lieblingsbuch, aus dem er seinem hungrigen Freund in der Küche vorgelesen hatte und welches ihn fortan erinnernd begleiten wird: Er nimmt es und drückt es an sich, einer letzten Umarmung des Toten gleich.

Für die letzte Einstellung des Tages zieht das Team innerhalb des Areals um, einer der kleineren Höfe gibt nun die Kulisse für die nächste Szene ab, in der lediglich zu sehen ist, wie Nestor – der laut Drehbuch wieder quicklebendig ist – sich von seiner Mutter (Christine Paolini), der Hausmeistersfrau, verabschiedet, das Fahrrad besteigt und Abel noch rasch aufspringt, um ihn zu begleiten. Zu einem Kuriosum am Rande gerät der Akt des Fahrradfahrens, den der schwergewichtige Daniel Smith hinter sich bringen muß. Volker Schlöndorff hält dem Jungen das Fahrrad, und dieser tritt mühevoll in die Pedale, um in Gang zu kommen – ein recht eigenwilliges Bild, das sich dem Betrachter bietet. Nach Abschluß dieser Sequenz ist der erste Drehtag in Sceaux zu Ende, und das Team fährt zurück in die Hotels nach Paris.

Einige wenige des Stabs, darunter Kameramann Bruno de Keyzer, fahren jedoch erst in das Pariser Studio Boulogne, um die Muster der Vortage zu sichten. Ich schließe mich Volker Schlöndorff an, zumal für den Abend noch ein gemeinsames Essen geplant ist. Die Muster zeigen jene Szenen mit John Malkovich,

*Nestor radelt seinem Regisseur davon*

die im vierten und im elften Pariser Arrondissement gedreht wurden, nahe der Bastille und dem Marais. Im verwinkelten Marais-Viertel, an der Place des Vosges, ist auch Schlöndorffs Hotel gelegen, wo wir uns nach Salat und Rotwein spätabends trennen, er dem Gute-Nacht-Wunsch hinzufügt, daß er nun noch die Einstellungen des nächsten Drehtages im Kopf durchgehe, daß er noch mal »bei John« anrufen müsse und daß unsere gemeinsame Geburtsstadt Wiesbaden für ihn in weite Ferne gerückt sei ...
Auf dem Weg zu meinem Hotel zwischen Gare St. Lazare und der Oper denke ich über unser Gespräch während des Essens nach, über die Unruhe, von der Volker Schlöndorff sprach, über den immensen Druck, der auf ihm laste, und daß er froh sei, daß all die Anspannung ihm nicht auf den Magen schlage, sondern sich auf seinen Rücken auswirke. Nach dem Dreh habe seine Masseurin dann wieder sechs Wochen Arbeit vor sich, meint er, bevor er sich entschuldigt, um seinem Bruder telefonisch zum Geburtstag zu gratulieren. Bei unseren losen Treffen habe ich stets den Eindruck, daß dieser hochgebildete Mensch, der in seiner Pariser Studienzeit bereits Prousts dickleibiges Œuvre *A la recherche du temps perdu* im Original verschlungen hatte, seinem Gesprächspartner zwar hohe Aufmerksamkeit schenkt und konzentriert zuhört, jedoch immer auch etwas abwesend wirkt, innerlich getrieben, auf der Suche nach Neuem: ein unbehauster Wanderer per se. Eine geographische Heimat hat er im Grunde nicht, und seine bisherigen Wohnorte – Wiesbaden, Paris, München, New York, Berlin – waren immer nur Wegstationen. Doch für ihn scheint das so in Ordnung zu sein, liegt hierin neben seinem Wissensdurst der Impetus, zu neuen Ufern aufzubrechen, Neues auch selbst zu erschaffen – Filme eben.
*Mittwoch, 30. August 1995:* Am nächsten Morgen stehen zuerst Innenaufnahmen auf dem Drehplan; Abel wird vom Schulvorsteher mit Schlägen gezüchtigt. In einem verdunkelten Raum ist ein Beichtstuhl aufgestellt, auf dessen Lehne ein Glöckchen steht. Abel kniet auf dem Stuhl und blickt auf die verschlossene Tür vor sich, die sich öffnen wird, sobald er geläutet hat – heraustreten wird der ihn maßregelnde Schulvorsteher. Bevor die Szene dann mit dem tatsächlich furchteinflößenden Darsteller des strengen Schulvorstehers (Jacques Brunet) geprobt wird,

zeigt Volker Schlöndorff Caspar Salmon, wie er sich Abels Reaktionen vorstellt, dessen Angst vor den Schlägen im Gesicht, und wie er nur zögernd zum Glöckchen greifen soll, wohl wissend, was ihm bevorsteht. Schlöndorff zieht auch die Bewegungen der Schläge nach, die der Schulvorsteher dann noch wesentlich härter erteilt. Auch diese Sequenz führt Abels Ausgegrenztsein, sein solitäres Außenseitertum vor Augen, denn er muß büßen ohne Schuld. Zwei differierende Versionen dieser Szene werden gedreht, einmal wird Abel geschlagen und zieht mit dem vom Schulvorsteher ausgehändigten Zettel davon, beim zweiten Mal dringt rechtzeitig der vom Kapellenbrand herrührende Rauch durch die Türritze, so daß der Mann, der bereits zum kräftigen Schlag ausgeholt hat, innehält und davon abläßt.

An diesem Drehtag hat sich in Sceaux gleich mehrfach namhafter Besuch angekündigt: Michel Tournier, in Frankreich gewiß einer der großen Etablierten zeitgenössischer Literatur, Autor auch der Textvorlage von DER UNHOLD, des 1970 erschienenen, preisgekrönten Romans *Der Erlkönig* (Prix Goncourt), trifft ebenso am Set ein wie Drehbuchautor Jean-Claude Carrière, der – nach Filmen wie etwa DIE BLECHTROMMEL, DIE FÄLSCHUNG oder EINE LIEBE VON SWANN – erneut als Koautor mit für das Buch verantwortlich zeichnet. Auch Claude Berri (GERMINAL, LUCIE AUBRAC), der mit seiner Firma Renn Productions (Paris) als Exekutiv-Produzent fungiert, schaut kurz vorbei. Während Carrière in der Garderobe verschwindet, um später im schwarzen Gewand eines Paters wieder aufzutauchen, entwickelt sich mit Michel Tournier, einem sehr aufgeschlossenen und bescheidenen älteren Herrn, dessen natürliche Freundlichkeit einhergeht mit geradezu jugendlichem Humor, ein interessantes Gespräch über das deutsch-französische Verhältnis. Tournier, der auch heute noch bei Paris lebt, hat seinerzeit vier Jahre in Tübingen studiert, Philosophie und Jura, und zu Deutschland hat er zeit seines Lebens eine latente Affinität. Vieles ist im *Erlkönig* zu lesen, was so manchem bei der Lektüre als allzu germanisch, als allzu glorifizierend erscheinen mag. Nicht von ungefähr wurde dieser Roman hierzulande von einigen Stimmen als »gefährlich« kategorisiert (siehe auch das Kapitel zu DER UNHOLD).

*Volker Schlöndorff und Caspar Salmon bei der Probe*

*Züchtigung als kathartisches Moment?*

*Volker Schlöndorff, Thilo Wydra, Michel Tournier (von links)*

Nach gemeinsamem Mittagessen folgt dann der Dreh der Eröffnungssequenz des fertigen Films: Auf dem vorderen großen Schulhof tollen Dutzende von Jungen umher, nehmen sich Huckepack und fechten Ritterspiele miteinander aus, Kochsiebe dienen dabei als Helme, Schulranzen als Schilde, und einige von ihnen haben gar noch hölzerne Schwerter. Da der Boden matschig ist, gerät das Ritterspiel beinahe zur Schlammschlacht. Und irgendwo in der dunklen Kinderschar steht Volker Schlöndorff; in leuchtendrotem Pulli und in Turnschuhen sporn er die jungen Statisten an, animiert sie boxend zum imaginären ritterlichen Spiel, steht manchmal auch in der schlammigen Mitte und gibt letzte Anweisungen für den Dreh. Dabei läßt er sich auf die Kinder ein, ahmt jene Gesten nach, die ihm für die bevorstehende Einstellung vorschweben. Abel wird von Nestor auf die Schultern genommen, und so kämpfen sie gegen den »Feind« an. Einer der Mitschüler, Clément (Ryan O'Leary), verletzt sich

*Kritischer Blick auf den Videomonitor*

*Caspar Salmon, Daniel Smith, Volker Schlöndorff und Michel Tournier*

bei den Spielen am Knie, und er zwingt gerade Abel, ihm die Wunde sauberzulecken. Abel tut dies widerstandslos – eine demütigende und entwürdigende Szenerie, die die latente Brutalität, die zuweilen unter Kindern herrscht, kurz und prägnant aufzeigt. Über die Leinwand werden diese Bilder – wie übrigens sämtliche in Sceaux entstandenen Szenen – in Schwarzweiß flackern, als fragmentarischer Rückblick auf Abels Internatszeit, auf die Wurzeln des Entwurzelten.

## *III. Babelsberg*

*Donnerstag, 30. November 1995:* Berlin zeigt sich grau in grau, es ist die übliche spätherbstliche Tristesse in der neuen alten Hauptstadt. Während es draußen früh dunkelt, die Menschen sich in ihre warmen Stuben verkriechen und die Straßenzüge wie leer gefegt sind, herrscht in den Babelsberger Studios Hochbetrieb: Volker Schlöndorff dreht hier seit dem 21. November an drei Sets. Es sind dies die in Professor Blättchens Labor spielenden Sequenzen, jene im Schlafsaal auf Burg Kaltenborn und vor allem die in Reichsmarschall Görings Jagdschloß angesiedelte Szenerie.

Am Abend des 30. November hält Schlöndorff in der großen Marlene-Dietrich-Halle inmitten der von Bühnenbildner Ezio Frigerio kreierten, pompös-bombastischen Kulissen des Jagdschlosses, mit seinen Gemälden, Büsten, Hirschgeweihen und Bärenfellen eine Pressekonferenz ab: Mit ihm am monumentalen Speisetisch des Reichsmarschalls haben John Malkovich, Marianne Sägebrecht, Dieter Laser, Gottfried John und Heino Ferch Platz genommen, vor dem Tisch rangelt ein Pulk von Journalisten und Fotografen um den besten Stehplatz – das Interesse an Schlöndorffs Großprojekt ist enorm.

Am 8. Dezember, dem letzten Drehtag, werden dann insgesamt 75 Drehtage, viereinhalb Monate Drehzeit mit Unterbrechungen, hinter dem Team liegen – die erste Klappe fiel am 24. Juli in Polen. Das sich auf 26 Millionen Mark belaufende Budget sei natürlich »eine immense Summe«, so Schlöndorff, von der »ein ziemlich schwer zu ertragender Druck« ausgehe. Ohnehin habe man das Budget überzogen, aber »wenn man beim Drehen ist, muß man aufs Ganze gehen«, zumal ein solcher Film »nur alle

*John Malkovich, beobachtet während der Babelsberger Pressekonferenz*

Jubeljahre gemacht werden kann. Wenn das Projekt schiefgeht, ist der europäische Film wieder einmal scheintot.« Für Schlöndorff, dessen letzter Film HOMO FABER (1991) bereits vier Jahre zurückliegt, ist es denn auch ein Privileg, als Babelsberg-Geschäftsführer wieder »Kunst machen zu dürfen, nicht nur Geschäfte«. In dieser neuen, alten Rolle fühlt sich der emphatische Regisseur sichtlich wohl, und freimütig gesteht er, daß er sich jünger fühle und »das so nicht länger gutgegangen wäre: Ich war drauf und dran, mir selbst abhanden zu kommen.« Inhaltlich gibt er der anwesenden Presse etwa preis, dabei ins Englische fallend: »Somehow it is going to be a very German movie. – Die Inszenierung ist sehr gerad'aus, wie hoffentlich alles, was ich mache.« Als plötzlich die Rede auf Louis Malle kommt, Schlöndorffs am 23. November verstorbenen Freund, hält er inne, unterdrückt schluckend die Tränen, entschuldigt sich für seine Gefühle. Eine Woche ist es gerade mal her, daß er seinen langjähri-

*Set-Impression von Professor Blättchens Labor*

gen Freund verloren hat, bei dem er vor genau 35 Jahren als Regieassistent (ZAZIE DANS LE MÉTRO, 1960) angefangen hatte.
»Volkes Zukunft: Chromosomen + Auslese« steht in schwarzen Lettern auf einer kalkweiß getünchten Wand im Innern jenes gotischen Baus, der Burg Kaltenborn, in der Professor Blättchens Laboratorium untergebracht ist. Alles ist in sterilem Weiß gehalten, in den Regalen befindet sich ein morbides Sammelsurium aus Totenköpfen, Reagenz- und anderen Gläsern, in denen Embryos oder auch ausgereifte Köpfe eingelegt sind, Skelette hängen an Ständern, auf einer Tafel ist zu lesen: »Minderwertiges Erbgut – Familie Zero«.
Es ist das Reich des spinnerten Rassenzüchters Blättchen, von Dieter Laser emphatisch verkörpert, der im weißen Kittel seinen Text probt und sich gerne mit einer Zigarette in eine abgelegene Ecke der weitläufigen Halle zurückzieht. In einer dieser Ecken erzählt er mir dann auch mal von der Zeit, als er »mit

Volker am Strand von San Sebastian war«, damals, im Jahr 1975, als er in dessen DIE VERLORENE EHRE DER KATHARINA BLUM den windigen Reporter Tötges spielte und der Film auf dem spanischen Festival präsentiert wurde. Laser, der 1973 zum erstenmal vor einer Kamera stand, in Reinhard Hauffs Fernsehfilm DESASTER, spielt wenige Jahre später erneut unter Schlöndorffs Regie, in der *Antigone*-Episode des Gruppenfilms DEUTSCHLAND IM HERBST (1978).

John Malkovich, der an diesen Drehtagen auch am Babelsberger Set ist, läuft im Vergleich zu seiner Pariser Erscheinung in gänzlich anderem Habitus umher, mit militärisch gestutzten

*Vor allem germanisch müssen sie sein: Volker Schlöndorff probt mit Dieter Laser, dem jungen Lars Albiez und John Malkovich*

Toupethaaren, in der olivenfarbenen Montur des Kriegsgefangenen; »KG« steht denn auch überdeutlich auf seinem leicht gebeugten Rücken. Er, der US-Star in den traditionsreichen Babelsberger Studiohallen, taucht auch hier nie wirklich aus seiner ureigenen Welt hervor, setzt sich in der Drehpause lieber in seinen Stuhl und malt gedankenverloren auf Papieren herum. »Der ist ja wie in einer holographischen Kugel«, meint Marianne Sägebrecht, die warmherzige Münchnerin mit Hollywood-Erfahrung (OUT OF ROSENHEIM, 1987; ROSALIE GOES SHOPPING, 1988; THE WAR OF THE ROSES, 1989), über den von ihr geschätzten, »sehr höflichen« Kollegen. Für die Schauspielerin ist es »ein Privileg, mit Volker und John zusammenzuarbeiten«, sie selbst ist in der Nebenrolle der Frau Netta zu sehen, der fürsorglichen Anstaltsmutter des Elite-Internats Kaltenborn.

Szene 116 steht auf dem Drehplan: Blättchen examiniert die von Abel herbeigeschafften blonden Jungen auf ihre »Tauglichkeit«, begutachtet ihren Schopf ebenso wie die blauen Augen, mißt die Proportionen der Körper aus. Mit freiem Oberkörper stehen sie da, verloren wirkend, die Szenerie des Selektierens birgt etwas bedrohlich Authentisches in sich. Mutet den von Wagner, Nietzsche und Bruckner schwärmenden Professor ein Junge zu schmächtig an, so fällt dieser durch, ein anderer etwa hat zu langsame Reaktionen. Genetische Verwertbarkeit ist alles, was für Blättchen zählt, und dem nichtsahnenden Abel wirft er vor, ihm größtenteils »wertloses Material« anzuschleppen. Blättchen eilt, über die deutsche Rasse dozierend, die Stufen seines Laboratoriums hoch, vorbei an den Gläsern mit menschlichem Material: Es folgt eine Einstellung an seinem Schreibtisch, auf dem ein Goldfischglas steht, und Volker Schlöndorff fragt, als er der beiden Fische gewahr wird: »Haben wir Fischfutter? Was fressen die denn?« Er scheint an alles zu denken ...

*Freitag, 1. Dezember 1995:* Der vorletzte Babelsberger Drehtag – bis zum 8. Dezember folgen schließlich noch in Norwegen die Sequenzen mit einem der größten Elche Europas, jenem blinden titelgebenden Elch, dem eigentlichen »Unhold« – beginnt mit Szene 150, die John Malkovich und Marianne Sägebrecht zeigt, wie sie nachts den Gang entlanggehen, vorbei an den schlafenden Jungen, die sich hier auf ihr Abenteuer vorbereiten, welches in realitas ein tödlicher Krieg der Erwachsenen ist: Abel

*Der Unhold, mit der Taschenlampe spielend*

ist in eine braune Kutte gehüllt, Frau Netta in ein weißes Nachtkleid, ihre Haare sind streng zu einem Zopf zurückgebunden. Frau Netta ist es, die sich nunmehr bewußt darüber wird, wozu die Jungen wirklich auf Kaltenborn ausgebildet und trainiert werden: »O Monsieur Abel, what have they done to us! Shame! Shame!« (»O Monsieur Abel, was haben sie uns angetan! Schande! Schande!«) In einer der nächsten Szenen (138) ist sie bereits mit dem Ausmaß jener Schande konfrontiert: Der am

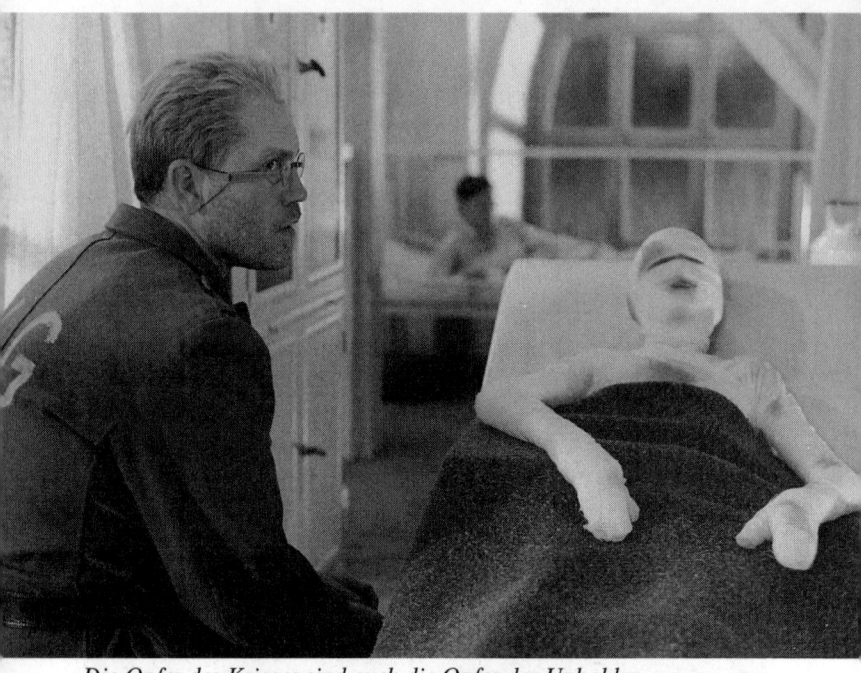

*Die Opfer des Krieges sind auch die Opfer des Unholdes ...*

ganzen Körper verbrannte Lothar liegt, von Kopf bis Fuß bandagiert, in einem der Betten, und der Professor meint nur lakonisch: »There is little hope, his lungs are burned as well.« (»Es besteht wenig Hoffnung, seine Lungen sind auch verletzt.«) Während sich Blättchen und Frau Netta entfernen, bleibt Abel an Lothars Bett stehen, zieht einen Stuhl an den Bettrand heran, setzt sich, hält die gefalteten Hände an die Stirn, versinkt in einer kontemplativ-meditativen Haltung, undefinierbare und kaum hörbare Worte murmelnd. Das Bild ist geprägt von einem eindringlich-bewegenden Moment, der durch Malkovichs facettenreiche Mimik hervorgerufen wird. Es ist ein Moment der Stille inmitten der lauten Kriegswirren. Schlöndorff ist es anzusehen, wie er während der Proben und des Drehs dieser doch anrührenden Szene innerlich mitschwingt; sein Umgang mit dem jungen Darsteller des Lothar, Lars Albiez, ist von einer zarten Einfühlsamkeit.

Am Set hat sich inzwischen wieder ein weiterer Gast eingefunden: Starfotograf Jim Rakete, der bereits während des Drehs von HOMO FABER beeindruckende Setfotografien erstellte – zwischenzeitlich in Ehren ergraut –, findet gerade in der ambivalenten Mimik John Malkovichs ein willkommenes Motiv; in einem dreiminütigen Photocall lichtet er die Gesichtslandschaft des Schauspielers ab, führt die überdimensional großen Schwarzweißabzüge am nächsten Tag dem Team vor: interessante Facetten eines nicht faßbaren Chamäleons.

Am Nachmittag dann stehen für eine verhältnismäßig lange Szene mit einer ganzen Reihe an Einstellungsabfolgen die Proben an; gedreht wird hieran auch noch am folgenden Tag, nun auch mit Heino Ferch, der den Obersturmbannführer Raufeisen spielt. Geschildert wird eine Auseinandersetzung zwischen Blättchen und Raufeisen, da der Professor den in seinen Augen nutzlosen Lothar wegschicken will (»Nothing but Eastern characteristics!«), während Raufeisen aufgebracht dagegen angeht

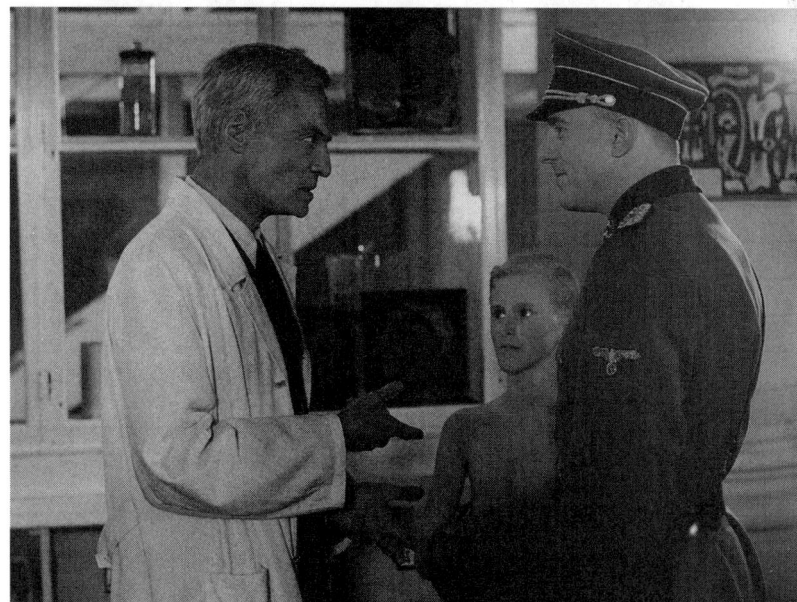

*Disput der »Rasse« wegen: Professor Blättchen (Dieter Laser, links), der kleine Lothar (Lars Albiez) und Raufeisen (Heino Ferch)*

(»Blond as can be!«). Abel nimmt dabei die Position des Beobachtenden ein, der fasziniert und verängstigt zugleich ist und sich als Beschützer der Jungen versteht. Dieter Laser ist es, der die Szenerie beherrscht; mal leise und subtil, mal lauthals und grob auftretend, verkörpert er eine fatale, Gestalt gewordene Ideologie (»A race is something homogenious. Melting the races leads to disasters.«).

In den Pausen zwischen den einzelnen Einstellungen gibt Volker Schlöndorff Anekdoten über Fritz Lang und Billy Wilder zum besten – Wilder konnte Lang nicht ausstehen, da dieser seine Schauspieler mit diversen Regeln gequält habe; die Leichtigkeit des Erzählten drängt die Schwere des Gespielten beiseite.

*Kommt gleich die nächste Wilder-Anekdote?*

Am Samstagnachmittag folgt schließlich das letzte Motiv, der Nachdreh jener Szene zwischen Abel und dem jüdischen Kind Ephraim (Ilja Smoljanski) auf dem Dachboden von Kaltenborn: Vor einer nachempfundenen Backsteinwand wird ein Bett aufgebaut, an dem ein goldumrandeter Spiegel steht, Abel sitzt wiederum am Bettrand, der verletzte Ephraim liegt unter der Decke, redet verstört immer wieder vom »Gasofen«, während Abel ihn mit Suppe füttert. So wie sich das Moment des Tragens leitmotivisch wiederholt, begonnen mit Martine in Paris bis hin zum verbrannten Lothar auf dem Übungsfeld, so enthält auch dieses Motiv ein wiederkehrendes Moment: die kleinen Kreisläufe, die stets zu Abels Schicksalsdenken zurückführen.

Am frühen Abend des 2. Dezember wird in der Studiohalle ein kleines Abschiedsbuffet aufgebaut; man plauscht über die zurückliegende Zeit und wartet mit Spannung auf das Endergebnis der langen Dreharbeiten, den fertiggestellten UNHOLD. Volker Schlöndorff bedankt sich bei seinem Team, um anschließend mit einigen wenigen noch die Muster der vergangenen Tage zu besichtigen. Auf der Leinwand werden die erinnerten Bilder wieder lebendig, sitzt John Malkovich am Bett Lothars, in einer halbnahen Einstellung, und das Wimmern des Jungen ist nahezu unerträglich. Diese Bilder, die später auf so unfaire und unkritische Weise von einem Großteil der Kritik polemisch zerfleddert werden, enthalten Schmerzensschreie, die in diesem Kontext vor einigen Jahren noch nicht hätten gedreht werden können.

Nach der Sichtung der Muster gehen wir alle hinaus ins Freie, längst ist es dunkel und wieder sehr kalt geworden – und wir verabschieden uns voneinander, vorerst.

# Die Filme von Volker Schlöndorff
# 1965–1998

## Der junge Törless (1966)
### *Ein früher Unhold*

*Inhalt:* Es ist das k. u. k. Österreich-Ungarn des einsetzenden 20. Jahrhunderts: Von seinen Mitschülern begleitet, bringt der junge Internatszögling Törless (Matthieu Carrière) seine Eltern (Hanna Axmann-Rezzori, Herbert Asmodi) zur Neudorfer Bahnstation, dort nehmen sie Abschied voneinander. Die Eltern fahren zurück in die Residenzstadt, Törless wiederum kehrt mit seinen Kameraden zurück ins Internat. Dort schließt er sich den beiden Wortführern der Klasse an, dem intelligenten Beineberg (Bernd Tischer) und dem klobigen Reiting (Alfred Dietz). Gemeinsam mit ihnen unternimmt er Ausflüge in das nahegelegene Dorf, sie kehren in der Kneipe ein und gehen ins Café, oder sie besuchen die Hure Bozena (Barbara Steele).
Eines Tages erfährt Reiting, daß Basini (Marian Seidowsky), ein eher unscheinbarer und weichlicher Junge mit devotem Habitus, nachts Geld aus Beinebergs Schrank gestohlen hat, um so seine Schulden bei Reiting bezahlen zu können. Das hat fatale Folgen, denn Beineberg und Reiting lassen den scheuen Basini nun auf ihre Weise dafür aufkommen; zudem muß er stets tun, was die beiden von ihm verlangen, ganz gleich, um was es sich auch handelt. Sie weihen Törless ein, und während dieser dafür plädiert, den Dieb des Internats zu verweisen, beginnen Beineberg und Reiting ein gefährliches, ein brutales Spiel: Auf dem schummrigen Dachboden schlagen sie Basini immer wieder blutig, lassen ihn demütigende Sätze nachsprechen, Sklavendienste verrichten und hängen ihn in der Turnhalle an den Füßen auf. Zu guter Letzt wenden sie sadistisch-hypnotische Spielchen an. Basini jedoch wehrt sich dabei kein einziges Mal, läßt die Erniedrigungen über sich ergehen.
Törless gerät mehr und mehr in die Position des passiven, eben auch wissenden und somit mitschuldigen Beobachters. Schließ-

*Törless (Matthieu Carrière) – Das Gesicht eines unschuldigen Beobachters?*

lich ist er es, der auf den Rat des Lehrerkollegiums hin das Internat verlassen muß und von seiner Mutter mit der Kutsche abgeholt wird – Beineberg und Reiting aber bleiben ...
*Kommentar:* 1906, als Robert Musil gerade einmal 26 Jahre jung ist, erscheint sein Debüt als Romancier, *Die Verwirrungen des Zöglings Törless,* in dem er seine eigenen Erfahrungen als Kadett in einer k. u. k. österreichischen Militärerziehungsanstalt in Mährisch-Weißkirchen verarbeitet. Später erst, mit seinem monumentalen Romanwerk *Der Mann ohne Eigenschaften* (sukzessive herausgegeben von 1930 bis 1952), sollte er in die Literaturgeschichte eingehen.
Einmal ganz vordergründig betrachtet, ist hier bereits die erste Verbindung des Regisseurs Volker Schlöndorff mit dem geistigen Vater des Törless auszumachen: Auch Schlöndorff besuchte ein (bretonisches) Internat, auch er steht im 26. Lebensjahr, als er seinen ersten Langfilm inszeniert. Eine banale Parallelität freilich. – Schlöndorff schreibt das Drehbuch bereits während

seiner Zeit als Regieassistent bei den Großen der Nouvelle Vague, bei Louis Malle, Alain Resnais und Jean-Pierre Melville. In dieser Zeit, von 1960 bis 1965, erlernt er das filmische Handwerk gründlichst, zumeist bei Filmen Louis Malles, mit dem er denn auch ein Leben lang verbunden sein wird, bis zu dessen allzu frühem Tod. Malle stirbt am 23. November 1995 im Alter von 63 Jahren an Krebs, mitten in den Vorbereitungen zu seinem nächsten Projekt, der Verfilmung von Marlene Dietrichs Leben mit der jungen US-Schauspielerin Uma Thurman in der Diva-Rolle.

Bereits bei der Niederschrift des TÖRLESS-Drehbuchs hat der debütierende Schlöndorff Rückendeckung nicht nur von seinem ersten filmischen »Ziehvater« Louis Malle – der später während der Dreharbeiten sowohl die künstlerische Oberleitung innehat als auch mit den Pariser Nouvelles Editions de Films neben dem Münchner Franz Seitz für die Produktion verantwortlich zeichnen wird –, sondern auch von dem Literatur- und Filmkritiker Wilfried Berghahn, der seinerzeit eine Musil-Biographie publiziert (rororo-bildmonographie Band 81) und Schlöndorff bei der Bearbeitung des Stoffs berät.

Noch im August 1963 legt Schlöndorff der Prämienkommission in Wiesbaden-Biebrich den Drehbuchentwurf vor, doch zunächst wird dieser abgelehnt. Beim zweiten Mal klappt's dann, 1964 wird das Buch von der Franz-Seitz-Filmproduktion eingereicht und erhält eine Prämie in Höhe von 200.000 Mark. Aber mit Wiesbaden war das ja schon immer »a bisserl ambiguous« ...

Bis in das Frühjahr '65 hinein reicht der intensive, lange währende Briefwechsel zwischen Schlöndorff, den in Amerika lebenden Erben Robert Musils und Heinrich Maria Ledig-Rowohlt, dem Hamburger Verleger von Musils Werk. Und noch von Mexiko aus, dem Drehort von Louis Malles Persiflage des Abenteuerfilms, VIVA MARIA! – Schlöndorffs letzter Regieassistenz –, schreibt er an den Chef des Rowohlt-Verlags, als die Erben endlich bereit sind, die Rechte für die filmische Adaption von *Die Verwirrungen des Zöglings Törless* freizugeben. Ein anderer, der sich ebenfalls um die Rechte bemüht, ist übrigens Luchino Visconti. Aber Schlöndorff ist schon jetzt der flinke, der ausgefuchsteste Profi – Visconti geht leer aus.

Nach Abschluß der Dreharbeiten in Mexiko kehrt Schlöndorff

nach Deutschland zurück, hat Wiesbaden zwar stets als Anlaufstelle – seine Stiefmutter wohnt noch heute in der nostalgisch-verschlafenen hessischen Landeshauptstadt –, geht aber nach München, in die Filmstadt, und bezieht dort sein erstes, kleines Appartement, um schließlich im Spätherbst '65 mit dem Dreh zu seinem ersten eigenen Langfilm zu beginnen.

Gedreht wird ab Mitte November, die Außenaufnahmen finden am Neusiedler See an der österreichisch-ungarischen Grenze statt, wo Musil seinen Roman auch ansiedelte, die Internats-Außenfassade ist in realitas die des Grazer Heimatmuseums. Die Innenaufnahmen entstehen in der Turnhalle eines Münchner Gymnasiums, auf dem Dachboden des Benediktinerklosters Schäftlarn und in den Gängen und Hallen eines Tegernseer Internats. Keine einzige Sequenz wird im Atelier gedreht. Nach insgesamt acht Wochen (42 Drehtage) ist alles im Kasten, und

*Innendreh in einer Münchner Turnhalle: Kameramann Franz Rath (Mitte), Volker Schlöndorff (Hintergrund)*

nach Abschluß der Postproduktion erhält der Münchner Nora-Filmverleih Anfang April 1966 das Antwortschreiben der in Wiesbaden-Biebrich ansässigen Freiwilligen Selbstkontrolle der Filmwirtschaft (FSK), deren damaliger Vorsitzender Dr. Krüger nach der Sichtung den Film freigibt »*zur öffentlichen Vorführung ab 18 (achtzehn) Jahren unter der Voraussetzung folgender Auflage: Beim Betrachten obszöner Zeichnungen, die sich die Jungen auf dem Dachboden zeigen, sind zwei Darstellungen zu entfernen oder durch dezentere auszutauschen. Es handelt sich um das Bild einer nackten Frau, deren Kopf am Geschlechtsteil einer anderen nackten Frau gezeigt wird, und um die darauf folgende Zeichnung mit mehreren nackten Menschenkörpern über- und nebeneinander. Wir bitten um Hersendung des betreffenden Ausschnitts gegebenenfalls um die als Austausch vorgesehenen Bilder mit einer verbindlichen schriftlichen Erklärung, daß der Schnitt bzw. die als Ersatz bestimmten Bilder bei allen in der Bundesrepublik Deutschland einschließlich Westberlin zum Einsatz gelangenden Kopien vorgenommen bzw. eingefügt werden.*« (2)

Nur kurze Zeit später, inzwischen hat DER JUNGE TÖRLESS den Max-Ophüls-Preis 1966 bei den Europäischen Filmtagen im bretonischen Nantes gewonnen, begründet die Filmbewertungsstelle (FBW), ebenfalls mit Sitz in Wiesbaden-Biebrich, das von ihr vergebene Prädikat »Besonders wertvoll« folgendermaßen: »*(...) So ist dieser Film, der im übrigen mit vorzüglich ausgewählten jungen Leuten besetzt ist, die sich – ohne jede Glätte des Sprechens – selbst darstellen und nicht etwa in eine pseudodramatische Allüre entgleiten, ein Unternehmen, das im Bereich der deutschen Filmproduktion Hervorhebung und Anerkennung verdient.*« (3)

Zwei grundverschiedene Wertungen aus ein und demselben Haus, sitzen doch beide filmwirtschaftlichen Institutionen seinerzeit noch im Ostflügel des barocken Biebricher Schlosses am Rheinufer (heute befindet sich die FSK in Wiesbaden-Erbenheim), und gewiß erfahren die Herren der FBW umgehend, welche Freigabe die Kollegen der FSK zuvor beschlossen haben. Es ist geradezu symptomatisch für Schlöndorffs Debütfilm im Hinblick auch auf sein gesamtes weiteres Schaffen, daß die Ansichten dieser beiden relevanten Instanzen derart divergieren, hat

*Im Spätherbst 1965 während der TÖRLESS-Dreharbeiten ...*

*... und gut 30 Jahre später, im Herbst 1996, bei einer Ausstellungseröffnung*

sich doch die Kritik einerseits an der latenten Brutalität der Bilder gestört, andererseits aber stets deren Form und Ästhetik bewundert.

DER JUNGE TÖRLESS antizipiert denn auch vieles, was Schlöndorff später noch wesentlich expliziter und ausgereifter formuliert, schneidet bereits Themen an, die im Laufe der Jahre zu den zentralen, werkimmanent gewordenen Schwerpunkten zählen, und begründet zugleich die Bewegung des sogenannten »Jungen Deutschen Films« mit (etwa neben Alexander Kluges ABSCHIED VON GESTERN von 1965/66), obschon Schlöndorff zur Zeit der Unterzeichnung des »Oberhausener Manifests« (Februar 1962) in Frankreich lebt.

Schlöndorffs Einstand als Regisseur wird zum vieldiskutierten Erfolg sowohl auf nationaler als auch auf internationaler Ebene: Der Film wird geradezu mit Preisen überschüttet – neben dem Prädikat der FBW und dem Max-Ophüls-Preis erhält er den FIPRESCI-Preis auf den Filmfestspielen in Cannes, wo er am 9. Mai 1966 seine Uraufführung erlebt, den Bundesfilmpreis für Regie und Buch sowie das Filmband in Gold, außerdem den *Golden Gate Award* des Filmfestivals von San Francisco.

Am Abend jenes 9. Mai ereignet sich während der Galavorstellung des JUNGEN TÖRLESS ein Vorfall, der der inhaltlichen Kontroverse um den Film zusätzlichen Nährboden gibt: Der Leiter der deutschen Delegation in Cannes, Kulturreferent Dr. Bernhard von Tieschowitz, steht während der sadistischen Mißhandlung Basinis mit den Worten auf: »Ich bin der Delegierte der Bundesrepublik. Ich gehe ostentativ weg« und verläßt das Festspielhaus. Nicht ohne dabei – welch ironischer Schicksalswink – just der Gattin des TÖRLESS-Produzenten Franz Seitz auf die Füße zu treten. In einem Schreiben des Herrn von Tieschowitz vom 19. Mai begründet dieser sein Verhalten unter anderem folgendermaßen: »*Die Gefahr lag nahe, durch diesen Film unser aus der Vergangenheit so schwer belastetes und in der Zwischenzeit so mühsam wieder angehobenes Ansehen in der Welt erneut zu kompromittieren. (...) Ich hielt es für meine Pflicht, gewissermaßen im Namen des heutigen Deutschlands durch meine Intervention unsere tiefste Abscheu vor der im Film dargestellten Realität und damit implicite vor den Schandtaten der Nazi-Verbrecher öffentlich zu demonstrieren. Eine besondere Genug-*

*So jung, und schon das Glas schief halten: Schlöndorff und Carrière an der Bar*

*tuung für mich war die positive Resonanz bei den Kreisen, die ich ansprechen wollte, besonders den deutschen Emigranten, die den Sinn meiner Demonstration sofort begriffen hatten und mich beglückwünschten.«*

Und, handschriftlich, das Postskriptum am Rand: *»Ich wäre dankbar, wenn Sie dies Herrn von Hartlieb und Herrn Seitz (mit einem Handkuß an seine Gattin und meinem Grand pardon für den Fußtritt) zur Kenntnis gäben.«* (4)

Uwe Nettelbeck kommentiert diese bundesdeutsche Provinzposse in der *Zeit* vom 20. Mai 1966 so: »Wenn es also nicht schon die Filme sind, die uns an der Croisette blamieren, und das war ja bisher die Regel, dann sorgen wenigstens unsere Offiziellen dafür, daß der Ruf der Bundesrepublik trotzdem nicht besser wird.«

Daß der »Offizielle« von Tieschowitz das Anliegen Schlöndorffs völlig fehlinterpretiert, ist eine Sache, daß er dessen persönliche Auslegung von Musils Vorlage jedoch angreift und nicht wenigstens toleriert, das wiederum dürfte nur allzu typisch sein für jene von postnazistischer Angst, verbohrter Engstirnigkeit und provinziellem Mief geprägte Mentalität, vor der gerade Schlöndorff Mitte der Fünfziger geflohen ist, die ihn jedoch immer wieder aufs neue einholen wird.

Die ambivalente Rezeption des JUNGEN TÖRLESS ist auch heute noch nachvollziehbar, impliziert dieser vielschichtige Debütfilm, der in Inhalt und Form keineswegs einem gerade Debütierenden zugeschrieben würde, eine Aktualität, die schon wieder zeitlos anmutet. Oftmals wurde die Konstellation zwischen den beiden Tyrannen Beineberg und Reiting, dem gepeinigten Basini und dem Beobachter Törless mit den Machtverhältnissen und Abhängigkeiten des Dritten Reichs verglichen, wurde die Disposition dieser drei »Parteien« auf jene von Diktator, Juden und dem deutschen Volk transponiert. Das Wissen und Nichteingreifen des deutschen Volks, des Törless, wird im Film mit kurzen Sätzen beleuchtet: »Es tun sich da plötzlich schwindende Abgründe auf«, notiert er in sein Tagebuch, und dennoch schaut er zu, als Beineberg und Reiting den Basini in der dunklen Dachkammer quälen und diesen nötigen, sich selbst verbal zu demütigen: »Ich bin ein Tier, ein diebisches Tier, euer diebisches Tier.« – »In gewisser Weise ist dieser Engel Törless ein Schweinehund«, so Schlöndorff einmal. Auf Törless' Frage, warum er sich das alles gefallen lasse, antwortet Basini: »Du würdest genauso handeln an meiner Stelle.« Danach herrscht nur mehr Schweigen – Basini könnte recht haben ...

Die virulente Gewaltbereitschaft von Beineberg und Reiting, die latente Bedrohung des jüdisch konnotierten Außenseiters Basini (Darsteller Marian Seidowsky, der 1968 in BAAL und 1972 dann ein drittes Mal in einem Schlöndorff-Film mitspielte, STROHFEUER, beging im Alter von 25 Jahren Selbstmord) und vor allem auch die schwankende Position des Törless, des Observierenden, der sich zu keinem Zeitpunkt wirklich neutral verhält oder gar aktiv in das unwürdige Geschehen eingreift, das alles setzt Schlöndorff mit bewundernswerter Sicherheit um, nicht immer werkgetreu – so läßt er den homoerotischen Aspekt des Texts weitgehend außen vor –, doch stets im Geiste Musilscher Prosa. Das prophetische Moment des drei Jahrzehnte vor Einsetzen des Zweiten Weltkriegs von Musil verfaßten Romans erweitert Schlöndorff mit seiner kraftvollen Visualität: Er verwendet ein nuancenreiches und hartes Schwarzweiß, das beinahe schon wieder farbig erscheint, und dieses in sich abgestufte Schwarzweiß untermauert subtil die atmosphärische Enge, die phobische Beklemmungen evozierende Situation der Jungen. Kameramann Franz Rath, der noch drei weitere Filme des Regisseurs ganz fotografieren und zu einigen weiteren Sequenzabschnitte drehen wird, wechselt häufig zwischen intimen Großaufnahmen der Protagonisten und Halbtotalen der Internatsräume und etabliert durch dieses mitunter frappierende Changieren der Einstellungsgrößen ein zusätzliches Spannungsmoment. Dabei fällt auf, daß Schlöndorff die Kamera nur ganz selten in unkonventionellere Positionen stellt, daß er extreme Auf- oder Untersichten meidet und die Kamera zumeist auf unmittelbarer Höhe der Akteure in Normalsicht positioniert oder diese auch mal in der Halbnahen portraitiert. Schon in seinem

*Törless (Matthieu Carrière) bei der Prostituierten Bozena (Barbara Steele)*

Erstling also läßt er sich auf keine stilistischen oder gar manierierten Mätzchen ein und vermeidet prätentiöse Kunstgriffe – der Inhalt ist es, der ihn interessiert, die Aktion, und so unterliegt das Ästhetische einer doch recht starken Reduktion. Das muß kein Manko sein und erfüllt seinen Zweck vortrefflich, das Wesentliche unverblümt und schnörkellos hervorzuheben. Schlöndorff ist der stilistische Asket unter den Jungfilmern, und er wird es stets bleiben. Vielleicht ist gerade hierin das Markenzeichen des Literaturadepten per se zu sehen.

Mit dem JUNGEN TÖRLESS rückt Volker Schlöndorff von Anfang an jene Spezies Mensch in den Mittelpunkt seines Interesses, die er bis hin zu PALMETTO weiterbehandelt: Es ist der Außenseiter, der Schwächere, der durch soziale, gesellschaftliche oder politische Umstände Benachteiligte, der Revoltierende, der Suchende – all jene mit Namen Törless, Blum, Matzerath, Loman, Faber, Barber oder Tiffauges, Personen, die gemeinhin schlecht wegkommen.

Ihnen schenkt er seine ganze Aufmerksamkeit, sein Handwerk und seine Kunst – und bei ihm kommen sie besser weg.

## Mord und Totschlag (1967)
*Oder: »Kinder der Zeit« im Genre-Mix*

*Inhalt:* Es ist Abend, Marie (Anita Pallenberg) zieht sich aus, um ins Bett zu gehen. Da klingelt es an der Tür: Es ist ihr Freund Hans (Werner Enke), den sie jedoch nicht mehr sehen will. Erst als sein Klopfen und Rufen lauter werden, macht sie ihm zögernd auf. Er packt seine Sachen, will sich von ihr trennen, zuvor aber ein letztes Mal mit ihr schlafen. Marie sieht das allerdings anders, es kommt zum Handgemenge, sie greift zur Pistole, gibt einen Schuß ab: Hans ist schwer verletzt, stirbt langsam vor ihren Augen.

Noch am selben Tag trifft Marie in einer Bar auf Günther (Hans Peter Hallwachs), den sie gegen Bezahlung dazu überreden kann, die Leiche wegzuschaffen. Zuvor verlustieren sich die beiden auf Maries Bett – gleich neben der Leiche. Zusammen mit Günthers Freund Fritz (Manfred Fischbeck) unternimmt das ungleiche Paar schließlich eine Autofahrt, um die in Maries Tep-

*Gruppenbild mit Regisseur: Volker Schlöndorff mit den Hauptdarstellern seiner ersten beiden Filme, Matthieu Carrière und Anita Pallenberg*

pich eingewickelte Leiche in der Baugrube einer neuen Autobahn verschwinden zu lassen.
*Kommentar*: »Acht Jahre Kerker für die Mörderin – Wilhelmine arbeitete bis zu ihrem 19. Lebensjahr als Servierfräulein in einem Grazer Kaffeehaus. Dann lernte sie den desertierten Soldaten Günther K. kennen, der sie der Prostitution zuführte und für sich arbeiten ließ. Auf die Frage des Richters, warum sie das getan habe, antwortete Wilhelmine: ›Ich war ihm hörig. Als Günther mich an jenem Abend zum Arbeitsplatz auf der Wiener Straße bringen wollte, sagte ich ihm: Ich habe heute keine Lust. Darauf sagte Günther: So, dann schlaf mit mir. Das wollte ich aber auch nicht, ich wehrte mich und war sehr böse. Dann mußte ich mich wieder vor ihm niederknien und ihn als meinen Gott anbeten, damit er mir wieder gut war. Nachts erschoß ich ihn dann im Bett.‹«

*Volker Schlöndorff führt seinem »Kinotier« Anita Pallenberg den richtigen Umgang mit einer Pistole vor, Franz Rath schaut zu*

In Schlöndorffs Erstlingsfilm liest Beineberg seinem Kameraden Törless im Café diesen Artikel aus der Zeitung vor, eine für den weiteren Handlungsablauf eher belanglose Geschichte. Nicht jedoch für Schlöndorff selbst, dem aufgrund jenes Artikels die Idee zu seinem zweiten Spielfilm kam. Längere Zeit geht er mit dem Gedanken schwanger, diese Notiz als Ausgangsbasis für einen eigenen Stoff zu verwenden, und so setzt er sich denn auch an das Drehbuch, zusammen mit Gregor von Rezzori, Niklas Frank und Arne Boyer, und entwickelt MORD UND TOTSCHLAG, um noch im Herbst des Jahres '66 mit den Dreharbeiten zu beginnen.

Im Drehbuch, gleich auf der ersten Seite, findet sich auch folgende handschriftliche Notiz des Regisseurs, die vielleicht am ehesten das ausdrückt, was er selbst in dem Film sieht: »Ein modernes Märchen: es war einmal ein junges Mädchen, das auszog, das Gruseln zu lernen. – Ein Versuch, trotzdem eine Geschichte neu zu erzählen. – Ein Film für die Elite der 15- bis 18jährigen.« (5) Wüßte man nicht, daß MORD UND TOTSCHLAG ein Film Schlöndorffs ist, man würde ihm just diesen Film nicht zuschreiben, überrascht diese sehr farbige Mischung aus Kriminal- und Liebesfilm, aus Road-Movie und schwarzer Komödie doch um so mehr, als ihr eine in strengem Schwarzweiß gehaltene Literaturverfilmung vorausgeht, deren Visualität allein schon dezidierte Ansprüche formuliert und die wie ein Kontrapunkt zu ihrem Nachfolger erscheint.

So ist es nicht ganz von der Hand zu weisen, wenn Uwe Nettelbeck seinerzeit in der *Filmkritik* behauptet, daß »MORD UND TOTSCHLAG Einstellung um Einstellung ein Gegenentwurf zu DER JUNGE TÖRLESS ist«. Im Grunde erscheint diese Feststellung als folgerichtig, doch Schlöndorff sieht in den Interviews, die er zu MORD UND TOTSCHLAG gibt, keinerlei Zusammenhang

*Kameramann Franz Rath (rechts) mit Schlöndorff und Pallenberg: Einstellung um Einstellung ein Gegenentwurf zu* DER JUNGE TÖRLESS

zwischen seinen beiden Filmen, will sie als vollkommen autonom betrachtet sehen. Im Gespräch mit Florian Hopf für die *Welt* meint er gar: »*Mein Drehbuch ist mehr als vage, es ist eine Arbeit ohne Netz. Ich hoffe, daß wir das Gleichgewicht behalten – und daß unser Seil sehr hoch gespannt ist. Diese Art der Arbeit ist jedenfalls viel interessanter; ich glaube nicht, noch mal auf literarische Vorlagen zurückzukommen – es sei denn, wir fallen vom Seil.*«

Daß gerade die filmische Adaption literarischer Texte zu seinem ureigenen Metier geworden ist, daß er heute quasi synonym hierfür steht, das konnte Volker Schlöndorff damals noch nicht ahnen. Für die Eigenständigkeit und Unabhängigkeit beider Werke steht auch das Faktum, daß sich der Regisseur für keines der Genres, mit denen er in MORD UND TOTSCHLAG verspielt arbeitet, dezidiert entscheidet, vielmehr deutet er nur an, vermischt diverse Elemente und bringt sie in einen stringenten Kontext. Von all dem ist im TÖRLESS nichts zu spüren, begeht er hier doch einen geraden Weg der Inszenierung, die in sich geschlossen ist – »von der Cinéastik hin zum Kommerz«, frotzelte der *Spiegel* polemisierend nach der Uraufführung.

In MORD UND TOTSCHLAG beschreibt Schlöndorff nicht so sehr den kriminalistischen Mordfall, sondern eher das typische Lebensgefühl junger Menschen in den späten Sechzigern: »Kinder der Zeit« nennt er seine Protagonisten, die hier trotz oder vielleicht gerade wegen ihres amoralischen Verhaltens mit verständnisvoller Sympathie gezeichnet werden. Sie bewegen sich allesamt jenseits der Legalität und brechen im Münchner Spießermief mit gesellschaftlich festgelegten Normen: Der Liebesakt von Marie und Günther neben dem Leichnam, dem vorher noch ein Kissen unter den schweren Kopf geschoben wird, entbehrt ebensowenig eines schon makabren, tragikomischen Momentes wie die gegen Ende ertönende Orgelmusik von »Rolling Stones«-Gitarrist Brian Jones, als die Leiche von Hans in die Baugrube geworfen wird, Marie andächtig innehält und ein wenig Lehm hinterherwirft. Zu guter Letzt zeigt die Schlußeinstellung, wie die Leiche am Seil eines Baukrans baumelt und musikalisch untermalt über die Autobahnbaustelle München-Garmisch hinwegschwebt.

Schlöndorff interessiert hier weder das Verbrechen noch die

*Busfenster mit Ausblick – »explosives Neutrum« mit Regisseur*

Schuldfrage, er seziert ein spezifisches Lebensgefühl, das er detailfreudig in Szene setzt. Dabei mußte er sich den seinerzeit geäußerten Vorwurf gefallen lassen, daß nicht ein jeder eine Leiche unterm Bett kaschiere und somit keineswegs das typische Bild einer Generation reflektiert würde. Deutlich jenseits des im JUNGEN TÖRLESS entwickelten ästhetischen Vokabulars, das zumindest partiell in späteren Arbeiten fortgeführt wird, bewegt sich diese Genremixtur, die in ihrer formalen Gestalt an sich schon Zeitkolorit enthält, somit zum Zeitdokument gerät. In Maries Zimmer – ihre Wohnung wurde in den Diehl-Studios in München-Gräfelfing nachgebaut, in denen einst die Gebrüder Ferdinand und Hermann Diehl ihre Puppentrickfilme um Igel Mecki inszenierten –, an der Wand gleich vor dem klei-

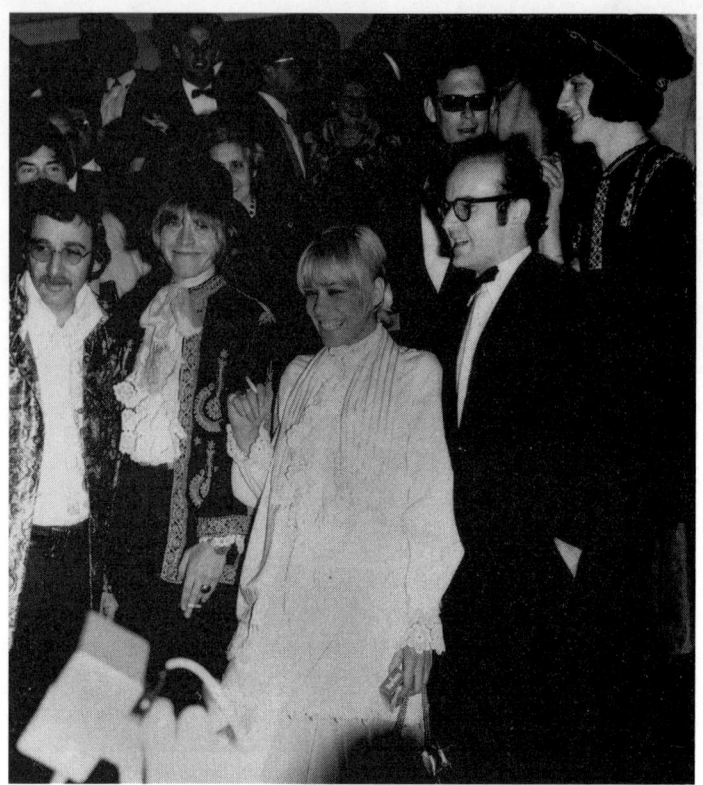

*Im Fegefeuer des Festivals: Pallenberg und Schlöndorff auf den Stufen des Palais*

nen, schmuddeligen Bad, in dem sie sich ständig frisch macht, hängt denn auch das Plakat des James-Dean-Klassikers ... DENN SIE WISSEN NICHT, WAS SIE TUN. Das gilt für Marie mehr als für alle anderen, mit denen sie sich eher gezwungenermaßen umgibt.

Vielleicht liegt die Bedeutung dieses eigenwilligen Films, der im Schlöndorffschen Gesamtwerk ein recht singuläres, zudem vernachlässigtes Dasein führt, gerade in seiner temporären Gebundenheit: Einen derart schrillen, im Schauspiel improvisiert wirkenden Film hat Schlöndorff seither nicht mehr gedreht. Ein intelligenter Schachzug ist hierbei natürlich die Besetzung der weiblichen Hauptrolle mit der Verlobten von »Rolling Stones«-Mitglied Brian Jones, der 22jährigen Anita Pallenberg, die hier vor der Kamera debütiert. Später, im Frühsommer '68, während der Dreharbeiten zu Schlöndorffs MICHAEL KOHLHAAS – DER REBELL, ist sie dann schon mit Keith Richard verbändelt. In Rom als Tochter deutscher Eltern geboren, kommt sie gewissermaßen über Nacht zum Film. Hier murmelt sich die Blondine mit animalischem Instinkt durch den Rollentext, und ihr Regisseur nennt sie während des Drehs mal »explosives Neutrum«, mal »schöne Ziege« – und schließlich: »Anita ist ein Kinotier« (*twen*, März 1967).

MORD UND TOTSCHLAG, von Rob Houwer (München) produziert, geht wiederum als offizieller Beitrag nach Cannes, und auf den Stufen des alten Festival-Palais geht auf den Regisseur, seine Hauptdarstellerin und ihren Gefährten Jones das Blitzlichtgewitter der Fotografen nieder. Der Film sorgt an der sonnigen Croisette allein der Besetzung wegen für Aufsehen und bringt Schlöndorff einen Sechsjahresvertrag mit United Artists ein.

Heute zählt MORD UND TOTSCHLAG zu den schon leicht kultisch angehauchten Filmen, die nur noch sehr selten in kommunalen Filmtheatern und Programmkinos aufgeführt werden.

*Volker Schlöndorff und »Stones«-Anhang*

# Michael Kohlhaas – Der Rebell (1969)
## *Kleist als Bauernwestern*

*Inhalt:* »An den Ufern der Havel lebte, um die Mitte des sechzehnten Jahrhunderts, ein Roßhändler, namens Michael Kohlhaas, Sohn eines Schulmeisters, einer der rechtschaffensten zugleich und entsetzlichsten Menschen seiner Zeit.« (6) Jener Kohlhaas (David Warner) zieht mit seinem getreuen Knecht Herse (Vaclav Lohniský) und einer Koppel Pferde zum Wittenberger Markt, um die Tiere zu verkaufen. Doch am Fuße der Burg von Junker Wenzel von Tronka (Inigo Jackson) müssen sie an der neu errichteten Zollschranke halten, werden gezwungen, Wegegeld zu entrichten. Kohlhaas muß zwei Pferde als Pfand hinterlassen, und auch Herse darf die Burg erst nach Zahlung des Zolls wieder verlassen. Während Kohlhaas auf dem Wittenberger Markt ist, werden Knecht und Pferde übel zugerichtet. Kohlhaas wendet sich daraufhin an das Gericht, doch dort stößt er auf verschlossene Türen. Nach seiner Heimkehr unternimmt seine Frau Elisabeth (Anna Karina) den Versuch, über ein Bittgesuch am Dresdner Hof den Kurfürsten auf ihren Fall aufmerksam zu machen, daß ihnen Gerechtigkeit widerfahre. Doch Elisabeth wird in der Menge der Bittsteller von Pferden überrannt und stirbt nur wenig später in den Armen ihres Mannes. Kohlhaas, in Trauer haßerfüllt, schwört Rache, solidarisiert sich mit anderen Bauern, Knechten und ehemaligen Soldaten, um Tronkas Burg zu stürmen. Dem windigen Junker gelingt es jedoch, aus der niederbrennenden Festung zu fliehen. Kohlhaas heftet sich mit seinem kriegerischen Trupp an dessen Fersen, während Martin Luther (Thomas Holtzmann) zwischen dem Kurfürsten und dem Pferdehändler zu vermitteln versucht. Doch opportunistische Politik ist stärker als solidarische Religion: Kohlhaas wird schließlich wegen Rebellion und Landfriedensbruchs zum Tode verurteilt und vor den Toren Dresdens auf dem hohen Rad öffentlich hingerichtet.

*Kommentar:* »Wenn ich könnte, würde ich mich von diesen Filmen scheiden lassen.« Volker Schlöndorff zitiert hier seinen väterlichen Freund Billy Wilder, und er zitiert ihn immer wieder gerne, überträgt dessen Ausspruch auf drei seiner eigenen Fil-

*Am Set von MICHAEL KOHLHAAS – DER REBELL*

me, darunter MICHAEL KOHLHAAS – DER REBELL. Das ist nur allzu gut nachvollziehbar, denn die völlig mißlungene Kleist-Adaption stellt wohl den künstlerischen Tiefpunkt in Schlöndorffs über 20 Filme zählendem Werk dar. Er selbst hat das inhaltliche Scheitern dieser teuren Produktion schon früh konzediert, und klar ist auch, daß Schlöndorff nicht eigentlich die »Hauptschuld« daran trägt. Sein KOHLHAAS-Film ist das Resultat einer Kette unglücklicher Umstände, in die der damals knapp 30jährige geriet.

An dem Drehbuch zur Adaption von Heinrich von Kleists (1777–1811) dramatischer, im Chronikstil gehaltener Erzählung *Michael Kohlhaas* (1805 geschrieben, 1808 erst fragmentarisch in der Zeitschrift *Phöbus,* dann 1810 vollständig publiziert) sitzt Schlöndorff bereits 1967, und der Vertrag mit der amerikanischen Columbia gewährt ihm die notwendige finanzielle Sicherheit, die dieses erste internationale Großprojekt des Jungen Deutschen Films erfordert. Doch der Produzent hat mit dem Drehbuch seine Probleme: Es entsteht eine zweite Fassung, in englischer Sprache und mit Clement Biddle Wood als Koautor. Auf der Grundlage der zweiten fertigt daraufhin der englische Dramatiker Edward Bond (*Lear,* 1971) eine dritte Drehbuchfassung an – der originäre Kleist-Stoff gerät hierbei zum bloßen Rudiment eines auf *action and crime* basierenden Bauernwesterns. Bond verunstaltet Kleist dramaturgisch dermaßen, daß selbst der Handlungsantrieb der Protagonisten schematisiert und vereinfacht wird – Kohlhaas handelt nur mehr aus Rache, der Kurfürst und der Junker sind schablonenhaft angelegte Staffage. Die inneren Befindlichkeiten, insbesondere die Verfassung des ungerecht behandelten Kohlhaas, und hieraus resultierende Motivationen sind weder plausibel noch stringent entworfen und dargestellt. Die Kritik hat Edward Bond übrigens schon früh vorgeworfen, er würde in seinen Theaterstücken die Verherrlichung von Gewalt und eine sensationslüsterne Behandlung von Schockthemen betreiben. Das mag dem bedeutendsten englischen Vertreter des von Antonin Artaud in den dreißiger Jahren gegründeten »Theaters der Grausamkeit« (»Le théâtre de la cruauté«, 1932) zwar gut anstehen, wenn es um eben jene Schule geht – handelt es sich aber um die filmische Adaption eines Kleistschen Stoffs, ist dies das ganz und gar unpassende stilistisch-ästhetische Vokabular.

Die Dreharbeiten beginnen schließlich am 25. April 1968 und ziehen sich dann über eine Zeit von drei Monaten in die Länge, am 24. Juli fällt die letzte Klappe. Drehorte sind Bayern, Mähren und die Slowakei (Bratislava), die Postproduktion findet in München-Geiselgasteig statt und wird im Dezember beendet. Das Budget der Produktion, die am 11. April 1969 in Cannes uraufgeführt wird, beträgt etwa 3,5 Millionen Mark.

Die für die damalige Zeit ziemlich hohe Summe, die Schlöndorff zu allerlei Konzessionen zwingt, kann das inhaltliche Manko des Films freilich nicht wettmachen. Vielmehr gestaltet sich das Geld des Produzenten als Hindernis des Regisseurs. Gedreht wird in Englisch, und die Besetzung wird entsprechend ausgesucht: David Warner, zuvor etwa in der von Karel Reisz inszenierten Gesellschaftskomödie MORGAN, A SUITABLE CASE FOR

TREATMENT (1966) zu sehen, spielt Michael Kohlhaas, und allzu sehr ähnelt er dabei dem seinerzeit schwer aktiven Franco Nero, der als brutal ballernder Django die gleichnamige Italo-Western-Serie auf Erfolgskurs steuert. Warner benimmt sich denn auch so, als ob hinter jedem spätgotischen Mauervorsprung Nero lauern könnte; dumpf ist dieser naiv-gewalttätige Tor; ein Kohlhaas, dessen Empfinden für individuelle Gerechtigkeit aus der Novelle nivelliert ist. Neben den hölzern und leblos agierenden deutschen Theaterschauspielern Thomas Holtzmann (Luther) und Kurt Meisel (Kanzler) hat Schlöndorffs »Kinotier« Anita Pallenberg, die kesse Marie aus MORD UND TOTSCHLAG, einen weiteren Auftritt, übrigens auch einmal kurz mit ihrem Freund Keith Richard. War sie als mordende Marie noch spontan überzeugend, ist ihr Part im KOHLHAAS im Grunde überflüssig: Sie hopst ungelenk durchs Bild und fläzt sich an der Brust ihres Holden.

*Anita Pallenberg, David Warner und Volker Schlöndorff*

*Anita Pallenberg bändigt Volker Schlöndorff – oder vice versa?*

Das Team dieser Koproduktion ist mehrsprachig – ein deutscher Regisseur, ein englischer Drehbuchautor, ein französischer Kameramann und Darsteller aus diesen Ländern sowie der Tschechoslowakei – Schlöndorff fungiert im internationalen Babylon des Sets als unfreiwilliger Übersetzer: »Because I was the only one who could speak all these languages well enough, my function was primarily that of translator. I was never able to arrive at a stage of work and concentration on the film.« (»Da ich der einzige war, der all diese Sprachen gut genug sprechen konnte, fungierte ich in erster Linie als Übersetzer. Ich kam einfach nie dazu, konzentriert an dem Film zu arbeiten.«) (7)

Die Konzession an einen internationalen, kommerziellen Markt (die US-Fassung MAN ON HORSEBACK hat Schlöndorff umgeschnitten) ist freilich schon den Bildern selbst implizit: Willy Kurants Fotografie ist so konventionell und plakativ wie die eines schlechten Spaghetti-Westerns mit Low-Budget. Die Totale der blutigen Kämpfe steht neben der halbnahen Aufnahme pseudofriedfertigen Bandenalltags. Der Panoramaschwenk zeigt ideenlos eingefangene Landschaftstableaux, die Großaufnahme wird einfach auf die Gesichter draufgehalten – die Kameraführung ist hier merkwürdig undifferenziert und grob.

Daß dem Film ein Vorspann aus Archivmaterialien vorweggeht, der die achtundsechziger Maiunruhen in Paris, Berlin und New York miteinander vermischt, soll den Bezug des alten Stoffs zum aktuellen Tagesgeschehen der späten Sechziger herstellen und beides in einen gemeinsamen Kontext einbetten – Operation gelungen, Patient tot!

*David Warner faßt sich an den Kopf*

## Baal (1969)

*Fassbinder, das Tier*

*Inhalt:* Er ist grobschlächtig, roh, egozentrisch und ausgesprochen häßlich – aber er dichtet und betört damit die Frauen. Baal (Rainer Werner Fassbinder) ist ein sehr gewöhnlicher Mann, ein schmarotzender Kraftprotz, der in einer Branntweinschenke den Sommer hymnisch beschwört und auf einer Party, die der Mäzen Mech (Günther Neutze) zu Baals Ehren gibt, ausfällig wird. Anwesende Verleger vergrault er mit stoischer Indifferenz. Und stets spricht er, der Einsame, dem Alkohol zu. Baal, der »lyrische Dichter«, kommandiert die Frauen herum und läuft verloren durch die Felder, er »schmiert das Papier voll und kämpft mit der Schnapsflasche«.

Einzig Eckart (Siegfried Graue), sein treuer Weggefährte und Freund, scheint ihn zu verstehen und seine Launen zu akzeptieren. Die Frauen, ob Sophie (Margarethe von Trotta) oder Luise (Hanna Schygulla), bleiben für ihn letztlich nur Staffage, Rudimente des machomäßigen Lebens.

Im Wald, in der Nähe der Bretterhütte der Holzfäller, stirbt er schließlich elendig und allein. Zuvor hat Baal, der nichts und niemanden außer sich selbst hat gelten lassen, Eckart umgebracht.

*Kommentar:* Fassbinder geht durch die Felder. Die Kamera umschwirrt ihn dabei wie eine nervöse Biene den Blütenkelch, und manche Einstellung schweift in der Vertikalen ab in den weißen Himmel. Geradezu hektisch mutet diese Szenerie an, obwohl sie einen banalen, vollkommen unspektakulären Vorgang wiedergibt. Und aus dem Off ist Brechts »Choral vom großen Baal« zu hören, als Song. Rainer Werner Fassbinder, der Begründer des Münchner »antitheaters« und seinerzeit noch ein Geheimtip, ist eigentlich Schlöndorffs zweite Wahl, denn der Studentenführer Daniel Cohn-Bendit sollte ursprünglich den Dichter mimen. Doch Cohn-Bendit ist Schlöndorff zuwenig Schauspieler, und so bekommt R. W. F. letztendlich den Zuschlag.

Fassbinder *ist* denn auch dieser Baal, seines Zeichens lyrischer Dichter und der Welt abhanden gekommener Anarchist. Mit latenter Roheit bewegt er sich einem Koloß gleich durch die

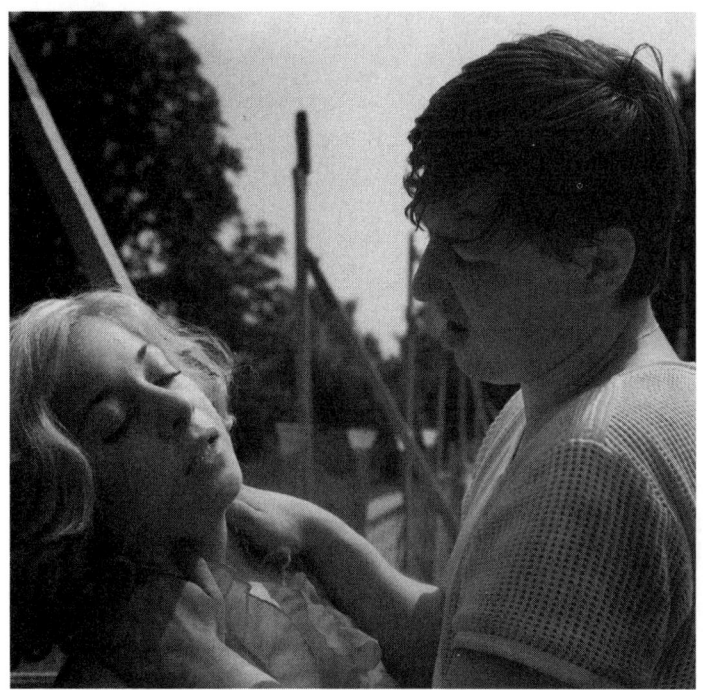

»... ein verblüffend präzises Porträt Fassbinders.«

schlichten Bilder, und mit der Zeit wird man der verlorenen Seele gewahr, die in diesem Unhold sitzt: »Und das große Weib Welt, das sich lachend gibt dem, der sich zermalmen läßt von ihren Knien (...)« (8) heißt es da im Choral, und man könnte diesen Vers ebenso auf den Workaholic Fassbinder, dieses besessene Tier, applizieren: BAAL ist denn auch »ein verblüffend präzises Porträt Fassbinders«. (9)

Denn die Art und Weise, wie der junge Regisseur von LIEBE IST KÄLTER ALS DER TOD (1969) sich hier vor der Kamera bewegt und Brecht rezitiert (die Texte hat er zumeist nachts in der Badewanne gelernt), das ist in Ansätzen jene Visualität, wie sie später in seinen eigenen Filmen in akribischstem Realismus zu finden ist. So steht und fällt Schlöndorffs Fernsehfilm mit der darstellerischen Leistung seines Antihelden, der »Angst hat, ausgesogen zu werden«, bei dem man nie so recht zu unterscheiden

*Margarethe von Trotta, erstmals in einem Schlöndorff-Film zu sehen, und R. W. Fassbinder*

vermag zwischen Spiel und Sein, zwischen Kunst und Leben. Fassbinder hat auch gleich das halbe Ensemble seines »antitheaters« mitgebracht, die lange Jahre existierende Clique, allen voran Hanna Schygulla als Luise; in weiteren, wenngleich sehr kleinen Rollen sind Irm Hermann, Carla Aulaulu und Rudolf Waldemar Brem zu sehen, und diverse Laien. Sie alle bewegen sich in einem realen Dekor, im Hier und Heute des Jahres 1969. Das entspricht durchaus der Vorgabe Brechts, daß Baal »der Zeit entstammt, die dieses Stück aufführen wird«. (10)

Jene Zeit ist es denn auch, die sich im Kolorit dieses Fernsehfilms widerspiegelt, die Zeit der studentischen Revolte, des künstlerischen Aufbegehrens, der Sozialkritik vor allem. In der direkten Nähe zu seiner Entstehungszeit ist BAAL gewiß MORD UND TOTSCHLAG verwandt, doch auch in Bildgestaltung und Ausstattung lassen sich etliche Übereinstimmungen feststellen. BAAL wurde allerdings nicht von Franz Rath fotografiert, sondern von Fassbinders langjährigem Kameramann Dietrich Lohmann, der hier mit der 16-mm-Kamera aus der Hand Verfremdungen kreiert, die der nüchtern-realistischen Bildsprache etwas Irreales verleihen. Oftmals ist die Szenerie diffus verschleiert, und die grellen, leuchtenden Farben der Frauenkleider – in Rot oder Blau treten Nachwuchsschauspielerin Margarethe von Trotta und ihre Kolleginnen auf – durchbrechen dieses verschwommene Moment, das einem ungestümen Traum des gerade dichtenden und saufenden Baal entstammen könnte. Dietrich Lohmann transponiert mit seiner Kamera den Expressionismus Brechts auf den kleinen TV-Schirm im frühen Siebziger-Jahre-Realismus, und er macht das Beste daraus.

Bertolt Brecht, am 10. Februar 1898 in Augsburg geboren, hat 1918 mit *Baal* sein erstes dramatisches Stück geschrieben; er wird es im Laufe der Jahre überarbeiten und weitere Fassungen publizieren (1919, 1926, 1954). *Baal* entsteht als vehemente Erwiderung zu Hanns Johsts Grabbe-Drama *Der Einsame* (1917), und es begründet die Schriftstellerkarriere des resignativen Kommunisten, des geistigen Vaters des »epischen Theaters«: Johsts verklärender Darstellung des Dichters Christian Dietrich Grabbe entspricht Brechts radikalisierte Figur des Egomanen

*Dreharbeiten in der Zeit, die das Stück aufführt*

Baal. Volker Schlöndorff nimmt sich dieses Stoffs nach der ernüchternden KOHLHAAS-Misere an, läßt einen bescheidenen TV-Film seiner ersten großen (amerikanischen) Produktion folgen und erstellt aus Brechts verschiedenen Textfassungen seine ureigene, die er für das Fernsehen in 24 Filmsegmente, Kapiteln ähnlich, unterteilt. Insgesamt entstehen vier Drehbuchfassungen. Die mit Peter Fleischmann gemeinsam gegründete Hallelujah-Film produziert zusammen mit dem Hessischen Rundfunk (Hans Prescher) und dem Bayerischen Rundfunk; das Budget beträgt ganze 160.000 Mark!
Gedreht wird im Spätsommer 1969 in München, nach drei Wochen schon ist alles im Kasten. BAAL wird zuerst in den beiden koproduzierenden Dritten Programmen ausgestrahlt, am 7. Januar 1970, in der ARD läuft der Film dann am 21. April 1970. Nach der Ausstrahlung kommt es jedoch zu Schwierigkeiten mit den Erben Brechts, mit seiner Frau zumal, Helene Weigel, die ein Jahr später, 1971, stirbt. Mit Schlöndorffs Adaption ist die Schauspielerin, die einst selbst im *Baal* auf der Bühne stand, ganz und gar nicht d'accord, sie untersagt eine erneute Sendung, und bis heute darf der Film zu keinem Anlaß gezeigt werden. Seither wird BAAL in München archiviert, und wahrscheinlich hat er den Staub von über 25 Jahren angesetzt und dieser ihm derweil stark zugesetzt, obwohl der Nonkonformismus seines Protagonisten von zeitloser Aktualität ist. Im Grunde ist das ein kleiner Skandal bundesdeutscher Filmhistorie, zumal die Interessenlage sich inzwischen längst verändert haben dürfte/sollte. Ob die beiden noch existenten 16-mm-Kopien (Umkehrfilm, kein Negativ) im Zweifelsfall überhaupt noch zur Vorführung tauglich wären, weiß selbst Volker Schlöndorff nicht. Nur: *Wen kümmert's?*

## Der plötzliche Reichtum der armen Leute von Kombach (1971)

*Auf hessisch: Ein Aufstand armer Männer*

*Inhalt:* Anno 1822, in der Nähe des oberhessischen Dorfes Kombach: In einem mitten im Wald gelegenen Hohlweg wird die Kutsche mit den Steuergeldern, das herzogliche »Geldkärrchen«, das regelmäßig von Biedenkopf nach Gießen fährt, von

*Margarethe von Trotta und R. W. Fassbinder: Bauernleben in Kombach*

sechs Bauern überfallen. Sie stammen allesamt aus Kombach, sind verarmt und werden von Steuern geplagt, leben am äußersten Existenzminimum. Seit längerem schon haben sie den Überfall geplant, ein halbes Dutzend Mal scheitern sie an widrigen Umständen, stehen kurz davor, aufzugeben.
Als es beim siebten Versuch schließlich doch gelingt, vermögen sie es allerdings nicht, mit dem plötzlichen Reichtum unauffällig und geschickt umzugehen, und die übrigen Dorfbewohner bemerken alsbald, daß sich bei der Familie des Hans Jacob Geiz (Georg Lehn) über Nacht eine monetäre Veränderung eingestellt hat. Der Gießener Richter Danz (Wilhelm Grasshoff), der mit dem Fall betraut ist, wird hellhörig und verfolgt die Spuren, die nach Kombach führen. Die sich anschließenden Verhöre überführen die einfältigen Täter, von denen zwei Selbstmord begehen, die anderen sämtlich zum Tod durch Enthauptung verurteilt werden. Nur einer von ihnen, der Anstifter des fatalen Ganzen, der jüdische Strumpfhändler David Briel (Wolfgang Bächler), kann fliehen – in das so lang ersehnte Land der unbegrenzten Möglichkeiten: »Ich aber bin frei (...). Die Neue Welt erwartet mich. Gelobt sei Amerika!« (11)

*Kommentar:* Auf Seite 71 des Drehbuchs von BAAL macht sich Volker Schlöndorff erste Notizen zu dem sogenannten *Subach*-Projekt: Frühe Kalkulationen werden angestellt, der Film wird auf circa 80 Minuten veranschlagt, bei einer ungefähren Drehzeit von fünf bis sechs Wochen. Das Buch zu dem Vorhaben will er auf alle Fälle schreiben, mit Auftrag oder ohne. An den Stoff ist er über den Hessischen Rundfunk gelangt: *Der Postraub von Subach* ist der Titel eines 1825 gedruckten »aktenmäßigen Berichts«, den der Kriminalsekretär Carl Franz in Auftrag gab und der später in einem Heimatblatt im Jahr 1909 nachgedruckt wurde. Diese Chronik wurde dem Frankfurter Sender von einem Buchhalter zugeschickt, der sich sehr für Heimatforschung interessierte und bei seiner Hobbybeschäftigung auf das Material gestoßen war.

Schlöndorffs Neugier ist geweckt, geht es doch um die Unterdrückung einer sozial minderen Schicht, um mangelnde Gerechtigkeit gegenüber Schwächeren. Mit Harald Müller, der später im Film in der Rolle des Johann Soldan zu sehen ist, entwirft er ein Exposé und schickt es der Fernsehspielredaktion des HR zu, und während er sich im Mai 1970 in Cannes aufhält, läßt ihm der verantwortliche Redakteur Dr. Hans Prescher eine Nachricht ins Hotel Gonnet zukommen, um mitzuteilen, daß man das *Postraub*-Projekt noch im selben Jahr realisieren könne.

Nach München zurückgekehrt, setzt sich Schlöndorff mit Margarethe von Trotta an das Drehbuch zum *Postraub,* einer Collage-Arbeit, die sich aus der partiell wortwörtlich übernommenen Chronik zusammensetzt – die Off-Kommentare und Teile der Verhöre sind den originären Protokollen entnommen – sowie aus diversen Zitaten, die zeitgenössischen Volksliedern, Emigrantenbriefen, Gedichten von Keller und Gellert sowie nicht zuletzt Romanen von Auerbach, Gotthelf und Zola *(La Terre)* entstammen. Nur Büchner, der Darmstädter Schriftsteller aus jener Zeit, und die Brüder Grimm kommen nicht vor.

Die Dreharbeiten zum *Postraub* finden im Herbst 1970 statt, Drehorte sind das Oberhessische, der Odenwald sowie Kloster Schäftlarn (Gefängnis- und Schluchtsequenzen). Bereits am 21. Januar 1971 wird der Film in der ARD erstaufgeführt, ins Kino gelangt er kurz darauf, am 5. Februar, unter demselben langen Titel DER PLÖTZLICHE REICHTUM DER ARMEN LEUTE VON KOMBACH. Schlöndorffs Film gelangt zur passenden Zeit in die Filmtheater: Nachdem Peter Fleischmann 1968 mit seinen JAGDSZENEN AUS NIEDERBAYERN eine kleine Renaissance des deutschen Heimatfilms heraufbeschwor, erscheint 1971 gleich eine ganze Handvoll Filme, die diesem Genre zumindest pauschal zugeordnet werden können, und so mancher Zeitgenosse tut sich denn auch nicht schwer damit, diese neue Welle ein wenig boshaft als *linken Heimatfilm* zu titulieren: Neben Schlöndorffs Film, der ohnehin nicht als exemplarischer Genrefilm bezeichnet werden kann, sind dies Reinhard Hauffs MATHIAS KNEISSL, in dem Schlöndorff übrigens erneut in einer Nebenrolle zu sehen ist, Volker Vogelers JAIDER – DER EINSAME JÄGER, Uwe Brandners ICH LIEBE DICH, ICH TÖTE DICH und, mehr oder weniger, auch Niklaus Schillings NACHTSCHATTEN. Letztendlich können auch Rainer Werner Fassbinders DIE NIKLASHAUSER FART, der bereits 1970 herauskam, und Werner Herzogs HERZ AUS GLAS, der einige Jahre später, 1976, folgen wird, in diesen Kontext gestellt werden.

*Skeptischer Blick auf die Flinte – Proben zu* DER PLÖTZLICHE REICHTUM DER ARMEN LEUTE VON KOMBACH

DER PLÖTZLICHE REICHTUM DER ARMEN LEUTE VON KOMBACH ist ein Film, der bis heute eine nicht unbedeutende Stellung in der Geschichte des deutschen Nachkriegsfilms einnimmt, der sich zwar auch des *Heimatfilm*-Vokabulars bedient, dieses jedoch über die Grenzen des Genres hinaus fortführt und mit ihm fremden Mitteln erweitert. In seiner atmosphärischen Anlage knüpft der Film insbesondere an den JUNGEN TÖRLESS, aber auch an MICHAEL KOHLHAAS – DER REBELL an; hier wird mit einer äußersten Reduktion der formalen Mittel ein nüchtern-naturalistisches Bildnis verarmter hessischer Bauern gezeichnet, sowohl in ihrer persönlichen als auch in der seinerzeit allgemeingültigen Misere. Soziale Verarmung und feudalistische Repression erfahren hier eine visuell faßbare Anschaulichkeit und werden nahezu semidokumentarisch vorgeführt. Großen Anteil an der mitunter beklemmenden Wirkung dieser asketischen Bilder hat Schlöndorffs Kameramann Franz Rath. Daß DER JUNGE TÖRLESS und KOMBACH von ihm fotografiert sind, ist deutlich spürbar, nicht nur, weil diese beiden Filme in strengem,

*Bauer Geiz (Georg Lehn) auf der Flucht*

*Dem Tod entgegengehen*

wenngleich nuancenreichem Schwarzweiß gehalten sind. Schon die Eingangssequenz von KOMBACH, diese schnelle Kamerafahrt entlang der hetzenden Bauernschar, dieser zur Langsamkeit des übrigen Geschehens konträr angelegte Moment, ist ein zwar kleiner, dennoch vielsagender Kunstgriff: Noch sind sie voller Tatendrang und Hoffnung, hat ihr Habitus noch nichts Schleppendes an sich, sind ihre Mienen von der bevorstehenden Resignation unberührt. Die Handhabung der Kamera hat bei KOMBACH durchaus etwas Unkonventionelles. Für die zuweilen im nebeligen Wald angesiedelten Sequenzen waren mehrfach Fahrten in entgegengesetzten Richtungen auf ein- und derselben Schiene notwendig, und bei den Schwenks hält Schlöndorff seinen Kameramann Rath hinten am Hosengürtel fest, um besser »mitsehen« zu können.

Im weiteren Handlungsverlauf zieht sich die Kamera mehr und mehr zurück, erlaubt sich keinerlei prätentiöse Spielchen, stellt

Portraits dieser letztlich Hoffnungslosen im Close Up neben Raumtotalen, welche die Bauernmenschen verschwindend klein und unbedeutend geraten lassen: Die vom Kran aus in einer Aufsicht fotografierte Urteilsverkündung im Gefängnis ist da nur die logische Konsequenz innerhalb der finalen Bildgestaltung.

Die explizit formulierte Gesellschaftskritik – einer der Schlöndorffschen Topoi schlechthin – ist das wesentliche Element des KOMBACH-Films, mit dem der Regisseur auch seiner hessischen Heimat huldigt, distanziert und liebevoll gleichermaßen. Balladenhaft und veristisch in einem ist die Geschichte der aufständischen Bauern, die ihrem von Armut und Devotheit geprägten Dasein ein Ende bereiten wollen, erst beim bedeutungsträchtigen siebten Anlauf erfolgreich sind und schließlich gar noch jene Ungerechtigkeit bereitwillig ertragen, die man ihnen als einzig gültige »Wahrheit« oktroyiert: Das herrschende Verständnis von Gerechtigkeit haben sie längst derart verinnerlicht, daß sie in der Bestrafung ihres Revoltierens, dem exponierten Tod durch Enthauptung, die nur natürliche Folge ihres Vergehens sehen und dies auch akzeptieren. KOMBACH beschreibt eine tragische, weil partiell authentische Geschichte, die zugleich die eines Traums ist: Die Bauern träumen von der Neuen Welt, von Amerika, wo alles anders zu sein scheint und selbst Menschen ihres Schlags eine reale Chance bekommen. Amerika ist für sie der noch ungelebte Traum, der Hoffnungsschimmer am dunklen hessischen Horizont, und das »Geldkärrchen«, diese rollende Fata Morgana mit doppeltem Pferdegespann, soll sie direkt in das verheißene Paradies führen.

Daß es ausgerechnet dem jüdischen Händler David Briel gelingt, nach Amerika auszuwandern und unbeschadet aus dem von ihm initiierten Geldraub hervorzugehen, bringt Volker Schlöndorff auch Kritik ein. So heißt es im abschließenden Monolog Davids, der über die Felder wandert, sehnsüchtig seinem neuen Ziel entgegen: »Bauern können mit Geld nichts anfangen (...). Wenn sie Geld in den Fingern haben, wissen sie nicht damit umzugehen. Außerdem dürfen sie es nicht vorzeigen. Man weiß, von seinem Land kann er es nicht gewonnen haben. Und dahin gehen, wo man ihn nicht kennt, kann er auch nicht, weil sein Land nicht mitgeht. Ich aber bin frei, habe kein Haus und kein

Land, das mich hält. Ich kann gehen, wohin ich will, mit dem Geld bin ich ein angesehener Mann. Die Neue Welt erwartet mich. New York – Philadelphia – Boston – (...). Gelobt sei Amerika!«

In Frankreich, etwa in *L'Express*, wird 1973 der Vorwurf erhoben, der Film verfolge eine dezidierte antisemitische Tendenz und sei am Ende von einer deutlichen Ambiguität. Schlöndorff antwortet daraufhin den französischen Kritikern in einem offenen Brief, in dem er betont, daß es sich in dem Film um eine positive, weil progressive jüdische Person handele. Denjenigen, die in dem Film einen latenten Antisemitismus auszumachen meinen, hält er zu Recht vor, in alten Klischees zu denken und, sobald jüdisches Personal in einem deutschen Werk erscheine, mit überstürzten Urteilen zur Stelle zu sein. (12)

## Die Moral der Ruth Halbfass (1972)
*Doch die Verhältnisse, sie sind nicht so (I)*

*Inhalt:* Ruth Halbfass (Senta Berger), eine junge, attraktive Frau, ist mit dem Fabrikdirektor Erich Halbfass (Peter Ehrlich) verheiratet, ihre Tochter Aglaia (Susanne Rettig) geht noch zur Schule und findet alles »einfach anachronistisch«. Viel scheint Ruth und Erich nicht mehr miteinander zu verbinden – sie vereinsamt in der Großräumigkeit des Luxusanwesens mit Swimmingpool, er leitet fleißig die Geschäfte und hört sich allabendlich die Lieder Joseph Schmidts und Richard Taubers an. Daß sie mit einem anderen Mann, Aglaias Lehrer Franz Vogelsang (Helmut Griem), zusammen ist, davon weiß der brave, tüchtige Ehegatte noch nichts. Doch allmählich spitzen sich die Dinge zu, plant Franz doch zwischenzeitlich, mit Hilfe des dilettantischen Gaunerduos Francesco (Marian Seidowsky) und Bonaparte (Karl-Heinz Merz) den Industriellen umzubringen. Dieser ahnt inzwischen, daß seine gutaussehende Gattin dem Lehrer recht nahesteht, und auch Franz Vogelsangs Ehefrau Doris (Margarethe von Trotta) ist den beiden längst auf die Schliche gekommen. Nach einem mißlungenen Anschlag Frau Vogelsangs auf Herrn Halbfass, bei dem dieser lediglich angeschossen wird, begeht die in der Folge inhaftierte Lehrersgattin Selbstmord. Als

*Senta Berger setzt zum Schuß an, Helmut Griem sieht's gelassen, Volker Schlöndorff inspiziert*

alles wieder seine Ordnung zu haben scheint, tritt das wiedervereinte Ehepaar Halbfass eine Spanienreise an: »Es wird im Leben / dir mehr genommen als gegeben«, ertönt an dieser Stelle erneut ein Lied von Joseph Schmidt.

*Kommentar:* Als eine »ironische Gesellschaftskomödie« bezeichnet der Untertitel den Film, der, ganz ähnlich wie zuvor MORD UND TOTSCHLAG, auf einer Zeitungsnotiz beruht und sich keiner literarischen Vorlage »bedient«: Der Düsseldorfer Sensationsprozeß von 1971 – die Industriellengattin »Minouche« Schubert wird wegen Mordes an ihrem Mann Theo angeklagt – liefert Volker Schlöndorff den Stoff für diesen Film. In dessen Verlauf sitzt Ruth Halbfass einmal bei ihrem Friseur Francesco (Marian Seidowsky, der gepeinigte Basini aus DER JUNGE TÖRLESS), der später ihren Mann umbringen soll und ihr jetzt erst einmal eine Zeitschrift reicht, in der Ruth auf folgende Schlagzeile stößt: »Die Killer von Düsseldorf – Wie ein Textileinkäufer den Ehemann seiner millionenschweren Geliebten aus dem Weg schaffen wollte«.

DIE MORAL DER RUTH HALBFASS ist der wohl denkbar krasseste Kontrapunkt zu DER PLÖTZLICHE REICHTUM DER ARMEN LEUTE VON KOMBACH, jenem nüchtern-naturalistischen Schwarzweißfilm, der dieser farbenfrohen und doch recht seichten Trivialgeschichte vorausgeht. Doch als solche hat das Autorenteam, Volker Schlöndorff und der Literaturkritiker Peter Hamm, den Film angelegt, als eine vom eng abgesteckten Begriff des hocherhabenen Genrefilms befreite Allerweltsstory mit Unterhaltungswert und impliziter Gesellschaftskritik. Freilich stellt dieser Film auch den Versuch Schlöndorffs dar, sich vom Ruf des Intellektuellenfilmers zu lösen, nicht länger nur auf das E-Ressort, auf die anspruchsvolle Filmkunst festgelegt zu sein. Das Unterfangen, auf unterhaltsame Weise Sozialkritik filmisch umzusetzen, dabei eine sich vermeintlich emanzipierende Frau in den Mittelpunkt des Geschehens zu stellen, fällt jedoch nicht halb so interessant aus, wie es der nur ein Jahr später gedrehte zweite »Frauenfilm« Schlöndorffs, STROHFEUER, ist.
Diese beiden Filme haben mehr miteinander gemein, als binnen eines Jahres hintereinander entstanden zu sein, es sind zwei tem-

*Ehegattin mit Doppelmoral: Senta Berger als Ruth Halbfass*

porär bedingte Skizzen der weiblichen Emanzipation, der Befreiung der Frau vom Patriarchat. Doch im Gegensatz zu STROHFEUER mutet DIE MORAL DER RUTH HALBFASS in diesem Anliegen bemüht und unglaubwürdig an, was weniger an der guten Schauspielerin Senta Berger mit ihrem prickelnd-erotischen Charme liegt als vielmehr an dem verquasten Durcheinander des Drehbuchs und seiner allzu gestellten, gewollt banalen Dialoge, die somit ins Artifizielle umkippen. Womöglich resultiert das Manko an Glaubwürdigkeit dieser Dialoge, die eben so ganz aus dem realen Leben gegriffen sein sollen, aus der Zusammenarbeit Schlöndorffs mit einem Literaturkritiker, der nach der Aufführung des Films auch erklärt, er lehne den Terminus »Trivialfilm« hier ab.

Trivial ist dieser Film schon, der ursprünglich DIE EHEGATTIN heißen sollte, auch wenn er mit einem Ibsen-Zitat, vorgelesen von Franz Vogelsang beim Waldausflug mit Ruth, eröffnet wird: »Die Idee, unter der, was wir tun, zu stehen hat, lautet: alles oder nichts. – Die Selbstverwirklichung ist das Höchste, was ein Mensch in seinem Leben erwarten kann.« Doch die Verhältnisse, sie sind nicht so: Was Brecht seinen Peachum in der *Dreigroschenoper* anprangern läßt, das trifft auch auf Ruth Halbfass zu. Ihre Moral ist eine Doppelmoral, eine mit Hintertür und Halbwahrheiten. So wie Elisabeth am Ende von STROHFEUER erneut in den Hafen der Ehe einläuft, so zeigt das Schlußbild Ruth Halbfass dort, wo sie sich auch zu Beginn befunden hat: im goldenen Käfig scheinbarer Harmonie. Ein allzu deutlicher Wink mit dem Zaunpfahl, daß gerade an dieser Stelle erneut das musikalische Leitmotiv eingesetzt wird und Joseph Schmidts geschmetterter Seelenschmalz zu hören ist: »Es wird im Leben / dir mehr genommen als gegeben«. Das mag zwar ironisierend gemeint sein, doch wirkt dieses konterkarierende Moment hier einfach nur noch platt.

Den Unterhaltungswert dieses für den Hessischen Rundfunk produzierten Films erkennt der US-Verleih Cinema International Corporation GmbH dennoch und kauft ihn nach einer Besichtigung rasch ein, um ihn vor seiner Fernsehausstrahlung erst im Kino auszuwerten. So erlebt DIE MORAL DER RUTH HALBFASS seine Uraufführung im April 1972 in Bonn, die ARD strahlt ihn schließlich im Juni 1974 aus.

# Strohfeuer (1972)
*Doch die Verhältnisse, sie sind nicht so (II)*

*Inhalt:* Nach Jahren der Ehe läßt sich die noch junge Elisabeth Junker (Margarethe von Trotta) von ihrem Mann Hans-Helmut (Friedhelm Ptok) scheiden, einem frustrierten Verlagslektor, der viel lieber selbst schriftstellerisch tätig wäre, als immer nur die uninteressanten Texte anderer zu redigieren. Mit der Scheidung verbindet sie die ambivalente Hoffnung, ihr Dasein als Hausfrau beenden zu können und zugleich wieder eine Anstellung als Fremdsprachensekretärin zu finden, einer Arbeit, »die meine ganze Persönlichkeit fordert«, so Elisabeth einmal.
Neben ihrer Jobsuche beginnt sie, Gesangsunterricht und Ballettstunden zu nehmen, träumt sie doch davon, einmal Musicalstar zu werden, so wie einst Fred Astaire und Ginger Rogers. Und sie geht mit einer Freundin ins Museum, um sich von dem ausgewiesenen und sehr redseligen Schweizer Kunsthistoriker Dr. Konrad Farner in ikonographische Kontexte der Emanzipation einführen zu lassen.

*Der Neue bringt das Alte mit sich: Oskar Merz (Martin Lüttge) und Elisabeth (Margarethe von Trotta)*

In der Berufswelt wird sie jedoch rasch in ihre Grenzen verwiesen, sieht sich mit vorgefaßten Meinungen, mit Normen und Konventionen der Gesellschaft konfrontiert. So leitet sie denn auch erst wild fotografierende Japaner als Messehostess umher, wird dann unterbezahlte Verkäuferin in einem Pelzladen und schließlich als sprachbegabte Assistentin in der Galerie des feisten Kunsthändlers Schmollinger (Georg Marischka) eingestellt, dessen unlautere Absichten auf der Bahnfahrt nach Mailand herauskommen. Währenddessen versucht ihr geschiedener Mann, ihr das Sorgerecht für den gemeinsamen Sohn Niki zu entziehen. Dieses kann sie nur wiedererlangen, indem sie wiederum eine Ehe eingeht, diesmal mit Oskar Merz (Martin Lüttge), dem Bekannten eines Verlagskollegen. Über die Bilder der Hochzeitsfeier legt sich das Schlußlied (Gustav Mahlers »Wenn mein Schatz Hochzeit macht ...«) mit dem einprägsamen Refrain »... Hab Geduld – ordne dich ein ...«

*Kommentar:* »Der Film beginnt mit einer Scheidung, die eine Befreiung ist, und endet mit einer Hochzeit, die eine Kapitulation ist.« So ist verkürzt und prägnant im Presseheft zu STROHFEUER zu lesen, wovon dieser typische Siebziger-Jahre-Film handelt. Für das Drehbuch zeichnen Schlöndorff und von Trotta –

*Szenen einer realen Ehe ...*

*... die Schlöndorffs privat*

nach DER PLÖTZLICHE REICHTUM DER ARMEN LEUTE VON KOMBACH stellt dies ihre zweite Arbeit an einem Buch dar – erneut gemeinsam verantwortlich, die initiale Idee zu dem Stoff stammt denn auch von Schlöndorffs Frau und basiert partiell auf ihren eigenen Lebenserfahrungen. So ist STROHFEUER auch ein autobiographisch gefärbter Film über Margarethe von Trotta, und daß er seinerzeit für die gesellschaftliche Situation der Frau von einem geradezu allgemeingültigen Charakter war, mag auch heute noch für ihn einnehmen.

Sieht man STROHFEUER in den späten Neunzigern zum ersten Mal (die vorhandene 35-mm-Farbkopie ist in denkbar schlechtem Zustand), so mutet dieser unaufwendige, für das Fernsehen (ARD) produzierte Film, der nach seiner Erstausstrahlung im Entstehungsjahr 1972 noch den Weg ins Kino gefunden hat, wie ein Relikt aus einer längst überholten, der Vergangenheit angehörenden Zeit an. Der Film ist also nicht zeitlos, ist in seiner formalen Gestalt und in seinem Inhalt eng gebunden an jene Zeit der weiten Schlaghosen, in der die Klamotten zwar knallbunt und schräg waren, die Rolle der Frau dafür aber um so statischer in ihrer gesellschaftlich festgelegten Konnotation verharrte. Das vermittelt Schlöndorff auf eine sehr direkte und unverblümte Art und Weise, die mitunter zwar allzuviel spießigen Muff in sich trägt, doch letztendlich realistischer nicht hätte sein können: Schlöndorff hält die Kamera auf das unmittelbare Jetzt, auf das verkrampfte Denken der Mittelschicht, wie sie betulich in München dem vorgeschriebenen Gang der Dinge nachgeht, ohne etwas kritisch zu reflektieren oder gar zu hinterfragen. Elisabeth tut dies zwar in Ansätzen, doch verpuffen ihre sogenannten Emanzipationsversuche ins Leere, weiß sie doch mit der neugewonnenen »Freiheit« so recht nicht umzugehen und verfängt sich erneut just in jenem Netz, das sie zuvor erst mühsamst zerschnitten hat. Elisabeths versuchte Befreiung von den sie bestimmenden patriarchischen Mustern ist so nicht mehr als ein Strohfeuer, eine »traurige Komödie« vielleicht, wie Schlöndorff seinen Film damals selbst nannte: »Ihre Empörung ist nur ein Strohfeuer«, bekommt Elisabeth von ihrer Anwältin entgegnet.

Die Bilder für diese Tragikomödie sind von Sven Nykvist, dem Stammkameramann von Ingmar Bergman, realistisch und äußerst nüchtern angelegt, sie unterliegen einer nahezu vollkommenen Reduktion in den formal-technischen Mitteln. Eine etwaige ausschmückende Ästhetik existiert im Grunde nicht, vielmehr zeigt STROHFEUER beinahe veristisch eingefangene Realitäten. Dieser »Verismus« ist es auch, der trotz einiger Schwächen des Films – so sind etwa die Handlungsmotive nicht immer plausibel und ist der wesentliche Handlungsstrang in sich nicht stringent erzählt – diesem sein Potential, seine urwüchsige Kraft verleiht.

In den USA lief dieser an sich kleine Fernsehfilm unter dem quasi euphemistischen Titel A FREE WOMAN mit erstaunlichem und wirklich beachtlichem Erfolg im Kino: Im New Yorker »Paris Theatre« war er für satte zwei Monate im Programm, erhielt von der *New York Daily News* ein »Highest Rating« und wurde von der Zeitschrift *New York* im Juni 1974 geradezu euphorisch gefeiert: »Once again, as we have with Bergman, Fellini, De Sica, Chabrol, we must thank a foreign film-maker for exploring the persona of a woman with such perception and in such universal terms that we can claim her as our own. Made two years ago, originally titled STROHFEUER (SUMMER LIGHTNING) and retitled, with suitable irony for release here, A FREE WOMAN, this seventh film by 35-year-old Volker Schlondorff [sic] is a remarkable detailing of and comment on the ›emancipation‹ of a young woman ...« (»Einmal mehr müssen wir, wie bei Bergman, Fellini, De Sica, Chabrol, einem ausländischen Filmemacher dafür danken, die Persönlichkeit einer Frau mit so viel Verständnis und so universell erforscht zu haben, daß wir sie uns zu eigen machen können. Vor zwei Jahren entstanden, ursprünglich STROHFEUER (SUMMER LIGHTNING) betitelt, für den Start hier mit angemessener Ironie in A FREE WOMAN umgetitelt, ist dieser siebte Film des 35jährigen Volker Schlöndorff ein bemerkenswert detaillierter Kommentar zur ›Emanzipation‹ einer jungen Frau ...«) (13)

*Margarethe von Trotta mit Kameramann Sven Nykvist*

Übrigens hat Volker Schlöndorff – Altmeister Hitchcock läßt augenzwinkernd aus der Ferne grüßen – wie zuvor schon in Melvilles LE DOULOS/DER TEUFEL MIT DER WEISSEN WESTE (1962) einen Gastauftritt in geselliger Tischrunde: just in jener Kneipe, in der Elisabeth Junker ihrem zukünftigen zweiten Ehemann Oskar Merz zum erstenmal begegnet ...

## Übernachtung in Tirol (1973)
*Trivialfilm oder Gruselepos?*

*Inhalt:* Ein Badesee im Herbst: Katja (Margarethe von Trotta) und ihr Mann Eduard (Reinhard Hauff), Arzt von Beruf, verbringen ihre Freizeit mit Freunden, dem Londoner Geschäftsmann Pavel (Ivry Gitlis) und dessen Begleitung, dem Fotomodell Anna (Rita Scherrer). Andreas, der kleine Sohn von Katja und Eduard, ist auch mit von der Partie. Als Katja Eduard gesteht, daß sie ihn eigentlich habe verlassen wollen, da ist er es, der den Vorschlag macht, nach Italien zu verreisen, gemeinsam mit dem befreundeten Paar, nach Verona, der Stadt Romeos und Julias. Doch ihr Ziel werden sie nie erreichen, in einer Kurve auf einer schmalen Tiroler Bergstraße steuert Eduard den Wagen an den Rand des Abgrunds, auf einem Felsvorsprung bleibt er hängen. Alle überstehen den Unfall mehr oder weniger unbeschadet, nur Eduard selbst ist hinter dem Steuer eingeklemmt, befreien können die vier ihn nicht. Trotz des herannahenden Gewitters, das den Absturz des Wagens auslösen könnte, steigt die Gruppe ins Tal hinab, um Hilfe zu holen.

Im nächstgelegenen Dorf finden sie Unterschlupf in einem Gasthaus, in dem die Wirtin (Louise Martini) und der feiste Herr Strupp (Heinrich Schweiger) das Sagen haben. Während sich im Gasthaus nach einigem Hin und Her ein vielfältiges Techtelmechtel einstellt, ist es Eduard inzwischen gelungen, sich aus dem Unglückswagen zu befreien. Auch er steigt nunmehr ins Tal hinab, gerät zum Gasthaus, lernt den angetrunkenen Dorfschullehrer (Herbert Achternbusch) kennen. Der Lehrer, von der Wirtin hinausgeworfen, von der Gesellschaft belächelt, bringt sich später um, an der Kirche. Die Dinge lösen sich auf, die Abreise steht bevor: Pavel verläßt Anna, doch Katja und

*Reinhard Hauff und Margarethe von Trotta*

Eduard bleiben zusammen, wollen sich aussprechen – später ...
*Kommentar:* Bereits im Frühjahr 1971, kurz nach der Uraufführung von DER PLÖTZLICHE REICHTUM DER ARMEN LEUTE VON KOMBACH, trägt sich Volker Schlöndorff mit dem Gedanken, das Projekt ÜBERNACHTUNG IN TIROL nunmehr in Angriff zu nehmen. Im März 1971 schreibt er Günter Rohrbach, damals Leiter des Fernsehspiels beim WDR Köln, einen Brief, in dem er das Projekt kurz vorstellt und dessen Auswahl begründet: *»Ich weiß, daß Dramaturgen und Redakteure mich immer wieder in die Kategorie des ›Anspruchsvollen‹ verbannen wollen. Der Grad des ›Anspruchsvollen‹ wird dabei entweder mit literarischen oder soziologischen Kategorien festgestellt. Das Filmische ist nur ›Form‹. Filme wie MORD UND TOTSCHLAG werden als fauxpas betrachtet. Ich bin nun aber fest entschlossen, aus der oben beschriebenen schizophrenen Trennung einen Ausweg zu suchen: im Trivialfilm.«* (14)

Sowohl der WDR als auch das ZDF und das Bundesinnenministerium lehnen jedoch ab, der finanzstarke WDR angeblich mit der Begründung, daß die gesellschaftlichen Probleme, die der Film behandelt, nicht von Belang seien. Daraufhin tut sich Schlöndorff erneut mit dem HR zusammen, und im Oktober 1973 können die Dreharbeiten in Brixen, Südtirol, schließlich beginnen. Am Set kommt es zu einem schweren Unfall des Kameramannes Franz Rath, als es die Autoszene am Abgrund zu drehen gilt: Durch die Unachtsamkeit des Special-Effects-Mannes macht sich der nicht abgesicherte Wagen mit den Dummys selbständig, den Schlöndorff, Rath und dessen Assistent mit drei Kameras parallel filmen wollen. Als der Wagen zu rollen beginnt, er jedoch kein »Kamera ab« hört, will Rath die Kamera einschalten und sofort drehen. Zu spät bemerkt er, daß man noch gar nicht drehbereit ist. Das am Wagen befestigte Seil strafft sich, versetzt Rath einen festen Schlag und haut ihn den Hang hinunter. Franz Rath dreht den Film zwar weiter, doch hat er die ganze Zeit über massive Probleme mit seinem Fuß.

ÜBERNACHTUNG IN TIROL wird eine reine Fernsehproduktion, die ein Jahr später, am 8. Oktober 1974, über den Bildschirm flimmert und bei vielen Zuschauern aus dem Südtiroler Raum blankes Entsetzen auslöst, in der Folge einen wahren Sturm der Entrüstung entfacht. In den Tagen nach der Ausstrahlung (17,79 Millionen sahen zu) wird die ARD-Redaktion mit Beschwerdebriefen geradezu bombardiert, die Absender reichen von Privatleuten bis hin zum »Dachverband der Lechtaler Fremdenverkehrsverbände«: Schlöndorffs Film wird als »primitiv und geschmacklos« bezeichnet, als »wirklichkeitsfremd und zusammenhanglos«, als »schwere Beleidigung der sehr hilfsbereiten Tiroler Bevölkerung« und gar als »Zumutung, Schande, Dreck«. (15) Der Leiter des Fernsehspiels beim HR, Dr. Hans Prescher, der auch bei einigen anderen Schlöndorff-Filmen für die redaktionelle Betreuung verantwortlich zeichnet, antwortet dem Bürgermeister des Lechtals: »*Bitte haben Sie Verständnis, daß auch Filmautoren und -regisseure ebenso wie Dichter und Schriftsteller ihre Geschichten pointieren und in extremen Situationen ansiedeln, um eine Wirkung zu erzielen – im Fall dieses Films wollten die Autoren mit ihrer kritisch-pessimistischen Darstellung von menschlichen Verhaltensweisen die Zuschauer betroffen machen und auch dazu veranlassen, daß jeder sein eigenes Verhalten überdenkt.«* (16)

Was war es, das die Zuschauer einer bestimmten Region seinerzeit derart aufbrachte, daß die Briefe mitunter wüste Beschimpfungen enthalten, die hier nicht angeführt sein müssen? Die Autoren (Schlöndorff arbeitet hier ein weiteres Mal mit Peter Hamm zusammen, der zuvor am Drehbuch der MORAL DER RUTH HALBFASS mitschrieb) widmen ihr Augenmerk erneut dem Genre des sogenannten »Trivialfilms«, für Schlöndorff letztendlich eine Art Befreiungsakt vom angehängten Intellektuellenimage. ÜBERNACHTUNG IN TIROL, das sei ein Gruselfilm ohne Gespenster, die Wirklichkeit vielmehr sei es, die den Grusel hervorrufe – so der Regisseur. Der Vergleich mit dem Gruselfilm-Genre bringt Schlöndorff jedoch nur um so schlechtere Kritiken ein, wird zudem als Ausrede gewertet. De facto ist ÜBERNACHTUNG IN TIROL eine Mixtur, die sich aus Elementen des Melodrams und des Heimatfilms zusammensetzt, die Psy-

*Der Mensch am Abgrund*

chologisierung ihres Personals jedoch zugunsten einer recht oberflächlichen Dramaturgie vernachlässigt. Die bürgerliche Fassade soll als brüchig und verlogen dekuvriert werden, doch hierfür hätten die Personen tiefgründiger dargestellt, hätten Handlungsantriebe plausibler erklärt werden müssen. So fühlten sich die Südtiroler auf den patriotisch eingefärbten Schlips getreten, da sie sich in den Geschehnissen, zumal der »traurigen Orgie«, nicht wiedererkannten. Einen solchen Gasthof habe es nie gegeben, die Südtiroler seien ein friedfertiges, freundliches Völkchen, hilfsbereit und zuvorkommend. Wer weiß ...?

Interessant, wenngleich etwas gewagt, mag in diesem Kontext freilich der Vergleich erscheinen, den der italienische Autor Alberto Cattini in seinem 1980 publizierten Schlöndorff-Buch zwischen ÜBERNACHTUNG IN TIROL und Erich von Stroheims 1918 gedrehtem BLIND HUSBANDS zieht: Der Stummfilm, in einem Gebirgsort angesiedelt, beschreibt sentimental-pathetisch den tödlich endenden Konflikt zwischen einem amerikanischen Arzt (Sam de Grasse) und dem Verführer (Gibson Rowland) seiner Frau (Francelia Billington). Cattini bezeichnet Schlöndorffs Film als eine Hommage und ein in unsere Zeit transponiertes *Remake* des von-Stroheim-Films, nur die Rolle von Stroheims selbst, des Offiziers Steuben, ist weggelassen.

Doch im Grunde ist Schlöndorffs knapp 80minütiger Fernsehfilm ohne weiterreichende Bedeutung für seine Karriere: Bereits nach der darauffolgenden Arbeit, GEORGINAS GRÜNDE, wird er in Co-Regie mit seiner Frau mit der Böll-Adaption DIE VERLORENE EHRE DER KATHARINA BLUM einen der wichtigsten und international renommiertesten Filme über bundesrepublikanische Realitäten drehen.

## Georginas Gründe / Les Raisons de Georgina (1974)

*Portrait of a Lady*

*Inhalt:* An Deck seines Schiffes sitzend, erinnert sich Raymond Benyon (Joachim Bissmeier), ein mittelloser Marineoffizier, an die Geschichte der Georgina Gressie (Edith Clever), Tochter wohlhabender Eltern mit Wohnsitz in New York – und er blickt

*Am Set von* Georginas Gründe: *Sven Nykvist hinter der Kamera, Edith Clever davor (ganz rechts)*

zurück: Gegen den elterlichen Willen hatte Georgina Raymond einst geheiratet, heimlich und unter der Bedingung, daß dieser niemals und niemandem über die Hochzeit Auskunft gibt: »Du darfst mich niemals vor anderen Leuten deine Frau nennen, solange ich das nicht will. – Niemals, Liebes.« Die Gründe kennt allein Georgina.

Es ist ein Versprechen mit schwerwiegenden Folgen: Mehr und mehr zieht sich Georgina von ihrem Gatten zurück, weigert sich gar, mit ihm zu leben. Sie bricht aus, verläßt New York, um ihre Freiheit zu erhalten, und reist zusammen mit Mrs. Portico (Eva-Maria Meineke), einer Dame von Welt, nach Italien. Dort gibt sie das gemeinsame Kind, das sie in der Fremde zur Welt brachte, an eine ihr unbekannte Familie ab, löst somit jegliche Verbindung zu Raymond auf. Daraufhin geht Georgina eine neue

Verbindung ein, heiratet ein zweites Mal, obgleich ihre erste Ehe auf dem Papier noch besteht. Der neue Auserwählte (Werner Kliess) ist ein Verwandter jener Kate Theory (Margarethe von Trotta), die Raymond wiederum in Italien kennen- und liebengelernt hat. Aufgrund der unhaltbaren, verfahrenen Situation fordert Raymond nun die Aufhebung jenes Schweigeversprechens, das er seinerzeit gab, und somit die Scheidung. Dann könnte auch er wieder heiraten, Kate ...

*Kommentar:* GEORGINAS GRÜNDE ist ein kleiner TV-Film mit einer Länge von 65 Minuten. Er entstand als Auftragsarbeit für das Fernsehen: 1974 produzierte der WDR in Zusammenarbeit mit dem französischen Sender ORTF eine vierteilige Reihe mit Henry-James-Adaptionen; die ersten beiden Beiträge, DE GREY und THE BENCH OF DESOLATION, stammen von keinem Geringeren als Claude Chabrol, der letzte, OWEN WINDGRAVE, ist von Paul Sedan. Henry James (1843–1916), einer der Vorreiter des modernen psychologischen Romans, hat die Erzählung *Georginas Reasons* 1880 publiziert, kurz bevor er *The Portrait of a Lady* (1881) in Angriff nahm, das wichtigere Werk, das mit seiner Titelheldin Isabel Archer gewissermaßen den Prototyp jener Amerikanerinnen vorführt, die ausziehen, um die Welt auf ihre Weise zu erfahren und vielleicht auch zu erobern. Jane Campion hat den dickleibigen Roman 1995/96 mit Nicole Kidman als Isabel Archer und John Malkovich in der Rolle des Verführers Gilbert Osmond in einer wohl etwas zu stilisierten Form für die Leinwand adaptiert.

Die Erzählung *Georginas Reasons* ist Mitte der siebziger Jahre noch nicht ins Deutsche übersetzt, und so besorgt Peter Adler die deutschsprachige Drehbuchfassung, die Schlöndorffs Verfilmung zugrunde liegt. In den Bavaria-Ateliers in Geiselgasteig finden vom 15. Juli bis zum 2. August 1974 die Dreharbeiten statt; für Schlöndorff ist es der erste Film, der vollständig im Studio gedreht wird, und es ist auch sein erster Film mit fremdsprachigen Charakteren. Hinter der Kamera zeichnet der Schwede Sven Nykvist – 1974 mit dem *Oscar* für Bergmans SCHREIE UND FLÜSTERN (1972) ausgezeichnet – für die strengen Bildkompositionen verantwortlich; zuvor fotografierte er bereits STROHFEUER, 1983 wird er Prousts *Un amour de Swann* gestalten. Die Schauspieler, allen voran Edith Clever von der Berliner Schaubühne, die hier ihren Einstand vor der Kamera gibt, wie auch Joachim Bissmeier vom Münchner Residenztheater, fängt Nykvist, der Meister subtiler Lichtsetzung, in nüchternen Kadrierungen ein, vollkommen unprätentiös und durchdrungen vom viktorianisch ausstaffierten Ambiente. Großräumige Aufnahmen gibt es nicht, detailfreudige Portraits dominieren. Der Stil der englischen Präraffaeliten macht die Atmosphäre der Kulissen und den Habitus der Kostüme aus: Henry James stand der 1848 gegründeten Künstlergruppe »Pre-Raphaelite Brotherhood« um Dante Gabriel Rossetti (1828–1882) nahe, deren künstlerische Maximen, etwa die Anlehnung an die italienischen Maler des Quattrocento und das romantische Sympathisieren mit Stoffen der älteren italienischen Dichtung, auch er in seinem Werk frei umzusetzen versuchte. Schlöndorff stellt seine Inszenierung in den Dienst des Textes, den er weitgehend wortwörtlich übernimmt und mit kühler Distanz in Bilder transponiert.

»Dieser Mann muß genauso wahnsinnig sein wie du«, sagt die alte Mrs. Portico einmal zu Georgina: Er ist es, da er sich dem Ehrenkodex hingibt und sein Versprechen auch dann noch aufrechterhält, als alte Ordnungen bereits umgekippt sind und er ein freier Mann sein könnte; sie ist es, da sie sich eine vermeintliche Freiheit zu verschaffen meint, die keine ist, da sie andere leiden läßt aus Gründen, die nur ihr bekannt sind – Georginas Gründe sind Georginas Geheimnis. Es sei die »Beschreibung einer Neurose«, so Schlöndorff, die sich entwickelt hat zwischen einer hysterischen *femme fatale* und einem zurückhaltenden Offizier, deren Gegensätzlichkeit in Wesensart und Denkweisen kollidiert und sich eben nicht kathartisch auflöst.

Freilich steht Georgina, zumindest bei grober Betrachtung, in einer Linie mit Elisabeth aus STROHFEUER, mit Ruth Halbfass und Katharina Blum, bis hin zu Sophie von Reval aus DER FANGSCHUSS. Sieht man jedoch genauer hin, so trennen sie nicht nur historische Umstände und Bedingungen, sondern vor allem die eigentlichen Gründe ihrer Handlungen. So wirklich frei, wie es nur Katharina Blum und Sophie von Reval sein können, sind alle mehr oder minder sich »emanzipierenden« Frauen früherer Schlöndorff-Filme nicht.

# Die verlorene Ehre der Katharina Blum (1975)
## *Metamorphosen einer Frau*

*Inhalt:* Während einer ausgelassenen Karnevalsfeier lernt Katharina Blum (Angela Winkler), eine unauffällige junge Frau, die bei dem gutsituierten Rechtsanwaltsehepaar Blorna (Heinz Bennent, Hannelore Hoger) als Haushälterin tätig ist, den polizeilich gesuchten Deserteur Ludwig Götten (Jürgen Prochnow) kennen. Sie verlieben sich spontan ineinander und verbringen die Nacht miteinander. Am nächsten Morgen stürmt die Polizei unter der Ägide von Kommissar Beizmenne (Mario Adorf) die Wohnung der Blum – Götten jedoch ist spurlos verschwunden, er konnte noch rechtzeitig entkommen.

Der Verdacht des ruppigen Kommissars fällt rasch auf die unschuldige Frau, die sich alsbald in den emotionslosen Mühlen des Polizeiapparates findet: Sie muß sich einer Reihe von willkürlich geführten, unsachlich gehaltenen Verhören unterziehen, wird gar kurzfristig inhaftiert und gerät in die fetten Schlagzeilen der sensationshungrigen Boulevardpresse. Der Reporter der sogenannten »Zeitung«, Tötges (Dieter Laser), fällt sogleich über das Privatleben von Katharina Blum her und schlachtet dies in blindem Opportunismus rücksichtslos und ehrlos aus, um dem zweifelhaften Beizmenne zudem Informationen zuzuschustern, die dieser gegen Katharina Blum verwenden kann.

Nach der Verhaftung Göttens, dem Beizmenne schließlich doch auf die Schliche gekommen ist, bestellt »die Blum«, wie sie zuweilen despektierlich genannt wird, Tötges in ihre Wohnung, wo sie ihn kurzerhand erschießt und sich daraufhin der Polizei stellt. Die Beerdigung von Tötges gerät zu einer einzigen großen Zelebration des Euphemismus und der Lüge.

*Kommentar:* Eigentlich wollten Volker Schlöndorff und Margarethe von Trotta Heinrich Bölls Roman *Gruppenbild mit Dame* (1971) verfilmen, doch mit der Arbeit am Drehbuch geht es nicht so recht voran, zudem finden sich keine Finanzierungsmöglichkeiten. (1977 entsteht unter der Regie des Jugoslawen Aleksandar Petrovic die gleichnamige, eher negativ aufgenommene deutsch-französische Koproduktion mit Romy Schneider in der Hauptrolle.) Da schickt ihnen der Autor unverhofft die ersten Druckfahnen seiner neuen Erzählung, *Die verlorene Ehre der Katharina Blum oder: Wie Gewalt entstehen und wohin sie führen kann* (1974).

Die Figur der Katharina Blum erscheint dem Paar wie eine radikalisierte, konsequente Weiterführung der Leni Pfeiffer aus dem *Gruppenbild*. Katharina ist eine Art jüngere Schwester Lenis, die die Zeit vom Nationalsozialismus bis hin zur Studentenbewegung erlebt. Schlöndorff und von Trotta entscheiden sich

*Entehrt, entindividualisiert, entmenschlicht: Katharina Blum (Angela Winkler)*

für die Adaption der Erzählung, die in der unmittelbaren Gegenwart spielt, Mitte der siebziger Jahre. Sie setzen sich an das Drehbuch, insgesamt drei Fassungen entstehen, und der Autor Böll, der mit dem Paar Satz für Satz durchgeht, gibt immer wieder Tips und Ratschläge, erläutert sein Personal, schreibt neue Dialogstellen, ist präsent. Eingreifen tut er nie, weder in die Auslegung des Stoffs durch das Paar noch in die vollkommen überarbeitete Erzählstruktur. Er akzeptiert die Sichtweise Schlöndorffs und von Trottas, taucht später auch hin und wieder am Set auf, um die Dreharbeiten zu verfolgen. Aus der labyrinthischen, nicht eben einfachen Strukturierung von Bölls Erzählung, den Reflexionen und Rückblenden, den Zitaten und Berichten und dem zwischen beißender Ironie und wutentbranntem Ernst changierenden Erzählduktus machen Schlöndorff/von Trotta ein realitätsnahes Dialogbuch mit einer sehr geradlinigen, im Grunde einfachen Handlungsschiene. Das ist pragmatisch gedacht und kommerztauglich konzipiert – diese Rechnung soll denn auch aufgehen.

*Der Autor auf Setbesuch: Heinrich Böll und Volker Schlöndorff*

*Schlöndorff schenkt ein, Böll goutiert*

Für die Verfilmung der provokativen Böll-Erzählung können Schlöndorff/von Trotta den WDR und die Paramount-Orion gewinnen, die neben der eigenen Bioskop koproduzieren, Verleih ist die damals in Frankfurt/Main ansässige Cinema International Corporation (CIC).

Die Besetzung dieses mit etwa 1,7 Millionen Mark budgetierten Films ist womöglich sein größtes Potential; man stelle sich nur vor, Katharina Blum würde von jemand anderem interpretiert als von der hervorragenden Angela Winkler. Ende 1974 bietet Volker Schlöndorff der 30jährigen Schauspielerin die Titelrolle in seinem neuen Film an. Angela Winkler, die in Peter Fleischmanns JAGDSZENEN AUS NIEDERBAYERN (1968) vor der Kamera debütierte, in Hans-Dieter Schwarzes Böll-Adaption ENDE EINER DIENSTFAHRT mitwirkte und seit 1971 zum Ensemble der Berliner Schaubühne gehört, nimmt sofort an, »freut sich sehr«

auf die bevorstehende Herausforderung (1978 spielt sie dann erneut unter Schlöndorffs Regie in der *Antigone*-Episode des Gruppenfilms DEUTSCHLAND IM HERBST, 1979 folgt ihre bravouröse Darstellung der Agnes Matzerath in DIE BLECHTROMMEL, 1983 schließlich die Episode *Kill your Sister* in KRIEG UND FRIEDEN). Die weiteren Rollen werden mit prominenteren Schauspielern besetzt, allen voran Mario Adorf als Kommissar Beizmenne. Jürgen Prochnow hat als Deserteur Götten nur einen sehr kleinen Part, Dieter Laser ist der schmierige Reporter Tötges, Heinz Bennent der verständige Anwalt Blorna; des weiteren sind Rolf Becker, Karl-Heinz Vosgerau und Hannelore Hoger zu sehen.

Die Dreharbeiten finden in Köln und Bonn an Originalschauplätzen statt, vom 4. Februar bis zum 19. März 1975. Gedreht wird u. a. im 35. Stock des Kölner Hochhauses »Unizentrum«, wo sich Katharina Blums Wohnung befindet, in Kölner Lokalen inmitten des Karnevaltrubels sowie am Rhein. Die Postproduktion findet wieder in München statt, für die Musik kann Schlöndorff erneut den renommierten Komponisten Hans Werner Henze gewinnen, mit dem er bereits beim JUNGEN TÖRLESS zusammengearbeitet hatte und der hier einen mitunter beklemmenden Klangteppich aus kontrapunktischen Tönen komponiert, die mal leise-lauernd, mal extrem schrill-hart sind und die nüchterne Atmosphäre des Films untermalen. (Ein leitmotivisches Stück findet sich übrigens kurz in Schlöndorffs Episode zu DEUTSCHLAND IM HERBST wieder.) Nach der Uraufführung auf dem Filmfestival in San Sebastian wird DIE VERLORENE EHRE DER KATHARINA BLUM schließlich am 9. Oktober 1975 in Berlin erstaufgeführt und gelangt anfangs mit 15 Kopien in die Kinos; die Besucherzahlen steigen jedoch kontinuierlich, und ab der vierten Woche läuft der Erfolgsfilm auf 40 Leinwänden. Die meisten Kritiker sind voll des Lobes, nationale und internationale Preise (Deutscher Filmpreis 1976, Preis des spanischen Filmkritikerverbandes u. a.) häufen sich, *a star is born:* Angela Winkler – und der Neue Deutsche Film hat endlich wieder einen Ruf zu verlieren.

*»Katharina Blum ist keine politische Person, sie ist keine Anarchistin, sie ist ein sehr braves, tüchtiges Mädchen, das voll, ganz voll im Wirtschaftswunderdenken verankert ist. Sie ist also eine*

*tüchtige Konformistin – ob sympathisch oder nicht, das ist mir gleichgültig.«* (17) Heinrich Bölls 1977 geäußerte Skizzierung seiner Frauenfigur findet sich in dieser Form nicht in Schlöndorffs/von Trottas Film wieder, denn die filmische Katharina ist eine dem Zuschauer rasch sympathische Frau, die sukzessive ihre konformistischen Lebensinhalte über Bord wirft. Politisch ist sie nicht, ebensowenig wie Ludwig Götten, jener an ihr vorbeirauschende Märchenprinz, den sie zumindest für eine einzige Nacht des Glücks festhalten kann, ein politischer Mensch oder gar ein Anarchist ist. Katharinas politisches Bewußtsein erwacht erst durch die schäbige, demütigende Behandlung, die sie urplötzlich von allen Seiten erfährt. Doch ist es eine sehr schmerzliche, entwürdigte und entehrte Bewußtwerdung, die sie durchleben muß. Der Motor dieses Prozesses sind die schmierigschlüpfrigen Mechanismen der Sensationspresse, die sie geradezu entindividualisiert und vampiresk aussaugt, bis kein Saft

*Böll mit Margarethe von Trotta*

*Der Staatsapparat packt zu*

mehr für die nächste Schlagzeile übrig ist. Tötges, der rasende Reporter, von Dieter Laser widerlich gut gespielt, ist der verlängerte Arm dieses kafkaesken Machtinstrumentariums, das Katharina Blum zur unschuldig Schuldigen degradiert, sie zur grundlos verfolgten Figur à la Hitchcock werden läßt. Die zweite Instanz, die Katharina letztendlich auf dem Gewissen hat, ist der Polizeiapparat mit seinen zermalmenden Mühlen; Beizmenne ist ihr jovial-brutaler Handlanger, und Mario Adorf verleibt der Figur den doppelten Boden zwischen vorgetäuschtem kölschen Schulterklopfen und opportunistischem Beamtentum ein. Um die Wahrheit scheint es nur sekundär zu gehen, um menschliche Belange ohnehin nicht, grob verfälschte »Fakten« sind es, die zählen. Das supprimierte menschliche Moment ist es, das Katharina mehr und mehr zur Gegenwehr, zur Re-Aktion treibt. Auf Gewalt reagiert sie zuletzt mit Gegengewalt. Diese Entwicklung fängt schleichend an, in subtilen, einfühlsam gezeichneten Dialogen, in denen sie als Mittäterin festgenagelt werden soll, etwa im ersten Verhör (hervorzuheben ist hier auch die Kameraarbeit von Jost Vacano, der gerade im Wechsel zwischen Nah- und Großaufnahmen der Winkler und nüchtern gehaltenen Halbtotalen, die ihre Umgebung zeigen, eine psychologische Visualität schafft und zwischenmenschliche Kommunikation oftmals über Blicke definiert):

*Beizmenne:»Die Zudringlichkeiten von Götten haben Sie nicht gestört?*
*Katharina: Ludwig war nicht zudringlich – er war zärtlich.*
*Beizmenne:Das kommt aufs selbe raus.*
*Katharina: Nein, eben nicht! Zudringlichkeit ist eine einseitige Handlung – und Zärtlichkeit, das ist etwas ganz anderes – das geht von beiden aus.*
*Beizmenne:Das interessiert doch keinen Menschen.«*

*Kommissar Beizmenne (Mario Adorf) wendet seine ureigenen Methoden an*

Die krude Entmenschlichung, die anmaßende Aberkennung von Katharinas Ehrgefühl, ihrem Stolz und ihrer Würde, also die vollkommene gesellschaftliche und seelische Demontierung ihrer Person, das spiegelt sich vor allem in Angela Winklers Gesicht seismographisch wider: Es ist das Gesicht einer zutiefst verletzten Frau, die, oftmals sprachlos, aufbäumend aufbegehrt und zu guter Letzt, als sie selbst zur Mörderin wird, nur kurz zuckt, als sie mehrmals abdrückt. Angela Winkler, die durch ihre zarte Physiognomie schon fragil erscheint, vermag es, in ihren Reaktionen die Auswirkungen des Krankheitsbildes einer ganzen Gesellschaft auf das Individuum vorzuführen. Von der etwas weltfremd und naiv anmutenden Haushälterin, deren Attraktivität in ihrer Natürlichkeit liegt, die zudem von einigen ob ihrer fehlenden Männerbekanntschaften auch als »Nonne« tituliert wird, mutiert sie quasi zur selbstbestimmenden, modernen Frau, die der Gerechtigkeit und ihres verletzten Ehrgefühls wegen einen Menschen tötet und sich hierdurch ihre Würde, ihr von schwarzen Schlagzeilen vergewaltigtes Ich, dessen sie beraubt wurde, wiederbeschafft. Indem sie tötet, wird sie frei, auch wenn sie hernach ins Gefängnis kommt – hier ist sich Katharina Blum am nächsten. Als der korrupte Schmierenreporter und Porschefahrer Tötges in ihre Wohnung kommt und mit einem Interview die geldverheißende Story fortsetzen will, da verstreut er die Hundert-Mark-Scheine nur so auf dem Boden, während Katharina stumm, bewegungslos und ohne eine Miene zu verziehen auf einem Stuhl sitzt, verloren in der eigenen Wohnung.

*Tötges: »Siehste, Blümelein, du bist berühmt geworden. Warte nur ab, du kannst mit deinem Namen noch viel Geld machen, in der Story ist noch viel drin. Nur müssen wir jetzt gleich etwas nachschießen, immer nachschießen, Mädchen, sonst vergessen dich die Leute. Ich respektiere dich, sehr. Ich schlage vor, daß wir jetzt erst mal ein bißchen bumsen.«*

Daraufhin schießt Katharina Blum nach, gleich viermal. Die Worte, mit denen sie sich eine Zeitlang aufrecht verteidigte, sie sind ihr in der Ohnmacht des latenten Schreckens verlorengegangen – und auch die Tränen.

Auch Heinrich Böll schoß gewissermaßen zurück, wenngleich auf seine Weise, in literarischer Form. Als er am 10. Januar 1972

*Katharina Blum (Angela Winkler) schießt zurück*

in einem polemischen *Spiegel*-Artikel (»Ulrike Meinhof muß damit rechnen, sich einer totalen Gnadenlosigkeit ausgeliefert zu sehen«) auf den Bericht der *Bild*-Zeitung reagiert, die am 23. Dezember 1971 über einen Bankraub in Kaiserslautern, bei dem ein Polizist erschossen wurde, mit der Schlagzeile »Baader-Meinhof-Bande mordet weiter« daherkommt, da vergleicht ihn *Bild* mit Goebbels und dem SED-Agitator Karl-Eduard von Schnitzler, und *Quick* schreibt: »Die Bölls sind gefährlicher als Baader-Meinhof.« Die entsprechend rechte Presse betreibt fortan eine hetzerische Kampagne gegen den Autor, vermutet gar Verbindungen zwischen Böll und Baader-Meinhof, und am Tag der Festnahme Baaders im Juni 1972 wird Bölls Landhaus in der Eifel von der Polizei umstellt, die nach weiteren Terroristen fahndet. Bölls literarische Antwort, seine Erzählung *Die verlorene Ehre der Katharina Blum,* erscheint just einen Monat vor Eröffnung des Prozesses gegen Baader-Meinhof.

Daß auch Volker Schlöndorff selbst zu spüren bekommt, wie es ist, nonkonformistisch, zumal im öffentlichen Fokus stehend, zu handeln (siehe Kapitel über DEUTSCHLAND IM HERBST), ist die unerquickliche Medaillenseite der überaus erfolgreichen KATHARINA BLUM-Verfilmung.

# Der Fangschuß / Le Coup de Grâce (1976)
## *Back to the Roots*

*Inhalt:* Das Baltikum im Jahre 1919, die Zeit des Bürgerkriegs: Die russische Revolution ist gerade einmal zwei Jahre jung, da unternehmen Esten und Letten den Versuch, sich von der tradierten Herrschaft der deutschen Großgrundbesitzer zu befreien. Ein Freiwilligenkorps mit Söldnern verschiedener Nationalitäten wird gegründet, um gegen die Aufbegehrenden roter Couleur vorzugehen. Der preußische Offizier Erich von Lhomond (Matthias Habich) und sein Freund Konrad von Reval (Rüdiger Kirschstein) gelangen zusammen mit anderen Freiwilligen auf das Schloß Kratovice, wo sich die Truppe für die nächste Zeit einquartiert.
Auf Kratovice lebt Sophie von Reval (Margarethe von Trotta), Konrads jüngere Schwester, gemeinsam mit ihrer exzentrischen Tante Praskovia (Valeska Gert). Von ihrem Leben als baltische Gräfin und Schloßherrin hat Sophie allerdings nicht allzu viel. Als sie Erich kennenlernt, verliebt sie sich in den Offizier und gesteht ihm ihre Gefühle auch frei und unverblümt ein. Erich jedoch kann diese Gefühle zunächst nicht erwidern, auch will er seine Unabhängigkeit bewahren, zieht Männerfreundschaft der Liebe vor, behandelt Sophie somit kühl und distanziert. Diese wendet sich enttäuscht von ihm ab, flirtet demonstrativ mit anderen Söldnern, nicht zuletzt auch mit Volkmar von Plessen (Matthieu Carrière), der wiederum wirkliches Interesse an Sophie zeigt. Daraufhin beginnt Erich, Sophie auf latente Art zu demütigen – die gekränkte Sophie läuft schließlich zu den Aufständlern über und wird so zum real-politischen Gegner Erichs. Am Ende der Kriegswirren werden auf keiner der Seiten mehr Gefangene gemacht, und so stehen sich Erich und Sophie ein letztes Mal gegenüber, als eine Gruppe der Revolutionäre von den Offizieren festgenommen wird. Sophie, von ihrer Haßliebe geprägt, verlangt von Erich, daß er ihre Exekution übernimmt, daß er ihr den *Fangschuß* gibt ...
*Kommentar:* DER FANGSCHUSS zählt zu jener Art von Filmen, die hierzulande schon beim Kinostart ein ungerechtfertigtes Nischendasein führen: Während LE COUP DE GRÂCE, wie dieser

ungewöhnliche Schwarzweißfilm in Frankreich heißt, dort rasch zum Kultfilm avanciert, von der Kritik, etwa seinerzeit im *Nouvel Observateur,* geradezu emphatisch rezipiert wird, geht er in Deutschland mehr oder minder unter. Doch ist es nicht eben neu, daß die Franzosen den Deutschen im Umgang mit subtiler (Film-)Kunst einiges an notwendigem Feingefühl voraushaben, und so (an-)erkennen sie schon früh die *Valeurs* der Adaption von Marguerite Yourcenars (1903–1987) in Frankreich bereits 1939 erschienenem Roman. Mit dem Stoff ging Schlöndorff schon lange Zeit schwanger, schon zu Zeiten des JUNGEN TÖRLESS liebäugelte der Regisseur mit dem Kriegs- und Liebesdrama, und bereits vor der Arbeit an KATHARINA BLUM entsteht das Drehbuch, geschrieben von Margarethe von Trotta, Jutta

*Erich (Matthias Habich, zweiter von links) gibt Sophie (Margarethe von Trotta) den* Fangschuß

Brückner und Geneviève Dorman. Der Briefwechsel mit der 71jährigen belgischen Schriftstellerin Yourcenar, die seit Jahrzehnten schon in Maine in den USA lebte, belegt bereits im Jahr 1974, daß sie von Schlöndorffs Regie-Einstand TÖRLESS angetan ist: »J'ai été très sensible à la beauté de la photographie, nette et pour ainsi dire classique, de ce film, et au jeu jamais exagéré des acteurs.« (»Für die Schönheit der Fotografie dieses Films, klar und sozusagen klassisch, war ich sehr empfänglich, auch für das Spiel der Akteure, welches niemals überzogen ist.« Übers. d. Verf.) (18)

Von der Einwilligung der Autorin, die sie schließlich in einem Brief vom 21. April 1975 erteilt, nachdem sie einen Plan des Drehbuchs gelesen hat, hing das Projekt denn eine Zeitlang ab. Ihre Bedenken allerdings, daß man ein literarisches Werk, ganz gleich was man mache, nicht vollständig auf die Leinwand transponieren könne, bleiben.

Der große Erfolg der Böll-Adaption bietet Schlöndorff die notwendige Freiheit, Marguerite Yourcenars Autorisation dann auch die Möglichkeit, sich nun des Projekts konkret anzunehmen, das so lange auf Eis gelegen hat: In den Wintermonaten 1975/76 wird im verschneiten Burgenland, bei den Ortschaften Oberpullendorf und Nikitsch, DER FANGSCHUSS gedreht – dort, wo ein Jahrzehnt zuvor die Aufnahmen zum TÖRLESS entstanden. *Back to the roots,* zurück zu den Ursprüngen also, freilich nicht nur, was die Geographie der Drehorte anbelangt. TÖRLESS und DER FANGSCHUSS (letzterer wird von der Bioskop und dem HR gemeinsam mit den Pariser Argos Films produziert) weisen in so mancherlei Hinsicht miteinander verwandte Elemente auf. Neben der von Marguerite Yourcenar beim TÖRLESS hervorgehobenen Schwarzweißfotografie, die mit den frappierend ähnlichen Tableaux von DER FANGSCHUSS gewissermaßen korrespondiert, ist der zeitliche Kontext beider Vorlagen nicht allzu weit gespannt, sind die Verwirrungen des Zöglings Törless und jene der aufständischen Sophie von Reval durchaus miteinander verbunden, brechen die tradierten Ordnungen zusammen, die einst unangefochten bestanden: DER FANGSCHUSS setzt da ein, wo DER JUNGE TÖRLESS aufhört.

»Abendland Ade! oder Der Fangschuss« steht in Schlöndorffs Handschrift auf dem Umschlag eines der Drehbuchentwürfe –

*Ein Flirt, um zu verletzen: Sophie (Margarethe von Trotta) mit Volkmar von Plessen (Matthieu Carrière)*

der nicht sonderlich geläufige, historisch-politische Aspekt des Stoffs schwingt hier mit, der im Film dann zugunsten des privaten, zwischenmenschlichen vernachlässigt wird. »Niemand kann sich seine Geschichte aussuchen«, sagt Erich einmal zu Sophie, die allerdings vom Gegenteil überzeugt ist. Damit kann er seine ureigene Geschichte meinen, die der Faszination des Offiziers, der besagtes Abendland gegen den Bolschewismus zu verteidigen bereit ist, der auch verführt ist durch militärisches Gedankengut. Er kann auf der anderen Seite auch die allgemeingültige Geschichte seines Landes meinen, das den Ersten Weltkrieg gerade hinter sich hat und nunmehr gezwungen ist, alte Ordnungen aufzugeben. Die Ambiguität von Erichs Aussage liegt wie die winterlich klirrende Kälte über dem ganzen Film, der niemals wirklich eindeutig daherkommt, in den Handlungssträngen oftmals auch Gegenteiliges latent mitschwingen läßt.

Krieg und Liebe, Tod und Leben, Öffentliches und Privates liegen hier dicht an dicht, bedingen sich gegenseitig.
Drehbuchautorin von Trotta, zugleich Hauptdarstellerin, und Regisseur Schlöndorff ist das Private wichtiger: Während die kriegerischen Geschehnisse nur rudimentär gezeigt und noch weniger erklärt werden, auch nie so ganz klar ist, wer gerade warum gegen wen kämpft, wird die Dreierkonstellation zwischen Sophie, Erich und Konrad subtil vorgeführt und entwickelt, stehen die differierenden Bildebenen für die Seelenlandschaften der Personen. Die emotionalen Irrungen und Wirrungen sind es, die den Film inhaltlich hervorheben, das Hin- und Hergerissensein von Sophie, die Erich liebt, und Erich, der Konrad mag und sich über Sophie nicht im klaren ist. Konrad und Volkmar sind lediglich Staffage, es geht nicht eigentlich um sie. Sophie, Pfeife schmauchend und mit Pagenschnitt, im Habitus einer emanzipierten Frau, gesteht Erich offenherzig ihre Liebe: ein für damalige Verhältnisse explizit emanzipierter Schritt. Doch Erich demütigt sie fortan, mal mehr, mal weniger deutlich. Sophie reagiert hierauf, verführt andere Söldner, um Erich zu verletzen, seine Eifersucht hervorzurufen, und läuft

*Nähe und Distanz gleichermaßen: Sophie liebt Erich ...*

*... liebt Erich auch Sophie?*

letztendlich über zu den roten Aufständlern. Hier geht das private Moment wieder über in das politische, öffentliche: *pars pro toto*. Auf Aktion folgt Reaktion, und doch drehen sie sich im Kreis.

Die Kamera von Igor Luther, der hier erstmals für Schlöndorff arbeitet, dessen preisgekrönte BLECHTROMMEL und noch weitere Filme fotografieren wird, gestaltet dieses zirkuläre Aufeinanderzu- und Voneinanderwegbewegen mit adäquaten Einstellungsgrößen, Fahrten und Schwenks: Im Close Up werden Sophie und Erich kadriert, bevor er sie erschießen muß, was wiederum in einer Totalen gezeigt wird. Die Erschießungssequenz, die den *Fangschuß* per se zeigt, hat Schlöndorff übrigens mit der Handkamera in einer langen Einstellung drehen lassen. Das durch diesen Kunstgriff hervorgerufene, besonders intensive Moment des Authentischen ist in seiner Wirkung von einer beklemmenden atmosphärischen Dichte: Das Ende von DER

FANGSCHUSS ist der Schlag ins Gesicht des geschockten Zuschauers.
Nähe und Distanz werden visuell kraß formuliert, Innen und Außen in hartem Schwarzweiß konträr angelegt: draußen die Schneelandschaft, eher beruhigend friedlich, manchmal sanft in ihrer Wirkung, drinnen die dunklen, morbiden Räume des Schlosses Kratovice, ein kafkaeskes Reich zarter Melancholie und Tristesse. Die Lichtgestaltung ist bei Luther über weite Strecken dergestalt, wie es bei den niederländischen Malern des 17. Jahrhunderts vorzufinden ist, bei Rembrandt etwa, auf dessen pastosen Gemälden die Lichtquelle nur selten auszumachen ist, von einem undefinierbaren Pol herzurühren scheint. Ähnlich verhält es sich hier, im diffusen Schloßinnern – just auch in jener Sequenz, in der Sophie und Erich sich etwas näher kommen, für Momente nur, sie von leichterem Verzicht spricht, würde er eine andere lieben: Das Licht umreißt erst nur Schemen, dann ihre Oberkörper, ihre Gesichter vor allem. Zwei im Dunkel des omnipräsenten Krieges, zwei, die ihren privaten Krieg führen und doch nicht voneinander lassen können. Diese Bilder sind gemalten Bildern gleich, nuancenreiche Kompositionen, virtuos und fragil, mit dem feinfühligen Pinselstrich eines fotografischen Künstlers auf die Leinwand aufgetragen.
Die Psychologie der Personen bleibt dabei leider etwas unausgereift, bleibt hinter der stilistisch-ästhetischen Gestaltung zurück. So kann Margarethe von Trotta ihre trotzige Sophie nicht immer so glaubwürdig interpretieren, wie es dem Film guttun würde. An mancher Stelle wirkt sie einfach zu ungelenk und steif, kann ihrer Rolle trotz burschikosen Pagenschnitts und Pfeife nicht das Format einverleiben, das sie ihr im Drehbuch selbst verpaßt hat. Valeska Gert hingegen, in realitas die selbsternannte *Hexe von Kampen*, dominiert natürlich da, wo sie in Erscheinung tritt, als grotesk-expressionistisches Schloßgespenst mit bleich geschminkter Fratze aus einer anderen, fernen Welt, um Erbarmung rufend, schreiend gar, und durch ihr unverhohlenes Auftreten spielt sie andere glatt an die Wand, ohne dabei de facto zu agieren. Ihr Regisseur, angetan von dieser Exzentrik, wird ihr bereits im Folgejahr ein eigenes, einstündiges Fernsehportrait widmen.
DER FANGSCHUSS, am 22. Oktober 1976 in Hamburg uraufge-

*Von links: Volker Schlöndorff, Valeska Gert, Margarethe von Trotta, Matthias Habich, Rüdiger Kirschstein, Matthieu Carrière*

führt, erhielt in Neapel den *Premio Vittorio de Sica* und 1977 den Deutschen Filmpreis (Filmband in Gold für Regie und Kamera). Ähnlich dem UNHOLD, der dem Andenken Louis Malles gewidmet ist, ist DER FANGSCHUSS Jean-Pierre Melville gewidmet.

## Nur zum Spaß – Nur zum Spiel. Kaleidoskop Valeska Gert (1977)
*Oder: Die Hexe von Kampen*

*Inhalt/Kommentar:* Sie schreit und krakeelt, stampft und tritt, keift und faucht – und sie flötet leise amorphe Wortsilben durch den nun gespitzten Mund, der eben noch so erschreckend breit war, säuselt in befremdlicher Tonlage, formuliert dann sanft, zart beinahe, verständliche Worte der Zuneigung. Das alles ge-

*Valeska Gert in der Rolle der Tante Praskovia in DER FANGSCHUSS*

schieht ohne großen Aufwand, ohne artifizielle Kulisse, sondern lediglich vor einer schwarzen Wand, irgendwo steht noch ein Stuhl. Sie selbst ist ganz in Schwarz gekleidet, keine feinen Klamotten, ein grellroter Schal windet sich um ihren Hals, das Gesicht ist stark geschminkt, leichenblaß und aschfahl, dafür blutrot kontrastierend die breiten Lippen und türkisfarben die Augenlider: Valeska Gert, 84 Jahre jung, ihres Zeichens »Bürgerschreck«.

In den ersten Januartagen des Jahres 1977 hält sich Volker Schlöndorff in Kampen auf der Insel Sylt auf, um eine einstündige Fernsehdokumentation zu drehen, ein Portrait von Valeska Gert. Kennengelernt haben sich die beiden im Jahr zuvor während der Dreharbeiten zu Schlöndorffs FANGSCHUSS, in dem sie die gespenstische Tante Praskovia spielt. In ihrem »Ziegenstall«, Künstlerlokal und Wohnung in einem, finden die Dreharbeiten statt: Höhlenartig mutet dieser Bau an, überall steht oder liegt Krusch, Zeitungsausschnitte sind mit Tesafilm an die Wände geklebt, die an anderen Stellen wiederum bemalt sind. Nahezu fauvistisch könnte man das nennen. Hier und da Bücher, richtiges Mobiliar scheint's nicht zu geben, alles wirkt provisorisch, und dennoch heimelig, bewohnt. Draußen vor der Tür steht eine Mülltonne herum, auf der die Initialen »V. G.« in weißer Farbe schimmern.

Die Unscheinbarkeit ihres Domizils kaschiert ein langes, ausgefülltes Leben, das alles andere als unscheinbar war: Im Berlin des ausgehenden Jahrhunderts geboren – verschiedene Daten werden kolportiert, doch der 11. Januar 1892 scheint am authentischsten –, nimmt Valeska Gert (Geburtsname Gertrude Samosch) schon früh Schauspielunterricht; ihren ersten Auftritt hat sie 1917. Sie erfindet den sogenannten »Grotesktanz«, der sich bis an die Grenzen wage, an das Elementare, so die Gert. Schon damals überrascht die Wucht ihrer Auftritte, das Augenblickhafte, das sie stets in Trance erleben würde. Unter den großen, schwer wirkenden Augenlidern, die scheinbar sehr an der aufgemalten Farbe zu tragen haben, leuchten die Augen um

*Rollenspiele, Grotesktanz: Valeska Gert und Pola Kinski (rechts)*

so stärker, wenn Valeska Gert ihrem Interviewer Anekdoten aus ihrem Leben erzählt, wenn sie sinnierend Jahrzehnte zurückgeht, urplötzlich aufsteht und zu improvisieren beginnt.

Behutsam tastet sich Schlöndorff an die alte Dame heran, die ihn sofort korrigiert, nee, sie sei jung, und unaufdringlich entlockt er ihr köstliche Statements, die in ihrer Einfachheit existentielle Weisheiten bergen, derentwegen man dieses schrullige Persönchen einfach gern haben muß: »Klar, die anderen Leute sind alle viel gebildeter als ich. Ich bin einfach ein ungebildeter Mensch.« Die Kamera von Michael Ballhaus zeigt sie dabei oft im Close Up, das in ihrer Gesichtslandschaft die Worte zwischen den Zeilen liest, und dann und wann kommen Einstellungen, die die Räumlichkeiten erkennen lassen. Dann ist auch Pola Kinski mit im Bild, Klaus Kinskis Tochter, die zusammen mit der Gert die Tänze und figuralen Ausdrücke von einst nachstellt. Man dürfe nicht blutleer abstrahieren, erklärt sie, man müsse immer vom Leben abstrahieren, darauf würde es doch ankommen.

In den dreißiger Jahren emigriert Valeska Gert in die USA, geht nach Hollywood, wo sie sich den Unwillen Ernst Lubitschs zuzieht, da sie sich mal wieder schlecht benimmt. Von der West an die East Coast: In New York eröffnet sie dann die »Beggar Bar« und lernt unter anderem den jungen Dramatiker Tennessee Williams kennen, kehrt nach dem Zweiten Weltkrieg schließlich nach Deutschland zurück. In Berlin gründet sie das Kabarett »Die Hexenküche«, später siedelt sie über nach Sylt, betreibt ihren »Ziegenstall«. Die Zahl der namhaften Menschen, denen sie im Laufe der Zeit begegnet, nimmt sich aus wie ein Name-Dropping höchsten Niveaus: Bertolt Brecht in München, der sie immer wieder für das Theater engagieren will, der Gert aber zu »hölzern« ist und außerdem schlecht riecht; oder Sergej M. Eisenstein, der ihr »rote Rosen und einen zarten, charmanten Brief« schickt, in den sie sich auch »verknallt«, doch beide sind sie »so schüchtern«. Und jene Regisseure, in deren Filmen sie mitwirkt: beispielsweise bei G. W. Pabst, dreimal gleich, in DIE FREUDLOSE GASSE (1925) als Kupplerin Greif, in TAGEBUCH EINER VERLORENEN (1929), in DIE DREIGROSCHENOPER (1931) als Frau Peachum, bei Jean Renoir als Zoé in NANA (1926), bei Carl Junghans in SO IST DAS LEBEN (1930), bei Fellini als das Medium in GIULIETTA DEGLI SPIRITI (1965) und schließlich zweimal bei

*Volker Schlöndorff mit Valeska Gert bei den Dreharbeiten zum* KALEIDOSKOP

Schlöndorff, erst in DER FANGSCHUSS, dann im eigenen KALEIDOSKOP.
Eines der schönsten und ehrlichsten Komplimente erhält sie übrigens schon früh, Peter Panter alias Kurt Tucholsky schreibt in der *Weltbühne* über ihre expressionistische Grenzen überschreitende Tanzdarstellung euphorisch treffend: »Eine dolle Nummer, eine hervorragende Tänzerin, eine außerordentliche Frau.«
An Valeska Gert, der grotesken Schauspielerin, Tänzerin und Pantomimin in Personalunion, die sich selbst in Schlöndorffs einfühlsamem Portrait als »Urmensch«, als »einsamen Eremiten« bezeichnet, verlischt jedoch das Interesse. Als Werner Herzog sie dann in seinem phantastischen Vampirfilm NOSFERATU – PHANTOM DER NACHT (1978) besetzen will, ist es bereits zu spät. Sie begegnen sich im Februar 1978, nicht ahnend, daß es kein nächstes Mal geben wird.
Valeska Gert stirbt ein gutes Jahr nach Abschluß der Drehar-

beiten zu NUR ZUM SPASS – NUR ZUM SPIEL, Mitte März 1978, im Alter von 86 Jahren. Der genaue Todestag ist nicht bekannt, man mutmaßt lediglich, ist sie doch schon einige Tage tot, als man sie auffindet – sie war allein, unbeachtet, vergessen. Davor hatte sie immer eine höllische, existentielle Angst, ihr ganzes Leben lang.

Auf dem Friedhof Ruhleben in Berlin, am 5. April 1978, ist es Volker Schlöndorff, der bei der Beisetzung die Gedenkrede auf Valeska Gert hält.

## Deutschland im Herbst (1978)
*Protest im Regiekollektiv*

*Inhalt/Kommentar: »An einem bestimmten Punkt der Grausamkeit angekommen, ist es schon gleich, wer sie begangen hat: sie soll nur aufhören.«* (8. April 1945, Frau Wilde, fünf Kinder.)
In weißen Lettern auf stahlblauem Hintergrund ist dieses Zitat geschrieben, wie all die anderen »Zwischentitel« auch, wie der Vor- und der Abspann. Das Zitat steht zu Beginn des Gruppenfilms DEUTSCHLAND IM HERBST sowie an dessen Ende: Es ist hier Programm, steht über dem gesamten Projekt, das durch sein Grundanliegen trotz verschiedenster Stile der Inszenierung in sich relativ geschlossen ist und ein Ganzes formt. Theo Hinz, Geschäftsführer des Filmverlags der Autoren, ist der eigentliche Initiator dieses ungewöhnlichen Unternehmens, zu dem sich elf Regisseure zusammentun, ihr individuelles stilistisches Vokabular größtenteils an der Empfangsgarderobe des wachen Kollektivs abgeben, um sich ganz dem gemeinsamen Ansinnen zu widmen: DEUTSCHLAND IM HERBST (Budget: circa 450.000 bescheidene Mark!) ist ein höchst unbequemer, unkommerzieller Gruppenfilm, der die Grenzen des Fernsehens und seiner spezifischen Berichterstattung weit hinter sich läßt und politische Vorgänge ohne zu werten beschreibt, durch bloßes Vorführen bereits hinterfragt.

Die »Erinnerungslosigkeit« habe sie primär zu diesem Projekt gebracht, so die Regisseure in einer Selbstauskunft, die »Nachrichtensperre und die bilderlose Sprachregelung der Nachrichtenmedien«. Jener Herbst des Jahrs 1977 – Entführung (5. September) und Ermordung (19. Oktober) des Industriellen und Präsidenten des Arbeitgeberverbandes Hanns Martin Schleyer / Palästinenser-Entführung der Lufthansa-Maschine »Landshut« nach Mogadischu / Selbstmord der drei in Stuttgart-Stammheim inhaftierten Terroristen Andreas Baader, Jan-Carl Raspe und Gudrun Ensslin –, jener sieben Wochen anhaltende Herbst ist ein sehr kalter, trostloser, der die Bevölkerung der Bundesrepublik schockt, sie mit mehreren brutalen Geschehnissen innerhalb kürzester Zeit, der zweiten Oktoberhälfte, konfrontiert.

Die Mogadischu-Geiseln werden am 18. Oktober durch die Spezialeinheit GSG 9 des Bundesgrenzschutzes befreit, die Leiche Schleyers wird am Tag darauf entdeckt. Beim Staatsakt für Schleyer, ausgerichtet am 25. Oktober in der St.-Eberhards-Kirche in Stuttgart, sind Volker Schlöndorff und Alexander Kluge mit ihrem Team bereits vor Ort, um Impressionen einzufangen und festzuhalten, um das Vergessen vorzeitig zu verhindern. Am 27. Oktober folgt die Beerdigung der drei Terroristen auf dem

*Margarethe von Trotta und Alexander Kluge (rechts) bei den Dreharbeiten*

Stuttgarter Friedhof Dornhalden; auch hier sind Schlöndorff und Kluge anwesend (Kamera: Jörg Schmidt-Reitwein), drehen mit nüchterner Distanz und mit Wut im Bauch, zeigen die laute Menschenmenge, die unzähligen Fotografen auch, die mit den Kameraobjektiven die Sargdeckel schrammen – »Fotogeier« tönt es einmal aus dem Pulk –, und die omnipräsenten Polizisten, die allenthalben postiert sind und das Bild prägen: Überwachungsstaat à la Orwell!?

Nur kurz übrigens und wohl zufällig ist Margarethe von Trotta in einer Einstellung zu sehen, wie sie aus dem Bildhintergrund nach vorne kommt, vorbei an dem Polizisten, der gerade in die Kamera spricht. Die bittere Tristesse dieser Bilder ist es, die nachhaltig wirkt – die stilistisch-ästhetische Askese, der direkte und offene Dokumentarismus sind die Mittel, die ihren Zweck zumeist erfüllen. Einmal abgesehen von den fiktiven Spielszenen, etwa jenen am Grenzposten von Edgar Reitz, sind es die Bilder der gefilmten Wirklichkeit, deren Aussagekraft am stärksten ist, deren implizites politisches Moment am augenfälligsten ist. Wenn eingangs der Brief Schleyers an seinen Sohn Eberhard von Alexander Kluge leise aus dem Off verlesen wird, die Bilder, die darunter gelegt werden, aber seinen Sarg samt Trauergemeinde zeigen, er schließlich »herzliche Grüße an Euch alle« sendet, dann ist insbesondere dem Team Schlöndorff/Kluge in seinen fünf Episoden gelungen, was im Fernsehen abhanden kommt: Die krude Realität wird, ohne Überzeichnung oder Aussparung, allein in der Visualität dieser Bilder greifbar, wird (er-)faßbar. Der Wahrheitsgehalt jener Beiträge führt die Augenwischerei von Politik und Medien ad absurdum. Das Manko anderer der insgesamt 16 Beiträge verliert hierbei an Gewicht.

Soloregie geführt hat Schlöndorff, dem seit DIE VERLORENE EHRE DER KATHARINA BLUM und seiner Unterstützung des Rechtshilfefonds für die inhaftierten Terroristen gewisse Sympathien für die RAF nachgesagt werden, bei der Episode um *Die verschobene Antigone*, welche wiederum von Heinrich Böll, frei nach Sophokles' Tragödie, extra für diesen Film geschrieben wurde: Der Diktator Kreon (Helmut Griem) läßt Eteokles feierlich bestatten, seinem Bruder, dem Staatsfeind Polyneikes, spricht er diese letzte Ehre jedoch ab. Antigone (Angela Winkler) spricht auch gegen diesen Mißstand an. Ein Programmbei-

*Angela Winkler in der von Schlöndorff inszenierten* Antigone-*Episode*

rat des Fernsehens befindet, daß dieser Beitrag für die TV-Reihe »Die Jugend begegnet Klassikern« im Augenblick nicht geeignet ist, zu heikel die aktuellen Bezüge, zu explizit die gewaltträchtigen Elemente. Die Sequenzen des Stücks hat Schlöndorff in Schwarzweiß von Colin Moulnier drehen lassen, die der Kommissionssitzung in Farbe. Vom Kirchenvertreter (Mario Adorf) über den Intendanten (Heinz Bennent) und den Redakteur (Enno Patalas) bis hin zum Abgeordneten (Dieter Laser) setzt sich der Beirat zusammen. »Den Film auf Eis legen, bis ruhigere Zeiten kommen«, heißt es da, statt dessen wird die Wiederholung einer Dramatisierung von Cäsars *Bellum Gallicum* gesendet. – Eine Realsatire, deren satirisches Moment der gegebenen Realität verdammt nahe ist.

DEUTSCHLAND IM HERBST, letztendlich von 134 auf 124 Minuten heruntergeschnitten, wird im Rahmen der 28. Berliner Filmfestspiele am 3. März 1978 in seiner ursprünglichen Fassung uraufgeführt und sorgt für heftige Kontroversen. So ganz vergessen ist jener Herbst scheinbar noch nicht, nur in *der* Form hat ihn bis dato wohl noch keiner wahrgenommen. Von seiten der Jury erhält der Gruppenfilm umgehend »offizielle« Anerkennung: *»Die Internationale Jury möchte den Film* DEUTSCHLAND IM HERBST *besonders hervorheben. Zum erstenmal reagierte hier eine Gruppe von Regisseuren unmittelbar mit dem Medium Film auf aktuelle politische Zustände in der Bundesrepublik.«* Unterzeichnet haben Patricia Highsmith, Vorsitzende der Jury, und Wolf Donner, Leiter der Berlinale.

## Die Blechtrommel / Le Tambour (1979)
*»... für immer der Gnom bleiben«*

*Inhalt:* Vom 12. September 1927 berichtet der kleine Oskar Matzerath (David Bennent) trotzig: »Ich wollte von jetzt an keinen Fingerbreit mehr wachsen; für immer der Dreijährige, der Gnom bleiben.« 1924 wird Oskarchen, wie ihn späterhin alle Welt ruft, in Danzig geboren; sein Vater ist entweder der sehr deutsche Kolonialwarenhändler Alfred Matzerath (Mario Adorf) oder aber der Pole Jan Bronski (Daniel Olbrychski). Keiner weiß es so recht. Schon am Tage seiner Geburt, als seine Mutter Agnes Matzerath (Angela Winkler) ihm verspricht: »Wenn das kleine Oskarchen drei Jahre alt wird, dann soll er eine Blechtrommel bekommen«, ist der bereits zum Denken fähige Oskar nicht gewillt, dem normalen Gang der Dinge Folge zu leisten: »Nur die in Aussicht gestellte Blechtrommel hinderte mich daran, dem Wunsch nach Rückkehr in meine embryonale Kopflage stärkeren Ausdruck zu geben. Zudem hatte mich die Hebamme abgenabelt – es war nichts mehr zu machen.«
Nachdem er sich die Kellertreppe hinuntergestürzt hat und die Eltern mit diesem Vorfall sein ausbleibendes Wachstum erklären, verleiht der Kleine seinem Protest gegen die Welt der Erwachsenen mit seiner auffallenden, weiß-rot gelackten Blechtrommel und seinen schrillen, Glas zerberstenden Schreien

kräftigen Ausdruck. Er verschuldet sowohl den Tod seiner Mutter als auch den seiner zwei mutmaßlichen Väter. Und, als wolle es die Ironie des Schicksals so, er könnte selbst der Vater von Kurtchen, dem Sohn des Dienstmädchens Maria (Katharina Thalbach) sein, das auch mit Vater Alfred Matzerath intimen Umgang hatte.

In den Wirren des Zweiten Weltkriegs wird Oskar Mitglied einer aus Liliputanern bestehenden Artistengruppe in Frankreich, ist bei Bebra (Fritz Hakl) und Roswitha (Mariella Oliveri) unter seinesgleichen und tingelt mit ihnen durch die Lande. Er kehrt jedoch alsbald nach Danzig zurück. Nachdem er seine Trommel auf den Sarg Alfreds geworfen hat, beschließt Oskar, nunmehr wieder zu wachsen. Schließlich kann er mit Maria und Kurtchen auf einen Flüchtlingszug steigen und gen Westen fliehen – in ein neues Leben vielleicht.

*Kommentar:* Der von Günter Grass im Jahr 1959 publizierte Roman, dem *Katz und Maus* sowie *Hundejahre* im Rahmen der *Danziger Trilogie* folgten, galt lange Zeit als unverfilmbar, und für einige hat diese Einschätzung bis heute nichts von ihrer Gül-

*Oskarchen (David Bennent), schreiend*

tigkeit verloren. Daß *Die Blechtrommel* erst 20 Jahre nach ihrer Entstehung für die Leinwand adaptiert wurde, daran hat der Autor selbst großen Anteil. Hatte Grass bei der Vergabe der Filmrechte doch ein Mitspracherecht, und erst der Münchner Produzent Franz Seitz konnte 1975 die Rechte erwerben, ohne daß Grass sein Veto einlegte. Seitz hatte seinerzeit bereits ein Treatment entworfen und trug sich mit dem Gedanken, eben keinen ausländischen, sondern einen deutschen Regisseur für die aufwendige Verfilmung dieses so deutschen Stoffs zu verpflichten. Die Wahl fiel auf Volker Schlöndorff, der sofort zusagte, und Günter Grass erklärte sich daraufhin bereit, am Dialogbuch mitzuarbeiten.

Schlöndorff war es, der zwei Jahre nach Seitz' Erwerb der Rechte – im April 1977 las er selbst zum erstenmal den Roman – auf David Bennent, den Sohn des renommierten Theaterschauspielers Heinz Bennent, von einem Münchner Arzt aufmerksam ge-

*Proben mit (von links): David Bennent, Angela Winkler und Daniel Olbrychski*

*Der einzige »Nichtschauspieler im Ensemble« mit einer Statistin*

macht wurde und ihn für den äußerst diffizilen, im Grunde niemals wirklich adäquat besetzbaren Part des Oskar Matzerath aussuchte. Zu Zeiten der Dreharbeiten in der zweiten Jahreshälfte '78 war der wachstumsgestörte David Bennent gerade einmal zwölf Jahre alt, im Film hatte er einen Dreijährigen darzustellen: »Von weitem sieht er aus, als wäre er sechs, von nahem, als wäre er sechzehn.« *(FAZ)* Für Schlöndorff stand von vornherein fest: Oskar Matzerath ist kein Zwerg, sondern ein Kind, das sich weigert zu wachsen. Anfangs standen tatsächlich Dustin Hoffman und Roman Polanski als mögliche Blechtrommler zur Debatte. Die definitive Mitwirkung des »einzigen (Noch-)Nicht-Schauspielers im Ensemble« *(Die Zeit),* David Bennent, war denn auch einer der wesentlichen Gründe für die grundlegende Entscheidung, den Film mit der Abfahrt aus Danzig zu beenden. Eine Fortführung der ursprünglichen Romanhandlung in die Nachkriegszeit hinein hätte bedeutet, für den

*BLECHTROMMEL-Dreharbeiten: Regisseur Schlöndorff mit seinem kleinen großen Hauptdarsteller Bennent (Eiffelturm-Sequenzen)*

Teil nach 1945 einen zweiten Schauspieler für die Rolle des Oskar Matzerath zu verpflichten. Das hätte der Figur nicht gutgetan, hätte unwillkürlich zu einem Bruch in der Anlage ihrer Persönlichkeitsstruktur geführt und somit womöglich der in sich geschlossenen Ganzheit des Films erheblich geschadet. Die Wahl des kleinen David Bennent wird sich später als Glücksgriff erweisen; ein anderer Schauspieler, etwa ein Erwachsener von kleinwüchsiger Natur, hätte sich vermutlich die gedankliche Welt des Blechtrommlers noch mehr erarbeiten müssen, hätte die Metamorphose in jene Kindlichkeit nicht derart nachempfinden und -gestalten können.

Für die Jahre der Nachkriegszeit schwebt Schlöndorff bereits zu Zeiten der BLECHTROMMEL eine Fortsetzung vor. Im Frühjahr 1986 werden diese Pläne mit der Rohfassung eines 117 Seiten umfassenden Drehbuchs konkretisiert, das mit *Oskar wächst .... der Blechtrommel zweiter Teil* betitelt ist. (19) Das Drehbuch setzt im vorletzten Grass'schen Kapitel des Zweiten Buchs, *Wachstum im Güterwagen*, ein und beschreibt die Szenerie eines Krankenzimmers in der Heil- und Pflegeanstalt, zeigt Oskar, »etwa 30 Jahre alt«, der von seinem Pfleger Bruno Münsterberg als »mein harmlosester Patient« bezeichnet wird. Und es hört dort auch wieder auf: Oskar bittet um Erhöhung der Gitterstäbe seines Bettes, »damit mir niemand mehr zu nahe tritt«. Noch im Mai 1986 erweitert Schlöndorff das Drehbuch, fügt in einem handschriftlichen Block, der mit *Oskar Matzerath BT II. Teil* überschrieben ist, Neuerungen hinzu. Aus dem Projekt ist bis heute nichts geworden, andere Angebote kamen dazwischen. Wie sehr dieser Oskar Matzerath Schlöndorff beschäftigt, schlägt sich nicht nur in der Auseinandersetzung mit dem Stoff noch sieben Jahre nach Fertigstellung des Films nieder, sondern ist auch in DER UNHOLD zu beobachten, jenem Film, der der BLECHTROMMEL am nächsten ist (siehe UNHOLD-Kapitel, S. 207 ff.).

Am 31. Juli 1978 beginnt man mit den aufwendigen Dreharbei-

*Ein freundschaftliches Vater-Sohn-Verhältnis*

ten in Zagreb (Maiwiesen-Aufmarsch), weitere Drehorte sind München, Paris, die Normandie, Danzig und Berlin-West (CCC-Studios), wo am 17. November nach 17 Drehwochen die letzte Klappe fällt. Am 3. April 1979 ist DIE BLECHTROMMEL, die mit einem Budget von gut sieben Millionen Mark ausgestattet ist, schließlich fertiggestellt, am 3. Mai erlebt der Film im Gloria-Palast in Berlin, im Walhalla im heimatlichen Wiesbaden und im Bambi in Mainz seine Uraufführung. Nach dem Werner-Herzog-Film NOSFERATU – PHANTOM DER NACHT (1978) und Fass-

*In Cannes, Mai 1979: Francis Ford Coppola und Volker Schlöndorff teilen sich die* Palme d'Or

*In Hollywood, April 1980: Volker Schlöndorff, der* Oscar *und Produzent Eberhard Junkersdorf*

binders DIE EHE DER MARIA BRAUN (1978) ist dies die dritte deutsche Produktion, die ein großer US-Verleih (in diesem Fall United Artists) in die Kinos bringt. Im Mai noch geht der Film als deutscher Wettbewerbsbeitrag nach Cannes, wo er sich mit Francis Ford Coppolas umstrittenem (Anti-)Kriegsfilm APOCALYPSE NOW (1976–79) die *Palme d'Or* teilen muß. Im Juni wird DIE BLECHTROMMEL vom Bundesministerium des Inneren mit der Goldenen Schale (Bundesfilmpreis) ausgezeichnet, und im April 1980 schließlich bekommt Volker Schlöndorff als erster deutscher Nachkriegsregisseur (zuletzt war es der Schauspieler Emil Jannings, 1927) für seinen Film den *Oscar* (Bester Ausländischer Film des Jahres).

Die damaligen Einspielergebnisse ließen Schlöndorffs *opus*

*magnum* zum erfolgreichsten deutschen Nachkriegsfilm avancieren, und noch heute, etwa 20 Jahre nach ihrer Entstehungszeit, gilt die Verfilmung des »unverfilmbarsten aller Romane« *(Die Zeit)* gemeinhin als eine der besten deutschsprachigen Produktionen, die je gedreht wurden.

Doch gab es seinerzeit auch etliche Stimmen, die sich negativ äußerten, die bemängelten, große Literatur sei zum glatten filmischen Konsumprodukt ohne griffige Konturen reduziert worden: »Die Nummernrevue bleibt eine Nummernrevue.« *(FAZ)* Natürlich: Die Erzählhaltung, das Changieren zwischen subjektiver und objektiver Sehweise, zwischen erlebendem Ich und kommentierender dritter Person, die narrative Struktur der Vorlage also, mußte geändert werden, ist nunmehr chronologisch; die vielen Rückblicke auch, viele Episoden und diverse Charaktere des Romanpersonals mußten gestrichen werden, das komplette Dritte Buch über Oskars Nachkriegsabenteuer wurde aus oben angeführtem Grund gänzlich außen vor gelassen. Beweggründe und Handlungsmotive der Protagonisten werden nicht durchgängig erklärt und bleiben so oft nicht ganz schlüssig. Aber: Dies ist im Grunde eine selbstverständliche Prämisse bei einem autonomen Genre, jenem der Literaturverfilmung, das seine eigenen Faustregeln hat. Ist es da nicht unfair, einem solch großen, gewagten Unterfangen, das niemals den expliziten Anspruch der absolut werkgetreuen Umsetzung erhebt, eben die diversen, nahezu zwangsläufig auftretenden »Defizite« vorzuwerfen? »Es kommt darauf an, für die Wortsprache eine eigenständige, selbstbewußte Bildsprache zu finden. Diese Verkleinerung eines gewaltigen Sprachmonstrums zum Kinospektakel gewinnt ihre Kraft durch den Blick von heute.« *(Süddeutsche Zeitung)* DIE BLECHTROMMEL ist vielmehr das anschaulichste Exempel unter Schlöndorffs Filmen, das belegt, wie sehr der Regisseur sich selbst zurücknimmt und auch diesem Film gerade nicht seinen eigenen Stempel, seine etwaige stilistische Marke aufzudrücken versucht ist.

DIE BLECHTROMMEL besteht aus einem assoziativen Geflecht, aus einem vielschichtigen Kaleidoskop dichter, intensiver Momentaufnahmen, die lose miteinander verwoben sind und dem Film einen partiell impressionistischen Charakter verleihen. Das geschieht in epischer Breite, ist opulent, prall und kraftvoll inszeniert. Zeitsprünge werden durch den Off-Kommentar Oskars quasi kompensiert, stilistisch gehen leise mit burlesken Slapstick-Szenen (Jagd auf Joseph Koljaiczek/Fronttheater), mit ekelerregendem Naturalismus (Strandsequenz) und latenter Groteske (Oskars Geburt/Oskars Wachstumsverweigerung) mühelos einher. Der Blick der Kamera, erneut von Igor Luther geführt, geht an mancher Stelle in Oskars Augenhöhe über, übernimmt dessen subjektive Sichtweise, ohne dabei verfremdenden Kunstgriffen zu verfallen (eine Ausnahme bildet die Szene im Mutterleib). Der intime Blick des gnomenhaft anmutenden Protestlers steht hierbei kontrapunktisch zu Raumtotalen, die etwa graue Stadtansichten des alten Danzig, öde Strände, die verregnete Kaschubei oder den zum lächerlichen Spektakel geratenden Maiwiesen-Aufmarsch zeigen.

Anfangs- und Schlußsequenz bilden auch fotografisch einen äußeren Rahmen: Die Kamera steigt in der letzten Einstellung in einer Kranfahrt in die Vogelperspektive auf, zeigt die Weite

Die *Strandsequenz*

des Ackerlands, wo eine Bäuerin zu sehen ist, die gewiß vier Röcke anhat, wie anfangs Oskars Oma Anna Bronski an einem Feuer sitzt und eine Kartoffel über die Glut hält. Der Rauch des Güterzugs, der mit Oskar, Maria und Kurtchen gen Westen fährt, legt sich über den Kartoffelacker. Dieses realistische Tableau, obwohl ungleich düsterer, könnte einem der bäuerlichen Ölgemälde Millets, einer *paysage intime*, entlehnt sein, seinen »Ährenleserinnen« (1857) etwa. Im Schlußbild schließt sich der Kreis, der in der Exposition geöffnet wurde.

Im Juni 1997 sorgt eine Agenturmeldung aus dem US-Bundesstaat Oklahoma für Befremden: In Oklahoma City habe die Polizei auf richterliche Anordnung bei mehreren Razzien in Videotheken und Privatwohnungen Videokassetten mit Schlöndorffs BLECHTROMMEL beschlagnahmt. Richter Richard Freeman habe verfügt, daß »der Film gemäß dem Recht des amerikanischen Bundesstaates Oklahoma als obszön einzustufen« sei. »Obszön im Sinne des Gesetzes ist, wenn eine Person unter 18 Jahren beim Geschlechtsverkehr abgebildet wird«, heißt es in der Begründung weiter. Daß just dieser deutsche Film mit einem *Academy Award* ausgezeichnet wurde, hat sich zu Richter

*David Bennent und Daniel Olbrychski in einer Drehpause*

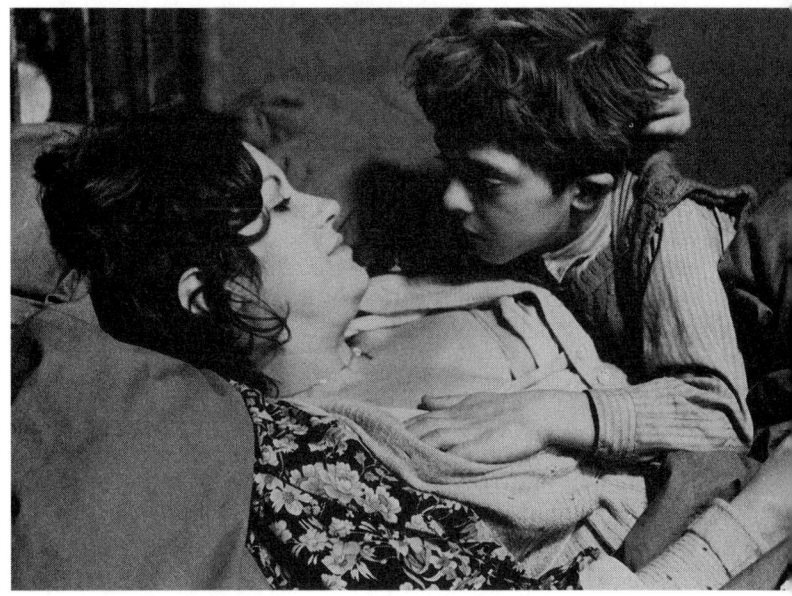

*Obszönität nach 18 Jahren erkannt: David Bennent und Andrea Ferréol*

Freeman scheinbar noch nicht herumgesprochen – ein Paradoxon. In einer am 1. Juli 1997 veröffentlichten Stellungnahme *(dpa)* protestiert Volker Schlöndorff gegen die Beschlagnahme seines Films und erklärt mit deutlich ironischem Ton, er freue sich zu sehen, daß nach 18 Jahren die Obszönität in der BLECHTROMMEL die Aufmerksamkeit der Justiz gefunden habe ...
Wenngleich man in Oklahoma etwas länger brauchte, um auf ihre Obszönität zu stoßen, so hat DIE BLECHTROMMEL doch so manchem Kinogänger den genüßlichen Verzehr von Fisch ähnlich madig gemacht, wie es einst nur Altmeister Hitchcock schaffte, seinem geschockten Publikum durch eine lediglich 45 Sekunden währende, schwarzweiße Mordsequenz das Duschen zu verleiden.
Ungeachtet der amerikanischen sittlichen Empörung bleibt DIE BLECHTROMMEL *der* Film schlechthin, der primär mit dem Namen Volker Schlöndorff in Verbindung gebracht wird. Auch Richter Freeman wird daran nicht rütteln können.

# Der Kandidat (1980)
## *Maulkorb für Schlöndorff & Co.*

*Inhalt/Kommentar:* »Für einen Film über Strauß ist Schlöndorff nicht die erste Adresse.« Johnny Klein, inzwischen verstorbener CSU-Abgeordneter, ist einer von denen, die im Winter 1979/80 die Dreharbeiten zu dem Gruppenfilm DER KANDIDAT behindern: Als Volker Schlöndorff am 20. Februar 1980, einem Aschermittwoch, in der Passauer Nibelungenhalle eine Rede des Kanzlerkandidaten Franz Josef Strauß filmen will, wird er vom CSU-Pressesprecher Godel Rosenberg aufgefordert, den Saal zu verlassen respektive »die Kamera an der Garderobe abzugeben.« Angst scheint der primäre Beweggrund der selbsternannten Zensoren zu sein, Schlöndorff und seinem Team das Drehen so schwer wie möglich zu machen. Doch wovor haben sie Angst, die Herren Politiker, und wovor haben die Redakteure von ARD und ZDF Angst, daß sie nicht nur die Koproduktion von DER KANDIDAT ablehnen, sondern auch keinerlei dokumentarisches Filmmaterial über F. J. Strauß für dieses Projekt zur Verfügung stellen?

Am selben Tag noch, an jenem Aschermittwoch 1980, schreibt Schlöndorff einen Brief an Godel Rosenberg, den er auch der Presse zur Veröffentlichung zur Verfügung stellt. »Für die Berichterstattung ist die ARD und das ZDF zuständig«, zitiert Schlöndorff Rosenbergs Begründung des Drehverbots, und Schlöndorff stellt darauf die Frage: »Gehört der deutsche Film nicht zur Öffentlichkeit? Oder würden Sie nur solchen Privatsendern, die Hofberichterstattung gewährleisten, Medien- und Pressefreiheit zugestehen?« Abschließend teilt er Rosenberg mit, daß »es weitere öffentliche Veranstaltungen geben wird, die ich mit der Kamera aufnehmen werde, denn der Film gehört ebenso zur Öffentlichkeit wie das Fernsehen. Die bayerische Liberalität wird sich auch dem deutschen Film gegenüber beweisen müssen.«

Schlöndorff werden auch Dreharbeiten beim CDU-Parteitag in Gießen, bei der Filmpreisverleihung im Cuvilliés-Theater und beim Deutschen Filmball im Bayerischen Hof in München untersagt. Als Schlöndorff im Frühjahr 1980 den *Oscar* für seine

*Blechtrommel*-Adaption erhält, unterläßt es der Ministerpräsident Strauß, im Gegensatz zu den Politikerkollegen von FDP und SPD, ihm persönlich zu dieser seltenen Auszeichnung zu gratulieren. Ein Glückwunschtelegramm eines Abteilungsleiters des Kultusministeriums muß da genügen ...
Die Initiative zu diesem Gruppenfilm kommt, wie zuvor schon bei DEUTSCHLAND IM HERBST, von Theo Hinz, der mit dem Filmverlag der Autoren erneut für die Produktion verantwortlich zeichnet (Bioskop-Film und Kairos-Film kommen hinzu). *Deutschland im Winter* ist der ursprünglich geplante Titel. Zu Volker Schlöndorff gesellen sich die Regiekollegen Alexander Kluge und Alexander von Eschwege, hinzu kommt der Journalist Stefan Aust, seinerzeit für das ARD-Politmagazin *Panorama* tätig, später Chefredakteur des *Spiegel*. Gedreht wird im Winter 1979/80 in Bonn, Passau, Hannover, Karlsruhe und anderswo, verwendet wird 16- und 35-mm-Material sowie Video, zudem

*Volker Schlöndorff auf den gewichtigen Spuren von F. J. Strauß*

kommen Wochenschaubeiträge hinzu. Am 18. April 1980 gelangt der Film schließlich trotz aller Hürden in 40 Städten in die Kinos und wird im selben Jahr auf dem Filmfestival von Florenz ausgezeichnet.

DER KANDIDAT, das ist Franz Josef Strauß in mächtiger *persona,* der sich um das machtversprechende Amt des Bundeskanzlers bemüht (nicht ganz umsonst ziert das von Klaus Staeck entworfene Filmplakat eine überdimensional große Kühlerhaube, an der deutlich exponiert die Initialen von Strauß prangen). Doch dieses Amt geht am 5. Oktober 1980 an seinen SPD-Kontrahenten Helmut Schmidt. Das Filmteam geht Strauß nach, folgt ihm auf öffentlichen Veranstaltungen, beobachtet und hinterfragt die aktuelle politische Situation im Lande. Die Vita des 65jährigen Politikers Strauß wird durch Dokumentarmaterial, das von ausländischen Sendern und aus den Wochenschauarchiven stammt, näher beleuchtet, von privaten Momenten bis hin zu politisch brisanten der diversen Affären (Starfighter/*Spiegel*): ein umstrittener Werdegang, filmisch aufbereitet. Die Stärke dieses über die Bundestagswahl hinaus gültigen Gruppenfilms ist dabei, daß die Filmemacher weder für noch gegen Strauß dezidert Partei ergreifen – wenngleich ihnen letzteres in Rezensionen vorgeworfen wird und das Plakat hierfür sprechen mag –, daß sie aus der Neutralität heraus beobachten und dokumentieren, anstatt zu propagieren (Kamera bei Schlöndorff: Igor Luther). Kluges ausgeklügelte Montagetechnik, die schon DEUTSCHLAND IM HERBST stilistisch partiell formte, stellt Gegenwart neben Historie, prägt diese kollektiv-aufklärerische Arbeit, der in Schlöndorffs Filmographie noch eine dritte, KRIEG UND FRIEDEN (1983), folgen wird.

## Die Fälschung / Le Faussaire (1981)
*Das kleine und das große Chaos*

*Inhalt:* Der Journalist Georg Laschen (Bruno Ganz) wird von einer Hamburger Zeitung als Kriegsberichterstatter nach Beirut gesandt, um möglichst reißerische Texte aus der vom Bürgerkrieg zerstörten Stadt über den Libanonkonflikt zu liefern. Wieder einmal muß Laschen von der Elbe in eine Kriegslandschaft,

*Bruno Ganz als Reporter Georg Laschen – Ist alles nur Fälschung?*

muß seine Familie auf unbestimmte Zeit hinter sich lassen. Zusammen mit dem sensationslüsternen Fotografen Hoffmann (Jerzy Skolimowski) begibt sich Laschen auf eine Odyssee durch die ausgebrannte, entstellte Ruinenstadt und gerät dabei immer wieder unter Beschuß. Nach nur kurzem Aufenthalt begegnet er der deutschen Botschaftsangestellten Ariane Nassar (Hanna Schygulla) wieder, die dauerhaft in Beirut lebt. Hanna ist quasi Araberin aus Leidenschaft und hat das Interesse an ihrer deutschen Heimat längst verloren. Mit ihr geht er ein absehbar zeitlich begrenztes Verhältnis ein, und er begleitet sie auf ihrer Suche nach einem ersehnten Adoptivkind in Klöster und palästinensische Lager. Die Beziehung zu Hanna läßt Laschen um so deutlicher erkennen, daß sowohl sein Privatleben mit Ehefrau Greta (Gila von Weitershausen) als auch sein berufliches auf Lügen, Selbsttäuschungen und moralischer Unzulänglichkeit basieren: ein scheinbar gefälschtes Leben. Aus Beirut zurückgekehrt, zieht er die für ihn nun dringlich notwendig gewordene Konsequenz.

*Kommentar:* Im Dezember 1980 und in der Zeit von Januar bis März 1981 dreht Volker Schlöndorff seinen Film DIE FÄLSCHUNG an Originalschauplätzen im umkämpften Beirut. Am

29. November 1980 kommt das erste kleine Team in Beirut an, gedreht werden gegen Jahresende die Sequenzen, bei denen noch Franz Rath für die Kamera verantwortlich zeichnet, der im neuen Jahr bereits bei Margarethe von Trottas DIE BLEIERNE ZEIT verpflichtet ist und von Igor Luther abgelöst wird. Am 12. Januar 1981 geht es dann mit dem gesamten Team weiter, am 13. März ist der Film schließlich vollständig im Kasten. Die Dreharbeiten gestalten sich als ein diffiziles Unterfangen, bei dem es oberstes Gebot ist, daß keiner der Beteiligten von den echten Patronen getroffen wird, die neben den Platzpatronen des Filmteams von den sich bekämpfenden Parteien verwendet werden. Schlöndorff knüpfte bereits vor Drehbeginn, im Sommer 1980 während der Motivsuche, multilaterale Kontakte, etwa zu den syrischen Besatzern, den Falange-Vertretern oder auch zu PLO-Chef Jassir Arafat, der immerhin versprach, die Arbeit des Regisseurs zu tolerieren. Eine Art Niemandsland, im Altstadtviertel Beiruts zwischen den umkämpften Linien gelegen, wird zum Drehort deklariert. Zweimal allerdings geraten Schlöndorff und sein Team unter Beschuß, verletzt wird niemand, mehrere Male kommt es zu Konfrontationen mit den Militärs. Und Schlöndorffs langjähriger Produzent von Bioskop-Film, Eberhard Junkersdorf, wird eines Tages gar von einem Kommando per Jeep entführt, hält man ihn doch für einen israelischen Spitzel. Ein Anruf bei Arafat, und Junkersdorf ist wieder auf freiem Fuß. – Szenen, die die Realität Beiruts schreibt, doch könnten sie ebenso dem Film entnommen sein, den Schlöndorff nach der literarischen Vorlage von Nicolas Borns gleichnamigem Roman erstellt.

Eigentlich hat Volker Schlöndorff nach seiner Erfolgsverfilmung DIE BLECHTROMMEL und der Mitwirkung an dem Gruppenfilm DER KANDIDAT vor, ein weiteres Werk aus der Feder von Günter Grass zu adaptieren: *Kopfgeburten oder Die Deutschen sterben aus.* Dieses sich in seiner Stilistik sehr am Medium Film orientierende Stück Prosa von knapp 140 Seiten Umfang (Grass schrieb es im Spätherbst 1979) sollte ursprünglich als Vorlage für ein Filmprojekt dienen, an dessen Drehbuchentwurf Schlöndorff und Grass bereits saßen. Die *Kopfgeburten* sind Nicolas Born gewidmet, mit dem Grass befreundet war, und Schlöndorff selbst, der von Grass anerkannte Adapteur seines *chef-d'œuvre,* findet in den *Kopfgeburten* ebenfalls Erwähnung. Auf Born macht er Schlöndorff denn auch aufmerksam, nachdem man dieses Projekt verworfen hat. Auch DIE FÄLSCHUNG ist gerade erst erschienen und wird auf der Buchmesse vielfach beachtet, doch am 7. Dezember 1979 stirbt Nicolas Born, drei Wochen vor seinem 42. Geburtstag. Er kann an dem Drehbuch nicht mehr mitarbeiten, Schlöndorff schreibt es daraufhin im Frühjahr 1980 gemeinsam mit seiner Frau Margarethe von Trotta, Jean-Claude Carrière und dem *Stern*-Journalisten Kai Hermann. Hermann, der oftmals für die Hamburger Illustrierte in Krisengebiete ging, war nicht nur der Nachbar von Born, sondern auch dessen reales Vorbild für die Entwicklung der Figur des Georg Laschen.

Viele, die letztendlich an der FÄLSCHUNG mitarbeiten, haben zuvor schon an Filmen Schlöndorffs partizipiert: Neben Produzent Eberhard Junkersdorf sind dies vor allem die Kameramänner

*Schlöndorff und Ganz: »Alle sind falsch geworden und alles«*

Igor Luther und Franz Rath (2. Kamera), aber auch Komponist Maurice Jarre oder Hauptdarstellerin Hanna Schygulla, die Luise aus BAAL. Daß Bruno Ganz und Hanna Schygulla vor Drehbeginn Probleme in ihrer gemeinsamen Mitwirkung an dem Film sahen und sich nicht eben als Idealbesetzung für das Liebespaar bezeichneten, sei hier nur am Rande erwähnt.

»Ich habe keine Angst, mein Leben zu fälschen, nur Angst davor, daß ich es eines Tages nicht mehr bemerke und weitermache, Angst, daß es so zum normalen Leben wird, zu einem langen, bedeutungslosen Stoffwechsel, angesichts dessen ich nicht mehr erschrecke.« Dieser Monolog steht am Beginn des Films, von Bruno Ganz aus dem Off gesprochen und über jene ersten Bilder gelegt, die seine Ankunft in der tristen, gewittrigen Elblandschaft zeigen, wo das Wasser die Landstraße überflutet hat und über den Boden mäandert, kein Sonnenstrahl ist mehr zu sehen, die Szenerie ist in ein stählernes Graublau getaucht. Das Ende wird hier an den Anfang gestellt, die kathartische Selbsterkenntnis wird den zur Einsicht zwingenden Geschehnissen in Beirut vorweggenommen.

»Alle sind falsch geworden und alles«, lautet eine handschriftliche Notiz in Schlöndorffs erster Drehbuchfassung: Der Krieg in Beirut führt Laschen zur existentiellen Sinnfrage, läßt ihn Bilanz ziehen und über seine persönliche Situation reflektieren – das große Chaos dieser Welt gerät zum Spiegel der inneren Befindlichkeit, des kleinen Chaos. Sein Leben gleicht einer Fälschung, sowohl beruflich als auch privat. Die amoralische Praxis der Journalisten, die – wie Laschen einmal während eines Telefonats mit der Hamburger Redaktion sagt – den Blättern »ihren Realismus schon irgendwie machen«, dieses Ausschlachten jedmöglicher Sensation, läßt ihn das eigene Unvermögen erkennen, sich den gegebenen Realitäten zu stellen. Seine innere Verfassung, sein Suchen, sein Getriebensein, erfährt zumindest in äußeren Handlungen eine erste Kompensation: Der Journalist rennt durch die Häuserschluchten, stets auf der Flucht vor den Kugeln kriegerischer Parteien, viel mehr aber noch vor sich selbst. Er rennt ziellos umher, wie ein Gehetzter, ohne es im Grunde wirklich zu sein, schaut angsterfüllt in die mit Leichen gepflasterten Straßen.

Doch scheint es weniger dieser abscheuliche Anblick des Todes

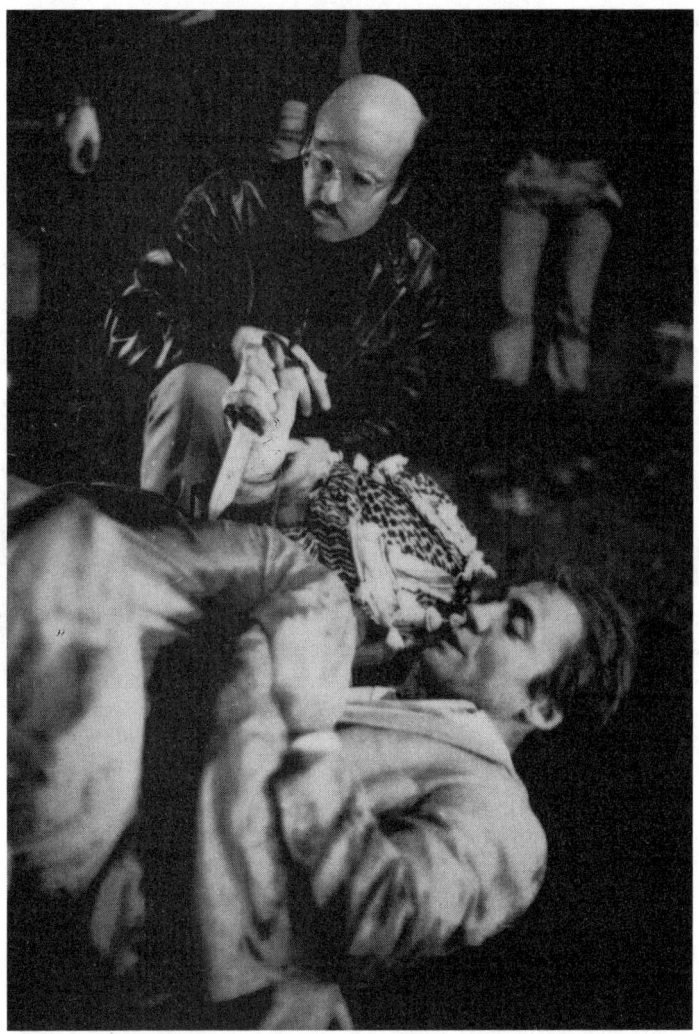

*Georg Laschens Verwicklungen in den Beirut-Krieg werden von Volker Schlöndorff kritisch überwacht*

zu sein, der in ihm Angst hervorruft, eher entspricht dies seiner Grundverfassung, die sich in latenten Fluchtbewegungen nach außen kehrt: Warum er immer wieder in Kriegsgebiete gehen

*Dreharbeiten in der »Todesstadt«: Volker Schlöndorff und Kameramann Igor Luther (beide links) besprechen die nächste Einstellung, daneben Bruno Ganz und Jerzy Skolimowski (beide rechts)*

müsse, fragt ihn seine Frau Greta vor der Abreise. Und eben die Erkenntnis seiner gefälschten Beziehung zu Greta, ihres reziproken Nicht-miteinander-Lebens, läßt Georg Laschen, der nüchterne Realität zu sensationell gefärbter Hyperrealität umfunktioniert, der Wirklichkeit professionell verfälscht, in der Fremde auch sich selbst gegenüber fremd werden. Der allgemeine Zustand, hier der Libanonkrieg, wirft ihn auf seinen subjektiven Zustand zurück und wird zum Impetus dafür, sich selbst neu zu überdenken, auch zu revidieren und in seiner Ehe und seinem Beruf Änderung herbeizuführen.

Die Resonanz auf den Film war seinerzeit gerade bei der Kritik sehr ambivalent, negative Rezensionen waren oftmals recht harsch verfaßt. Dem Regisseur wurde unkritische Oberflächlichkeit vorgeworfen und eine zu freie Adaption eines eindringlichen, nachdenklichen Textes, der *verfälscht* auf die Leinwand gebracht worden sei. Das ungemeine Wagnis an sich, die lebensbedrohenden Umstände, denen sich Schlöndorff mitsamt dem Team aussetzte, waren sekundär, wurden ihm gar noch angekreidet: Ausschlachtung eines realen, eben medienwirksamen Konfliktes, basta. Norbert Jochum, der den Film vehement verurteilt, formuliert das in der *Zeit* vom 16.10.1981 unter anderem folgendermaßen: »Im Umkreis des Films wird bedenkenlos umgegangen mit Tod und Krieg und Gewalt und Sterben. (...) Den Film umgibt ein Leichengeruch, der für Authentizität ausgegeben wird. (...) Ein wirklicher Krieg, dessen wirkliche Wirklichkeit dermaßen zur Unterstützung eines Films benutzt wird, und dann Plastikleichen? Man sollte schon konsequent sein.«

Mag Jochum es auch etwas polemisch ausgedrückt haben, ganz unrecht hat er mit seiner Auffassung sicher nicht: Die »wirkliche Wirklichkeit«, sie wird, wenn nicht filmisch adäquat einsetzbar und leinwandkompatibel, von französischen Pyrotechnikern

*Hanna Schygulla und Bruno Ganz, das gefälschte Liebespaar im Krieg*

hergestellt, und als man am Strand der »Todesstadt«, wie sie Schlöndorff einmal nennt, verkohlte Leichenteile benötigt und Schlöndorff diese aus Cinecittà extra einfliegen läßt, da kommt ein zwölfjähriger Junge zu ihnen, fragt, warum sie so ein künstliches Zeug benutzen würden, er könne ihnen echtes Material beschaffen. Am nächsten Tag steht er dann da – mit echten Knochen und Schädeln. Verwendet werden sie im Film nicht.

Ein Manko der FÄLSCHUNG ist der Anspruch auf Emotionalität und die dem entgegenwirkende Inszenierung: Die nüchterne und distanzierte Erzählhaltung läßt zu keinem Zeitpunkt ein sympathisierendes Verhältnis zu dem Personal aufkommen, sämtliche Regungen werden durch den semidokumentarischen Charakter der Bilder im Keim erstickt. Die Sinnsuche jenseits jedweder Verfälschung ist heute eher ein Zeitdokument jenes im April 1975 ausgebrochenen Libanonkonflikts.

## Krieg und Frieden (1983)
*Tolstoi im Atomzeitalter*

*Inhalt/Kommentar*: Fünf Jahre, nachdem DEUTSCHLAND IM HERBST auf den Berliner Filmfestspielen gezeigt wurde, ist es der bis dato letzte Gruppenfilm, KRIEG UND FRIEDEN, der 1983 auf der 33. Berlinale außer Konkurrenz im Wettbewerb läuft. Über anderthalb Jahre haben sich die Arbeiten an dem kontroversen Projekt hingezogen, auf den Hofer Filmtagen war bereits im Oktober 1982 eine Fassung zu sehen, die dann abermals überarbeitet und auf 120 Minuten gestrafft wurde. Wiederum fungiert der Filmverlag der Autoren zusammen mit Bioskop und Kairos als Produzententeam, wiederum bilden Volker Schlöndorff und Alexander Kluge den Kern des mehrköpfigen Autorenteams, zu dem sich Heinrich Böll, Stefan Aust und Axel Engstfeld gesellen. Rainer Werner Fassbinder, der den eröffnenden Beitrag machen will und gerade dabei ist, QUERELLE abzuschließen, stirbt wenige Tage vor Drehbeginn seiner Episode am 10. Juni 1982 in München. Alles hatte er bereits mit höchster Präzision vorbereitet.

Dieser dritte Kollektivfilm, weder ein ausgesprochener Antikriegsfilm noch ein die Friedensbewegung propagierendes Werk,

*Regiekollektiv (von rechts: Schlöndorff, Kluge, Engstfeld) mit dem späteren* Spiegel-*Chefredakteur Stefan Aust (Mitte)*

»hat Tolstois Epik im Sinn und Deutschland, die ›Knautschzone Europas‹, im Visier der Kamera«, so die Macher. Die für Ende 1983 avisierte NATO-Nachrüstung mit Mittelstreckenraketen des Typs Pershing II, Cruise Missiles und Neutronenbomben ist konkreter Anlaß für die Regisseure und Autoren, erneut eine historisch-aktuelle Melange aus Dokumentar-, Stumm- und Spielfilmbeiträgen auf die Beine zu stellen, die sich durch künstlerische Freiheiten von der gängigen Fernsehberichterstattung grundlegend unterscheidet. Stefan Aust berichtet über die Waffensysteme und dokumentiert, wie die Bundesrepublik mehr und mehr zu einem Pulverfaß verkommt; neben Austs harmlosen Bildern aus dem *»Ground zero«*-Dorf Hattenbach erschreckt das Interview mit Sam Cohen, dem indifferenten Erfinder der Neutronenbombe (Kamera: Franz Rath); Alexander Kluge forscht in der fiktiven Episode *Vom Standpunkt der Infanterie* nach dem Ernstfall, in einem Gespräch zwischen Interviewer (Dieter Traier) und General (Hans-Michael Rehberg). Mit Schlöndorff zusammen filmt Kluge auf einer Demonstration der Friedensbewegung in Bonn, zudem geht er in diversen Abschnitten der Menschheitsevolution nach, der er das Rüstungsverhalten kontrapunktisch entgegenstellt. Das geschieht gewohnt sachlich, nüchtern und präzise: im Kluge-Stil eben.

Volker Schlöndorff zeichnet neben den Dokumentaraufnahmen des westlichen Gipfeltreffens in Versailles für drei Episoden verantwortlich, deren Buch Heinrich Böll geschrieben hat (Kamera: Igor Luther und Franz Rath): *Kill your sister* mit Angela Winkler und Michael Gahr, *Atombunker* mit Heinz Bennent und Edgar Selge sowie *Gespräche im Weltraum* mit Jürgen Prochnow, Günter Kaufmann, Manfred Zapatka und Karl-Heinz Merz. Das Problem dieser Episoden ist freilich, dem brutalen Schrecken der gegebenen bundesrepublikanischen Realität gewissermaßen noch eins draufzusetzen, den Schrecken künstlerisch auszumalen. Doch: Können erdachte Spielszenen noch traumatischer, noch pervertierter sein als die reale Möglichkeit eines atomaren Krieges? Wohl kaum. Das Dorf Hattenbach an der deutsch-deutschen Grenze ist das atomare Ziel auf dem Brettspiel der Supermächte, Wissenschaftler Sam Cohen beantwortet Stefan Austs Frage nach einem Nuklearkrieg mit einem demonstrativ-lakonischen »Ja«! – Bedrückender kann die Fiktion einfach nicht sein.

# Eine Liebe von Swann / Un Amour de Swann (1984)
## *Oder: Ist Proust verfilmbar?*

*Inhalt:* Paris um die Jahrhundertwende: Die Zeit der Dichter und Denker, der Dandys und Dirnen. Charles Swann (Jeremy Irons), ein reicher, gebildeter Müßiggänger in den Dreißigern, ist bei den Soiréen der Adligen stets ein willkommener Gast. Sein Habitus ist elegant, sein Gusto intellektuell. Überall kennt man ihn, den feinsinnigen jüdischen Ästheten, der an einer Abhandlung über Vermeer sitzt und alte Gemälde ebenso sammelt wie junge Frauen. Er verliebt sich nie und sucht immerzu nur Frauen aus, die sein Niveau niemals teilen können.

Als er jedoch der bekannten Kokotte Odette de Crécy (Ornella Muti) begegnet – Baron de Charlus (Alain Delon), ein Freund Swanns und homosexueller Lebemann, macht sie miteinander bekannt – und ihr geradezu leidenschaftlich verfällt, sich gar in sie verliebt, da ändert sich sein Leben grundlegend. Ein emotionales Abhängigkeitsverhältnis entsteht, Finanzielles kommt mit ins Spiel, und Swann beginnt, dieser Frau hinterherzurennen, durch das nächtliche Paris, durch Abendgesellschaften und Bordelle, stets von der Angst getrieben, sie schon wieder verloren zu haben. Je mehr sich die verruchte Schöne ihm entzieht, desto stärker wird seine Sehnsucht nach ihr.

Swann, notorischer Herzensbrecher und gesellschaftliches Chamäleon par excellence, richtet seinen snobistisch-dekadenten Lebenswandel nach einer leichtlebigen Frau mit dubioser

*Der Dandy und die Dirne: Odette de Crécy (Ornella Muti) und Charles Swann (Jeremy Irons)*

Vergangenheit, ehelicht diese Edelhure gar und muß letztendlich erkennen, daß sie ihn nahezu zerstört hat:»Wenn ich denke, daß ich mir Jahre meines Lebens verdorben habe, daß ich sterben wollte, daß ich meine größte Leidenschaft erlebt habe, alles wegen einer Frau, die mir nicht gefiel, die nicht mein Genre war!« (20)

*Kommentar:* Gemeinhin gilt das literarische Werk Marcel Prousts (1871–1922) als unverfilmbar. »On ne peut pas adapter Proust!« (»Man kann Proust nicht adaptieren«; sämtl. nachfolgende Übersetzungen v. Verf.) steht demonstrativ negierend in *Le Quotidien,* nur wenige Wochen vor der »sortie nationale« (22.2.1984) von Schlöndorffs Film in Frankreich.

Seine umstrittene Proust-Adaption ist denn auch zur Bestätigung dieser Regel geworden: Er nimmt sich des Stoffs trotz diverser Schwierigkeiten an und verfilmt das zweite Kapitel, *Un amour de Swann,* aus dem ersten Band, *Du côté de chez Swann,* des insgesamt siebenteiligen, monumentalen Œuvres *A la recherche du temps perdu.*

Die Entstehungsgeschichte des 1983 gedrehten Films nimmt sich langwierig aus und ist voller Komplikationen. Luchino Visconti versuchte sich zuvor ebenso an dem Stoff wie Joseph Losey; Harold Pinter lieferte ein 1977 veröffentlichtes Drehbuch, das jedoch niemals für eine Verfilmung verwendet wurde.

»C'est à Nicole Stéphane, que je dois le privilège d'avoir travaillé sur le texte de Proust.« (»Ich habe Nicole Stéphane das Privileg zu verdanken, an dem Proust-Text gearbeitet zu haben.«) (21) Bevor es zur Zusammenarbeit zwischen Schlöndorff und Stéphane kommen kann, mußte die engagierte Produzentin, Schauspielerin (LE SILENCE DE LA MER, 1947; LES ENFANTS TERRIBLES, 1949) und Kurzfilmregisseurin Nicole Stéphane 21 lange Jahre für ihr liebgewonnenes Projekt kämpfen. »*Un amour de Swann* – il était devenu pour moi une sorte d'obsession.« (»*Eine Liebe von Swann* ist für mich eine Art Obsession geworden.«)

Ausgangspunkt für die Genese dieses Films ist das Jahr 1962. Aufgrund der Freundschaft von Stéphanes Mutter mit der Nichte Marcel Prousts, Suzy Mante-Proust, kann Stéphane 1962 die Filmrechte für *A la recherche du temps perdu* erwerben. Als Regisseur für das geplante Proust-Projekt erwägt Stéphane zuerst den Franzosen René Clément. Die Zusammenarbeit zwischen ihm und Ennio Flaianno, der bereits für Fellini arbeitete und mit dem Schreiben des Drehbuchs bedacht wird, funktioniert jedoch nicht – das Vorhaben scheitert.

1969 fragt Stéphane bei Luchino Visconti an. Dieser akzeptiert das Angebot, begibt sich im Jahr von MORTE A VENEZIA (1970) für sechs Wochen nach Frankreich auf Motivsuche und nimmt erste Ortsbestimmungen an Originalschauplätzen des Romans, in Paris und in der Normandie, vor. Das Projekt zentriert sich primär um den vierten Teil der *Recherche, Sodome et Gomorrhe;* Visconti verfaßt gemeinsam mit Suso Cecchi d'Amico, seiner langjährigen Mitarbeiterin, ein 363 Seiten starkes Buch auf französisch, das Nicole Stéphane trotz der völligen Auslassung von *Du côté de chez Swann* als »superbe« bezeichnet. Das Drehbuch ist für einen Vier-Stunden-Film konzipiert, dreieinhalb Millionen Dollar hätte die Produktion (Artistes Associés) mindestens gekostet. Schon für dieses Proust-Projekt steht Alain Delon – als Marcel – auf der Besetzungsliste, des weiteren Helmut Berger (Charles Morel), Silvana Mangano (Oriane de Guermantes), Charlotte Rampling (Albertine) und Laurence Olivier oder Marlon Brando (Baron de Charlus).

Doch Visconti entscheidet sich aufgrund des Drängens von Helmut Berger, zuerst LUDWIG II. (1972) mit Berger in der Titelrolle zu drehen, das Proust-Projekt nach Fertigstellung von LUDWIG II. dann wieder aufzunehmen. Stéphane schwärmend: »Ce qu'il aurait pu être le Proust de Visconti, on en a une idée dans MORT À VENISE: l'arrivée à l'Hôtel des Bains, au Lido, avec ces mouvements de caméra très subtils, très beaux, c'est une sorte de préfiguration de ce qu'aurait été Balbec.« (»Was Viscontis Proust hätte werden können, davon bekommt man in TOD IN VENEDIG eine Vorstellung: Die Ankunft am Hotel des Bains, am Lido, mit ihren sehr subtilen und wunderschönen Kamerabewegungen, das ist eine Art Andeutung dessen, was Balbec geworden wäre.«) – Visconti hat diesen imaginierten Film freilich nicht mehr gedreht, er stirbt noch während der Montage seines letzten Films L'INNOCENTE (1976).

In der Folge stößt Stéphane auf den Regisseur Joseph Losey, dessen Film THE GO-BETWEEN (1970) sie gesehen hat. Als Drehbuchautor sieht sie Harold Pinter vor, dem zuvor das Werk

Prousts nicht geläufig war. Während eines Jahres erarbeitet Pinter zusammen mit Barbara Bray »un projet grandiose« (Stéphane) für einen Film von fünfeinhalb Stunden, mit einem Budget in der schwindelerregenden Höhe von 22 Millionen Dollar. Die Produktionsfirmen steigen aus dem Vorhaben aus, das magere Resultat einer über fünf Jahre andauernden Zusammenarbeit ist dann lediglich die Publikation von Pinters Drehbuch im Jahr 1977 unter dem Titel *The Proust Screenplay*.

Auch den Mitbegründern der Nouvelle Vague, François Truffaut, Alain Resnais und Louis Malle, bietet Stéphane den Proust-Stoff an – sie lehnen allesamt ab. Die Ehrfurcht vor dem als unantastbar geltenden Nationalheiligtum scheint doch zu groß.

1981 schließlich fragt man bei dem Theaterregisseur Peter Brook an: Zu diesem Zeitpunkt wird das letztlich realisierte Projekt der Verfilmung von UN AMOUR DE SWANN de facto aus der Taufe gehoben. Brook, so Nicole Stéphane, »hatte diese herrliche Idee, die Handlung in 24 Stunden zu komprimieren, in einen Tag Swanns, diese 24 Stunden, die das Resümee eines ganzen Lebens darstellen. Mit einem kurzen Epilog, etwa 15 Jahre später angesiedelt, und der Vision Swanns, der sich fragt: ›Was habe ich aus meinem Leben gemacht?‹ Seit er Odette geheiratet hat, ist Swann im Grunde schon tot.«

Zusammen mit Jean-Claude Carrière wird nunmehr das Drehbuch verfaßt, eine sehr freie Adaption des Swann-Stoffs, die keinerlei Anspruch auf einen etwaigen werkgetreuen Charakter hat. Die Einheit der Zeit wird neu geschaffen, jene des Ortes, Paris, wird beibehalten; hinzugenommen werden überdies einzelne Szenen anderer Kapitel. Brook ist es schließlich auch, der Volker Schlöndorff als Regisseur während eines abendlichen Essens in Paris vorschlägt und ihm gleich den Stoff mit anbietet, denn er selbst kann aufgrund einer anstehenden USA-Tournee seiner *Carmen* die Regie nicht übernehmen.

Nicole Stéphane hatte an den Deutschen übrigens schon zu Zeiten der BLECHTROMMEL-Vorbereitungen gedacht. Als Schlöndorff dann einwilligt und die Bioskop zudem die Koproduktion garantiert, ist auch die französische Gaumont bereit, sich am gesamten Finanzierungsvolumen von acht Millionen Mark mit circa 70 Prozent zu beteiligen.

*Volker Schlöndorff und Drehbuchautor Jean-Claude Carrière*

Die Besetzung des Filmprojekts steht zunächst nicht hundertprozentig fest, Schlöndorffs erste Wahl für den Part des Charles Swann ist Art Garfunkel, amerikanischer Sänger jüdischer Provenienz, populär durch das Duo »Simon & Garfunkel«. Doch dann fällt die Entscheidung zugunsten des 35jährigen Jeremy Irons aus, der zu jener Zeit vor allem durch die Darstellung des Charles Ryder in der 13teiligen britischen TV-Serie BRIDESHEAD REVISITED (1981) und durch den von Karel Reisz nahezu gleichzeitig inszenierten Kinofilm THE FRENCH LIEUTENANTS WOMAN (1981), wo er an der Seite von Meryl Streep zu sehen ist, einem größeren Publikum bekannt wird.

Swann ist in Prousts Roman ein Chamäleon, das sich in einem selbst auferlegten Rollenspiel immer wieder differierender Masken bedient. Prousts physiognomisches Vorbild, das ihn für die Figur des Charles Swann inspirierte, war übrigens der jüdische Charles Haas, Sohn eines Börsenmaklers und realer Dandy jener Zeit. Die Drehbuchautoren übertragen die Funktion des jungen Erzählers Marcel (= Marcel Proust) aus dem Roman auf den filmischen Protagonisten Swann. Der Film UN AMOUR DE SWANN impliziert eine Projektion der Persönlichkeit Prousts in die Swanns. Für den narrativen Fluß des Films erscheint diese Reduktion nahezu zwingend, doch birgt sie freilich grobe Vereinfachungen in sich.

Als das Engagement von Irons schließlich feststeht, schreibt dieser dem Regisseur folgenden Brief (undatiert):

»Volker –

*I am so happy to be working with you on our project. I am only sorry that my constant self-criticism and lack of ease with what I am trying to do, prevents me from being the encouragement and support to you that I would like to be. The main reason I took this job was because I regard you as one of the best – and that feeling has not changed.*

*Sleep well.*

*Jeremy.*«

(»Volker – ich bin so glücklich, mit dir an unserem Projekt zu arbeiten. Es tut mir nur leid, daß meine ständige Selbstkritik und mein Unbehagen an dem, was ich zu tun versuche, mich davon abhalten, für dich die Ermutigung und Unterstützung zu sein, wie ich es gern wäre. Ich habe diesen Auftrag hauptsächlich deswegen angenommen, weil ich dich für einen der Besten halte – und an diesem Gefühl hat sich nichts geändert.

Schlafe gut.

Jeremy.«) (22)

Der Selbstkritik und Bescheidenheit von Jeremy Irons steht die Überheblichkeit und Egozentrik von Alain Delon gegenüber: Die Mitwirkung von Delon ist Bedingung der Gaumont, die der Ansicht ist, daß zu viele Ausländer, zu viele Nicht-Franzosen eben, an dem multinationalen Projekt beteiligt sind. Ohne Schlöndorff davon in Kenntnis zu setzen, schickt die Produktions- und Verleihfirma Alain Delon das Swann-Drehbuch zu und offeriert ihm die Rolle des dekadenten Baron de Charlus. Delon sagt denn auch prompt zu und macht Schlöndorff, der ihn noch aus seiner Assistenzzeit bei Jean-Pierre Melville kennt, fortan mit seinen Allüren das Leben am Set zur realen Hölle. Die Atmosphäre kippt um, sobald der Star die Szenerie betritt:

Er pflegt mit seinen Pudeln am Drehort aufzutauchen und bringt seinen eigenen Hoffotografen mit; Pressefotografen werden von ihm schnippisch in die Schranken verwiesen, notfalls von zwei ihn stets begleitenden, kräftigen Herren; mit dem gestraften Regisseur kommuniziert er lediglich per Handzettel, ignoriert diesen und schaut demonstrativ in eine andere Richtung, wenn Schlöndorff ihm Regieanweisungen zu geben versucht. Viel lieber gibt Monsieur seine eigenen Anweisungen. Delon, *der eiskalte Engel* von einst, reichlich verblaßt, mutiert zur grotesken Set-Diva.

»Odette, on l'a beaucoup, beaucoup cherchée« sagt SWANN-Produzentin Margaret Menegoz von der Firma Les Films du Losange: Schlöndorff hat Ornella Muti schließlich in einem Film von Adriano Celentano entdeckt, im Februar 1983 auf der Berlinale – und sich sofort in die brünette Italienerin verliebt, wie er gesteht. Odette de Crécy, Dame aus der Halbwelt, wird im Roman von Swann zu einem Kunstwerk nach seinen Vorbildern ästhetisiert, er schafft sich sein idealisiertes, entseeltes Objekt. So stellt Swann im Roman anstelle einer Fotografie von Odette

*Swann (Jeremy Irons), liebend und leidend zugleich, wegen einer Frau, die nicht sein Genre ist*

*Baron de Charlus alias Alain Delon, sich pudernd*

eine Reproduktion der Tochter Jethros auf seinen Arbeitstisch, die Eingangssequenz des Films zeigt eine lange Einstellung auf die Ablage eines Sekretärs, auf dem Botticellis Bildnis der Sephora steht. Odette, das ist auch Swanns ureigene Phantasieprostituierte.

Für die Rolle der Odette hat Schlöndorff eine Zeitlang auch Hanna Schygulla im Kopf, die seinerzeit übrigens mit Drehbuchautor Jean-Claude Carrière liiert war und bis heute in Paris lebt.

Fanny Ardant schließlich verkörpert die Herzogin Oriane de Guermantes. Zu Beginn der Achtziger wird sie insbesondere durch ihre Rollen in den beiden letzten Filmen ihres Lebensgefährten François Truffaut bekannt: LA FEMME D'À CÔTÉ (1981) und VIVEMENT DIMANCHE! (1983). Entdeckt worden ist Fanny Ardant erst wenige Jahre zuvor, 1979, von der Regisseurin Nina Companeez, die ihr für den fünfstündigen Fernsehfilm LES DAMES DE LA CÔTE die Hauptrolle übertrug.

Die Dreharbeiten finden im sommerlichen Paris des Jahres 1983 statt, das partiell in die Zeit der Jahrhundertwende transponiert wird: Gedreht wird *on location* etwa an der Place de l'Opéra, in den Tuilerien am kleinen Arc de Triomphe du Carrousel, am Faubourg Saint-Germain, im östlichen Schloß Champs-sur-Marne sowie einem Studio im Pariser Banlieue Joinville. Für Bauten und Ausstattung zeichnet Jacques Saulnier verantwortlich, den Schlöndorff seit seiner Zeit als Regieassistent kennt, für die Kostümentwürfe Yvonne Sassinot de Nesle (Wajdas DANTON, 1982). Ihnen sind die gelungenen Metamorphosen zu verdanken, die Dekor und Menschen eingehen, sie bieten Kameramann Sven Nykvist den Stoff, aus dem die recht opulenten Bilder sind. Nykvist, Ingmar Bergmans Stammkameramann, hat mit Schlöndorff in den Siebzigern bereits zweimal gearbeitet, bei STROHFEUER und GEORGINAS GRÜNDE.

Nykvist ist ein Meister der visuellen Inszenierung, seine beklemmend düsteren Tableaus aus dem Kosmos Bergmanscher Phobien vergißt man so schnell nicht. Die Proust-Adaption taucht er in weiche, zarte, jedoch dunkle Farbtöne und schwelgt dabei in den aufwendigen Interieurs. Das wird dem *Oscar-*

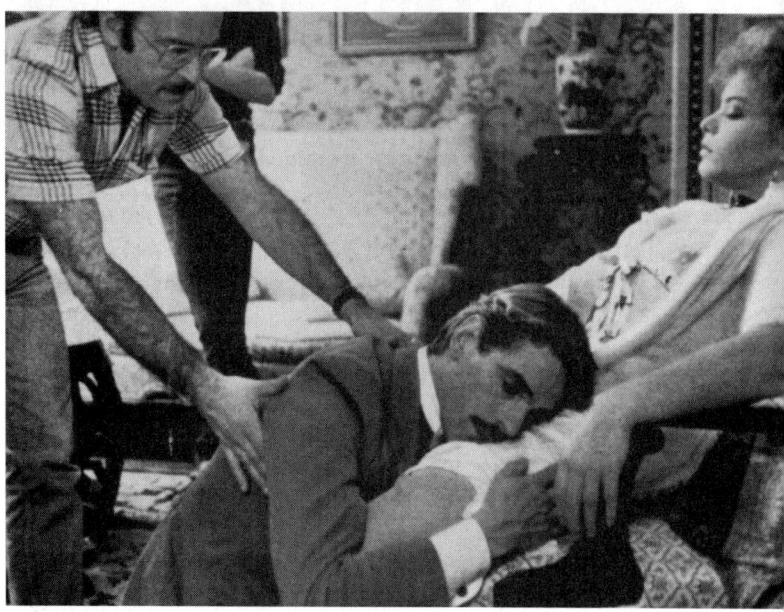

*Schlöndorff, Irons, Muti: Liebe als Abhängigkeit*

*Bergmansche Phobien und Proustsche Prosa: Sven Nykvist und Volker Schlöndorff*

Preisträger Nykvist später als »fromme Illustration« *(Le Nouvel Observateur)* vorgeworfen, in der »das Schon-Gesehene der alten Meister nachgezeichnet« wird *(Die Zeit)*. Das kann man freilich halten, wie man will: Jene Sequenzen aber, in denen Nykvist in das persönliche Reich Swanns eindringt, in diese mit dunklem Mobiliar eingerichtete Wohnung mit ihren schweren Vorhängen, den alten Büsten, den pastosen Gemälden, den unzähligen Accessoires und der dazugehörigen Patina, jene Bilder zumindest sind mehr als nur kinematographisches Plagiieren. In Swanns Wohnung ist der Geist der Jahrhundertwende noch lebendig: Hier müffelt es noch nach alten Büchern, nach Kerzenwachs und den Düften der vormittäglich verrichteten Toilette, und durch die geöffneten Fensterflügel dringt der Geruch der angespannten Pferde hoch. Die Rekonstruktion der Welt Prousts auf visueller Ebene ist denn auch weniger die Krux dieses durchwachsenen Euro-Unterfangens.

Vielmehr mangelt es den Figuren an Leben, muten sie letztendlich typisiert, schal und leer an: Der Handlungsverlauf des Films ist mit dem der literarischen Vorlage grundsätzlich nicht vergleichbar. Die Drehbuchautoren heben die »ganz in der Vorstellung angesiedelte Chronologie Prousts« auf (23), ohnehin entbehren beide Werke einer immanenten Stringenz, setzen sich vielmehr aus impressionistischen Fragmenten zusammen.

Die ersten aufeinanderfolgenden Einstellungen des Films zeigen das Interieur von Swanns Wohnung, durch das die Kamera den Zuschauer wie einen an die Hand genommenen Besucher in einer Fahrt führt, während die Stimme Swanns aus dem Off zu hören ist. Swann, im Bett liegend, trägt Notizen in sein Tagebuch ein – ein dramaturgischer Kunstgriff, um die erzähltechnische Funktion Swanns einzuführen. Diese Einstellung wird parallel montiert zu vier Rückblenden, in denen Swann an der Seite Odettes, deren Gesicht nicht sichtbar ist, während einer Kutschfahrt zu sehen ist. Bereits in dieser kurzen Sequenz wird die Liaison zwischen Swann und Odette skizziert: Swann scheint

*Irons und Muti: »Cattleya spielen«*

in Abhängigkeit zu Odette zu stehen, und während seiner Toilette spricht er von einer »inoperablen Krankheit«. Das rituelle Spiel mit den an Odettes Ausschnitt befestigten Cattleyas während einer Kutschfahrt ist der Vorlage entnommen, die Symbolik der Cattleyas ist in Roman und Film identisch: » (...) war doch die Metapher ›Cattleya spielen‹ eine schlichte Vokabel geworden, die sie schließlich ganz gedankenlos zur Bezeichnung des Aktes des physischen Besitzens benutzten.« Die Cattleyas, Ausdruck körperlichen Begehrens, stehen für eines der Leitmotive, die sich durch beide Werke ziehen (ebenso: *Vinteuil-Thema, Chrysanthemen*).

Eine der längsten Sequenzen des Films, die etwa zwölf Minuten dauert, spielt im Hôtel de Guermantes. Das Drehbuch gliedert diesen Komplex in sechs Einstellungsabfolgen auf: Hôtel de Guermantes, Hof und Freitreppe, Exterieur Nachmittag, Halle, dann Treppe, Vestibül und Salon, Interieur Nachmittag.

Diese Abfolge basiert auf zwei Abschnitten des Romans, der Soirée bei der Marquise de Saint-Euverte sowie dem Gespräch zwischen Swann und Baron de Charlus, welches das Drehbuch in die Soiréesequenz integriert. Swann und Charlus unterhalten sich über den vorangegangenen Abend, den Charlus mit Odette verbracht hat. Argwohn und Eifersucht bei Swann, latent mitschwingend, lassen ihn um so unsicherer auftreten. Im Film kommen Swann und Charlus zusammen in einer Kutsche im Hof des Guermantes-Anwesens an, sie gehen die Freitreppe und anschließend die zu den Salons führende Treppe hinauf. Nach ihrem Gespräch verabschiedet sich Charlus, um erneut zu Odette zu fahren. Bei Proust hingegen erzählt Marcel von Swanns Überlegungen, seinen Freund Charlus zu bitten, mit Odette den Abend zu verbringen, denn »er war jedesmal glücklich, wenn Monsieur de Charlus bei Odette war. Swann wußte, daß zwischen Charlus und ihr nichts vorkommen konnte.«

Der Monolog Swanns, der in dessen Imagination als Dialog mit Charlus existiert, wird im Drehbuch in einen realen Dialog umgesetzt. Die imaginäre Ebene wird in die reale transponiert, um somit eine Stringenz des filmischen Handlungsablaufs zu erwirken. Hierbei kann sich das Drehbuch nur fragmentarisch des Romantexts bedienen und wird durch das Hin- und Herschieben der Dialoge zugleich selbst zum Fragment.

*Paris, Tuilerien: Irons, Muti und ihr Regisseur vor dem Arc de Triomphe du Carrousel*

Das eigentlich wichtige, zentrale Moment der Guermantes-Sequenz stellt Swanns intensives Erleben des *Vinteuil-Themas* dar. Um dieses Thema herum versammelt der Film diverse Figuren, beschreibt diesen von Proust karikierten Mikrokosmos sich elitär dünkender Gesellschaften, indem er einige wenige Textanleihen vornimmt und Dialoge hinzufügt, die aufgrund der Bedingungen des Mediums Film im Roman umfassend beschriebene Vorgänge radikal zusammenfassen. Mit der Vinteuil-Sonate wird die Entwicklung der »Liebe« Swanns zu Odette synonymisiert; insgesamt 21 Musiken sind in dem Film enthalten (Musik: Hans-Werner Henze), leitmotivisch werden sie eingesetzt: vom Beginn der Leidenschaft Swanns beim erstmaligen Hören des Themas bei den Verdurins über ihre Entwicklung und das Aufkommen von Eifersucht bis hin zu ihrem Ende durch

Swanns Desillusionierung und Erkenntnis. So wie Swann die Persönlichkeit Odettes in Botticellis Bildnis der Sephora transformiert, so setzt er seine Liebe zu Odette mit seiner Liebe zur Musik Vinteuils gleich und macht die erstere von der letzteren zugleich abhängig. In der Vorlage ist die Entwicklung dieser Passion chronologisch beschrieben, im Film hingegen lediglich das letzte Stadium, die innere Loslösung Swanns von Odette.
Die filmische Umsetzung der Romanstelle, in der Swann zu erkennen beginnt, hebt sich durch die bestechende Interpretation Jeremy Irons' vom Gros der Inszenierung ab: Minutiös werden die inneren Vorgänge Swanns in Irons' mimischem und gestischem Spiel veranschaulicht:
Swann macht Anstalten, den Salon zu verlassen. Die zuerst langsame, dann ihren Rhythmus steigernde »petite phrase musicale« läßt ihn jedoch innehalten. Er kehrt dem Zuschauer den Rücken zu, seine innere Anspannung ist mit seiner stockenden Drehung nach links verdeutlicht. Langsam geht er zurück in den Salon, hält sich an der Rückenlehne eines Sessels fest. Es hat den Anschein, als wanke er sowohl innerlich als auch äußerlich. Nach einer Fahrt nimmt die Kamera Irons in eine Nahaufnahme, eine Einstellung von zwölf Sekunden nur. Doch in ihr ist der ganze Schmerz Swanns in der Erkenntnis über den bevorstehenden Verlust Odettes festgehalten, in Irons' verhärtetem Gesicht eingefroren. Irons ist in diesem Moment so groß, wie es der ganze Film mit seinem hochgesteckten Anspruch nie sein kann, sein Gesicht ist schmerzerfüllt und zugleich verstört, verwirrt, unsicher der ganze Habitus, seine Augen verlieren sich starren Blicks in der plötzlichen Weite des Raums. Die räumliche Verlängerung von Swanns Blick wird durch einen Zoom eingefangen und endet in der Großaufnahme einer flackernden Kerze, die auf dem Flügel steht. Eine sich anschließende Fahrt zeigt, wie eine junge Dame aus der Zuhörerschaft aufsteht, auf den Flügel zugeht und die Kerze auslöscht. Die Kamera verharrt vor der rauchenden Kerze, im Hintergrund ist der Violinist zu sehen, bevor eine weitere Großaufnahme den verängstigten, irrenden Blick Swanns zeigt, der langsam in das benachbarte Eßzimmer geht, schwer atmend sich den Schweiß von der Stirn abwischt. Der Kontext zwischen der Kerze als Metapher der Vergänglichkeit und Swanns Erkenntnis, sich Jahre seines Lebens

wegen einer Frau genommen zu haben, die »nicht sein Genre« war, ist evident. Das Auslöschen der Kerze, etwas Leuchtendem und Lebendigem, wird parallel montiert mit der durch die Sonate hervorgerufenen Desillusionierung.

Diese einzigartige und singuläre Sequenz läßt einen vage davon träumen, was UN AMOUR DE SWANN hätte werden können: gewiß keine Bebilderung kraß reduzierter Proustscher Prosa, sondern Kino mit Tiefgang und lebendigen Seelen. Doch Volker Schlöndorff ist sich dessen früh bewußt, bereits während der Dreharbeiten notiert er sich Ende Juni 1983 in sein Tagebuch: *»Das Wesentliche ist gedreht und daher das Unbehagen: es ist nicht wesentlich, es lebt nicht, es fehlt etwas. (...) es steht fest: es wird eben doch nur eine elegante Illustration.«* (24)

Das Scheitern dieses Euro-Puddings kann jedoch weniger auf das Einzelkonto des frankophilen Regisseurs gehen, galt es doch, ein bereits vorgefertigtes Drehbuch umzusetzen und zudem unbequeme Konditionen der Produktion zu akzeptieren. Und als deutscher »Autorenfilmer« stand er im Grunde von Anfang an mit eher schlecht gemischten Karten da.

*»Viel Lärm um nichts«: am Set von* UN AMOUR DE SWANN

# Tod eines Handlungsreisenden /
# Death of a Salesman (1985)
## *Kinobilder als Schmerzensschrei*

*Inhalt:* Willy Loman (Dustin Hoffman) ist ein in die Jahre gekommener erfolgloser Handlungsreisender, der immer wieder aufbricht vom Brooklyner Zuhause, mit seinen beiden klobigen Musterkoffern beladen, um irgendwo da draußen, im Land der schier unbegrenzten Möglichkeiten, jemanden von seinem Verkaufstalent zu überzeugen. Beliebt muß man nur sein, dann läuft alles von selbst, lautet Willys trügerisches Credo. Doch der 63jährige kommt stets mit vollgepackten Koffern zurück und wird von seiner verständnisvollen Frau Linda (Kate Reid) bereits erwartet: ein tragisches Spiel aus dem Leben. Einmal sagt der Handlungsreisende zu seiner Frau: »Überleg doch mal: Du arbeitest dein ganzes Leben, um das Haus abzubezahlen, bis es dir gehört, und dann lebt niemand drin.« Die Schulden allerdings drücken noch immer, zudem wird ihm nach Jahrzehnten von seiner Firma fristlos der Job gekündigt.
Die Söhne Biff (John Malkovich) und Happy (Stephen Lang), beide in den Dreißigern, sind mal wieder ins elterliche Haus zurückgekehrt, halten sich in den vier Wänden von einst eine Zeitlang auf. Bleiben aber wollen sie nicht. Sie haben es zu nichts Rechtem gebracht, Happy zumindest hat einen monotonen Arbeitsplatz, der ihn jedoch nicht ausfüllt. Es ist vor allem Biff, der sich von jeher unverstanden und ungeliebt fühlt, sich als Gelegenheitsarbeiter und Langfinger mehr schlecht als recht über Wasser hält, der seine Eltern endgültig verlassen, die Vergangenheit hinter sich lassen will. Er kann den realitätsfernen Ansprüchen seines Vaters nicht genügen, und auch seine Liebe zu ihm kann er nicht vermitteln. Schmerzlich muß der sich noch immer als autoritäres Familienoberhaupt gebärdende Willy Loman erkennen, daß er sein Leben vertan hat, und so trifft er eine fatale, endgültige Entscheidung, zieht seinen Schlußstrich.
*Kommentar:* Arthur Millers 1949 in New York uraufgeführter Zweiakter dürfte wohl das amerikanischste aller amerikanischen Theaterstücke sein, der Klassiker der US-Bühne schlechthin. Die Regie führte seinerzeit kein Geringerer als Elia Kazan,

*Der Handlungsreisende (Dustin Hoffman)*

Lee J. Cobb spielte den Handlungsreisenden. 1952 wurde das Drama von Laszlo Benedek mit Frederic March in der Hauptrolle erstmals auf die Leinwand gebracht. Die Broadway-Inszenierung von Michael Rudman ist es dann, die anno 1984 mit Dustin Hoffman den schleichenden Tod des Willy Loman erneut ins Rampenlicht rückt; mehr als 250mal wurde diese Inszenierung etwa in New York, Chicago und Washington aufgeführt, die *standing ovations* nahmen kein Ende.

Und eines Tages unterhalten sich der kleine Dustin und der

*Das SALESMAN-Triumvirat (von links): Volker Schlöndorff, Dustin Hoffman und Arthur Miller*

große Arthur darüber, den Bühnenerfolg in bewegte Bilder umsetzen zu wollen: Sie suchen einen geeigneten Regisseur für die geplante Fernsehproduktion, und da Hoffman die MEPHISTO-Verfilmung von Schlöndorff so gut gefallen hat (!), will er den Deutschen für die Regie verpflichten. Volker Schlöndorff, auf dessen vermeintlichen MEPHISTO (Regie: István Szabó, 1980) die Filmwelt heute noch wartet, trifft die Anfrage aus heiterem Himmel; er wundert sich, daß die beiden einen nichtamerikanischen Regisseur für einen so amerikanischen Topos ausgesucht haben – und will eigentlich absagen. Doch Miller und Hoffman (letzterer hat übrigens die auch in den USA sehr angesehene BLECHTROMMEL bis dato nicht gesehen) geben sich hartnäckig und insistieren auf ihrer Wahl. Gerade der Blick von außen sei es doch, der interessiere, diesen Blick eben habe Schlöndorff mehr als jeder amerikanische Regisseur. Schlöndorff akzeptiert, und es folgen acht Monate Arbeit am SALESMAN: Im Februar

1985 wird gedreht, auf 35 mm mit nur einer Kamera, und nach 25 Drehtagen, bei denen Schlöndorff am Set auch von Regiekollege Werner Herzog besucht wird, sind die »Gewissen Privatgespräche in zwei Akten und einem Requiem«, wie das Bühnenstück untertitelt ist, bereits im Kasten.

DEATH OF A SALESMAN ist kein großer Film im Sinne eines überhöhten Budgets (circa zehn Millionen Mark) oder eines etwaigen immensen technischen Firlefanz, denn die Koproduktion zwischen den New Yorker Roxbury und Punch Productions und der Münchner Bioskop-Film kommt bescheiden daher: Ausschließlich im Atelier entstanden – gedreht wird in den New Yorker *Kaufman Astoria Studios* –, ist der von der Fernsehgesellschaft CBS bestellte und finanzierte Film satte 136 Minuten lang und enthält keine einzige Actionszene.

*»Alles ist Schwindel, nicht mal die Wände sind echt, alles Pappe. Nur die Emotionen sind wahr. Die Verzweiflung des Mannes ist real, alles andere ist fauler Zauber.«* (V. S., 1985)

Volker Schlöndorffs erste amerikanische Arbeit in den achtziger Jahren ist reinstes Schauspielerkino in Kulissen, die als sol-

*Kameramann Michael Ballhaus nimmt Maß*

che nur allzu deutlich erkennbar sind und somit nur noch mehr die Konzentration auf das Wesentliche leiten. Nichts lenkt ab von dieser dichten Inszenierung, die beklemmend und faszinierend zugleich ist, die den Menschen in seinen erschütterten Grundfesten beschreibt. Nichts lenkt ab von den hochartifiziellen Bildern, die Fassbinder-Kameramann Michael Ballhaus in einer Phobien auslösenden Enge der Räume gestaltet, den Personen in quasi wortwörtlichen Close Ups bedrohlich nahe kommt, um sogleich wieder auf Distanz zu gehen, den seelisch-sozialen Niedergang eines Menschen scheinbar emotionslos und nüchtern festzuhalten. Die Großaufnahme, die Kadrierung intimster innerer Vorgänge, vor allem bei Vater Willy und Sohn Biff, steht hier neben der Raumtotalen, welche die Kulissen-(Traum)welt mit ihren zusammengeschobenen Stellwänden und den dazwischen aufklaffenden Lücken radikal demonstriert. Im New Yorker *Mayflower Hotel* notiert sich Schlöndorff denn auch, daß die »colours more violent, walls more abstract« (»die Farben gewalttätiger, die Wände abstrakter«) werden müßten, ohnehin bezeichnet er die Kulisse als eine gewollt expressionistisch stilisierte.

Einmal, bereits in der ersten Viertelstunde des Films, geht Ballhaus mit seiner Kamera in eine Aufsicht, zeigt vom Kran aus das Schlafzimmer der Lomans, zeigt Willy, einsam gegen die Welt anbrüllend, und Linda, geduldig beschwichtigend, wie sie verloren dastehen, und hinter ihnen sind die Wohnblöcke Brooklyns zu sehen, öffnet sich der gierige Moloch Welt, der Willy längst verschlungen, verdaut und ausgeschieden hat. Ein schützendes Dach hat dieses Haus nicht, strenge filmische Regeln hat dieser Theaterfilm auch nicht. Ballhaus, der schon 1977 das einstündige KALEIDOSKOP VALESKA GERT für Schlöndorff fotografierte und bereits für Martin Scorsese arbeitete (AFTER HOURS, 1985), setzt den *psychologischen Realismus* der Millerschen Vorlage in atmosphärisch kalten Bildern um und bewegt seine Kamera behende durch die fragile Pappmaché-Wohnung, eines der sinnbildlichen Ausdrücke des *American Dream*. Oftmals sind es Fenster und Türen, die der Kamera als Weg der Kommunikation mit den Darstellern dienen, die trotz ihrer abschottenden, dieses Haus in ein minimalistisches Gefängnis umwandelnden Funktion den Kontakt zu den Bewohnern des Hauses herstellen.

*Der* American Dream in persona: *Ben (Louis Zorich) und Willy (Dustin Hoffman)*

Selten nur implizieren Kinobilder einen solch lauten Schmerzensschrei, sind in ihrer emotionalen Anlage derart bedrückend gehalten und dennoch klar in Kadrierung und Komposition. Die Auflösung von Grenzen, sowohl auf der räumlichen als auch der zeitlichen Ebene, wird einerseits durch die nicht abgeschlossenen Wohnräume unternommen, andererseits im steten Changieren zwischen Gegenwart und Vergangenheit, zwischen dem Heute und dem Gestern, zwischen gelebtem Traum und erfundener Realität: Willy Loman, der auch *Lowman* heißen könnte und dessen signifikanten Namen Arthur Miller aus Fritz Langs DAS TESTAMENT DES DR. MABUSE (1932) entliehen hat, ist denn auch der einzige, der die Inkarnation des amerikanischen Traums zu sehen imstande ist. Die metaphorische Figur des Ben ist äußerlich in reinstes Weiß getaucht, was ihn unberührbar macht und unschuldig gleichermaßen. Die Verantwortung für das eigene Handeln, und somit für das hieraus resultierende Scheitern, liegt freilich nur bei Willy selbst, bei niemandem sonst. Er macht sich quasi »schuldig« durch sein Streben, den Traum verwirklichen zu wollen, jenen Traum, der einem jeden verheißt, es vom Tellerwäscher zum Millionär bringen zu können und der zum Motor einer ganzen Gesellschaft geraten ist. Willy ist ein Opfer dieses fatalen Betrugs, und vielleicht macht ihn gerade dieses tragische Moment zur sympathischen Figur, zum Menschen, mit dem man mitfühlt.

So wie in diesem Theaterfilm alles nur Kulisse ist, so besteht auch Willys Leben nur aus Kulissen, aus Fassaden und Maskerade – aus einer einzigen großen Lebenslüge: Willys Vita ist ein irreversibler Selbstbetrug. Auch das kann die schmerzliche Konsequenz eines verinnerlichten Amerikas sein. »Wir haben in diesem Haus nicht eine Minute die Wahrheit gesagt«, sagt Biff in der finalen Auseinandersetzung zwischen dem verblendeten Vater und dem verlorenen Sohn. Und er kniet nieder, der Sohn vor dem Vater, der wild umhergestikuliert, hilflos und vollkommen überfordert. Ein letztes Mal versucht Biff, seinem Vater nahe zu sein, von ihm akzeptiert zu werden: »Nimm deinen falschen Traum und begrab ihn, bevor was passiert.« Willy kann seinen Sohn nur kurz, verkrampft und unbeholfen, bebend und zitternd vor Anspannung und Schmerz, umarmen, Mimik und Gestik sind ein einziges Stottern – mitteilen kann er ihm nichts. Beide weinen sie, geben ihre Verlorenheit zu erkennen, helfen aber können sie sich nicht, dazu ist der *American Dream* schon zu lange und zu weit geträumt. Kurz darauf bringt Willy Loman sich um.

Dustin Hoffman *ist* Willy Loman. Hoffman, der zuvor in Sydney Pollacks TOOTSIE (1982) sein komödiantisches Talent erprobte und für seine Darstellung des Ted in KRAMER VS. KRAMER (Robert Benton, 1979) mit dem *Oscar* als bester Schauspieler ausgezeichnet wurde, hat sich die Rolle des lebenslangen Losers Loman durch die vielen Bühnenauftritte geradezu einverleibt, und das kommt nicht von ungefähr, hat biografische Wurzeln.

*Der verlorene Sohn (John Malkovich, kniend) und sein geblendeter Vater*

Sein jüdischer Vater war es, der als Handlungsreisender für Möbel in Chicago angestellt war, und der junge Dustin erlebte im elterlichen Haus Szenen, die aus Millers Feder hätten stammen können. Seine Mutter sei hieran zugrunde gegangen, erzählt Hoffman Schlöndorff einmal, und als sie zusammen im Vorführraum sitzen und erste Muster des Films anschauen, da entfährt es Hoffman immer wieder: »Genau wie mein Vater« oder »Ich wollte, meine Mutter hätte das noch sehen können – das war ihr Leben«. Seit seinem 25. Lebensjahr verfolgte Hoffman die Wunschvorstellung, eines Tages in diesem Drama selbst mitzuspielen, auf diese Weise auch ein Stück Vergangenheitsbewältigung betreiben zu können, die Szenen von zu Hause zu verarbeiten. Hoffman übernimmt während der Bühneninszenierung sukzessive die Aufgabe des Regisseurs, Rudman zeichnet nur noch pro forma für die Regie verantwortlich, der *Salesman,* das ist ganz Hoffmans Ding geworden. Als sein Vater auf Hoffmans Einladung zur Theatervorführung kommt, kommentiert er das Stück lapidar mit Unverständnis.

Jene Szenen aus dem elterlichen Haus hat Hoffman auch 1985 noch nicht vergessen, als es an die Umsetzung des Bühnenstücks für den Bildschirm geht und er mit einem Teil des Bühnenensembles vor Schlöndorffs Kamera steht. Hoffman hat ursprünglich vor, *on location* zu drehen, im New Yorker Stadtteil Brooklyn, wo die realen Handlungsreisenden dem fiktiven die Hand hätten reichen können. Doch Volker Schlöndorff sieht das anders, will nicht auf die örtlichen Gegebenheiten angewiesen sein und schlägt vor, ausschließlich im Atelier zu drehen, ganz bewußt Theater im Film zu inszenieren – Hoffman und Miller akzeptieren, das Triumvirat ist etabliert, der Wurf gelingt.

Der jüngste des SALESMAN-Ensembles ist der damals 31jährige John Malkovich, der hier den Loman-Sohn Biff darstellt. Malkovich, als Sohn jugoslawischer Einwanderer in Benton, Illinois, geboren, gründete bereits 1976 zusammen mit Gary Sinise das Chicagoer *Steppenwolf Theatre,* wo er fortan auf und hinter der Bühne präsent ist. Bevor er den Part des Biff übernimmt, ist er in zwei Spielfilmen zu sehen: Robert Bentons PLACES IN THE HEART und Roland Joffés THE KILLING FIELDS. Die Darstellung in dem zur Zeit der großen Depression angesiedelten Drama PLACES IN THE HEART bringt ihm die erste *Oscar*-Nominierung

*SALESMAN-Proben (von links): John Malkovich, Dustin Hoffman (ohne Loman-Maske), Volker Schlöndorff, Michael Ballhaus*

ein. Im SALESMAN liefert der junge Malkovich, der bereits 1989 durch Stephen Frears DANGEROUS LIAISONS zum international gefeierten Star avanciert, eine seiner reifsten und subtilsten Interpretationen ab: Jene Szenen, in denen Willy und Biff sich angesichts ihres von Hoffnungslosigkeit und existentieller Ernüchterung durchzogenen Lebens anschreien, um den Küchentisch herumpirschen wie lauernde Raubtiere, die auf Beutefang sind, jene Augenblicke werden auch durch Malkovichs singuläre Leistung getragen. Kurz nur, da geht aus tiefer Verzweiflung der Ansatz von Gewalt hervor, die erst psychische, dann auch physische Ausmaße annimmt – Malkovichs Spiel gewinnt hier um so mehr an Intensität, je lauter, je bedrohlicher vor allem die angespannte Situation zwischen Vater und Sohn gerät. In sehr kurzen Augenblicken flackert hier etwas auf, was später sein Image

*»Liebeserklärung« von Willy alias Dustin an Volker*

größtenteils ausmachen wird: das Ambivalente, die scharfzüngige Wesensart des unverstandenen Outlaws.

DEATH OF A SALESMAN erlebt am 6. September 1985 bei den Filmfestspielen von Venedig seine Premiere, wenngleich »nur« in einer speziellen Sektion, doch vor vollem Haus, in den heißen Mittagsstunden am morbiden Lido. Wenige Tage darauf, am 15. September, wird der TV-Film von der CBS ausgestrahlt und erhält durchweg positive Kritiken. Am 8. Mai 1986 gelangt er schließlich auch in die bundesdeutschen Kinos, im Jahr darauf strahlt ihn der damals noch existierende Sender 1 Plus im amerikanischen Original aus (1.12.1987), die ARD sendet ihn in der deutschen Fassung im Folgejahr (10.1.1988).

# Ein Aufstand alter Männer /
# A Gathering of Old Men (1987)

*Eine Ballade:*
*Schwarzer Stolz und weißer Stoizismus*

*Inhalt:* Irgendwo in Louisiana, in den späten Siebzigern: Der schwarze Landarbeiter Charlie (Walter Breaux) rennt durch die mannshohen Zuckerrohrpflanzungen einer Plantage, der feiste Farmer Beau Bouton (Richard Whaley) ist mit dem Traktor hinter ihm her, um ihn zu töten. Verbrochen hat der Gejagte eigentlich nichts. Bei Mathu (Louis Gossett jr.), dem 70jährigen schwarzen Landpächter, findet er schließlich Zuflucht. Kurz darauf fällt ein Schuß, der dickleibige Weiße liegt tot vor Mathus Haus – ein Schwarzer hat einen Weißen umgebracht! Das bedeutet böses Blut, und da ist es nur eine Frage der Zeit, bis das weiße Lynchkommando anrückt.

Wie ein Lauffeuer hat sich die Neuigkeit herumgesprochen, und die junge Chefin Candy Marshall (Holly Hunter) versucht nun, eine Lynchjustiz zu vermeiden, indem sie die alten schwarzen Männer zusammentrommelt, die in den umliegenden Hütten ihr armseliges Dasein fristen. Rasch kommen sie alle zusammen, 18 sind es an der Zahl, die sodann auf der Veranda von Mathus Haus im Spalier stehen, allesamt bewaffnet mit Schrotflinten desselben Kalibers und einer leeren Patronenhülse – 18 mögliche Täter. Bevor der zuständige Sheriff am Tatort eintrifft, benachrichtigt Candy noch ihren Freund, den Journalisten Lou Dimes (Will Patton), und kurz darauf erreicht schließlich auch Sheriff Mapes (Richard Widmark) Mathus Hütte. Für ihn liegt die Lösung des Falls allerdings auf der Hand: Der alte Mathu hat den weißen Rassisten auf dem Gewissen, und da es sich heute unglücklicherweise um Mapes' Angeltag handelt, bedarf es rasch einer Klärung des evidenten Falls. – Die alten Männer aber erproben erstmals solidarisch den Aufstand.

*Kommentar:* »Wir fühlten uns alle irgendwie gut, weil wir zum erstenmal etwas anderes machten. Wir redeten nicht viel, wir fühlten uns einfach stolz, so stolz wie noch nie.« Die Stimme aus dem Off überlagert Szenen, die das Zusammenkommen der alten schwarzen Männer zeigen, wie sie einer nach dem anderen

*Der Aufstand der alten Männer*

davon überzeugt werden, endlich einmal zu handeln, im eigenen Interesse. In Reih und Glied marschieren sie zu jenem Ort, der zum Symbol wiedergewonnener Würde gerät, zu Mathus Hütte: Einer trägt stolz seine Uniform aus der Vietnam-Zeit, mit drei Orden auf der linken Brustseite, ein anderer kommt in Jeans-Latzhose daher, und einer trägt gar feinen Zwirn samt Krawatte. Sie alle stehen ein für ein Ziel, für einen gemeinsamen Wunsch: In solidarischem Zusammenhalt die ihnen abgesprochene Menschenwürde neu zu erlangen und sich dabei der Achtung vor sich selbst und dem Nächsten bewußt zu werden. Die einst von Fremden Entmündigten sprechen sich selbst frei, werden mündig durch ihre Zivilcourage und ihren unerschütterlichen Glauben in eine in sich gefestigte Gemeinschaft. Sie übernehmen Eigenverantwortlichkeit und lassen sich auch trotz des

hartnäckigen Insistierens von seiten des Sheriffs nicht von ihrem Standpunkt abbringen. Sich des vorgefaßten Urteils von Sheriff Mapes zu unterwerfen hieße, sich erneut einem auferlegten Diktat der Weißen zu beugen.
An den Stoff gelangt Schlöndorff, wie so manches Mal, durch Dritte: Der englische Produzent Gower Frost (Jennie & Co. Film Production Inc., Los Angeles und London), der sich zuvor rasch die Filmrechte an dem 1978 publizierten Roman sicherte, schickt ihm das bereits fertiggestellte Drehbuch von Pulitzer-Preisträger Charles Fuller, das auf dem gleichnamigen Roman von Ernest J. Gaines basiert. Frost will unbedingt einen europäischen Regisseur für diese so amerikanische Geschichte haben und bietet Schlöndorff die Regie an. Der Regisseur kontaktiert daraufhin den Schriftsteller, und Gaines lädt ihn zu einer Reise durch sein ureigenes Louisiana ein. Der schwarze Gaines wurde selbst auf einer der Plantagen geboren. Hier, im heißen

*Candy (Holly Hunter) versucht, Sheriff Mapes (Richard Widmark, rechts) die kalte Schulter zu zeigen*

louisianischen Thibodaux, dreht Schlöndorff dann mit dem verhältnismäßig bescheidenen Budget von drei Millionen Dollar an nur 23 Drehtagen von Ende Oktober bis Ende November 1986 seinen kleinen Film A GATHERING OF OLD MEN. Es ist dies – nach DEATH OF A SALESMAN – nunmehr die für ihn zweite amerikanisch-deutsche Koproduktion (erneut unter Beteiligung des HR und der Bioskop-Film), die zuerst bei der CBS uraufgeführt wird, dann auf ein Festival gelangt – in diesem Fall im Mai 1987 nach Cannes in die außerhalb des Wettbewerbs laufende Reihe »Un certain regard« – und zu guter Letzt in die deutschen Kinos kommt (September 1987). Bei der amerikanischen TV-Erstausstrahlung erreicht der Männeraufstand beachtliche Einschaltquoten, zum deutschen Kinostart erhält er durchweg positive Kritiken.

Eigentlich wollte Volker Schlöndorff wieder zurück auf den alten Kontinent, sobald er mit den Dreharbeiten zu DEATH OF A SALESMAN fertig war, ging er doch ausschließlich für diese Auftragsproduktion 1984 von München nach New York. Doch er schafft den Absprung nicht, wie er später einmal sagt, verschiebt den Zeitpunkt seiner Abreise immer wieder aufs neue, schließlich bleibt er an der Ostküste, bezieht in New York eine Wohnung, richtet sich ein in einem neuen Lebensabschnitt, will mit 46 Jahren noch einmal neu anfangen. Projekte werden ihm angetragen, Kontakte ergeben sich, der HANDLUNGSREISENDE hat ihn selbst wieder zum Wanderer werden lassen. In dieser Rolle, die seine ureigenste ist, fühlt er sich wohl, sie gibt ihm neuen Auftrieb.

Mit A GATHERING OF OLD MEN inszeniert er wieder einen unabhängigen, kleineren Film, durch und durch amerikanisch, gesehen mit den Augen des Europäers. Louis Gossett jr., der für seine Darstellung in AN OFFICER AND A GENTLEMAN (1982) mit einem *Oscar* ausgezeichnet wurde und für ROOTS (1977) einen *Emmy* erhielt, wurde Schlöndorff als Zugpferd zur Auflage gemacht: Als 50jähriger – Gossett wurde 1936 im New Yorker Stadtteil Brooklyn geboren – spielt er einen 70jährigen, den alten Mathu. Schlöndorff ist mit dieser Kondition anfangs überhaupt nicht glücklich, Gossett ist ihm einfach zu jung für den Part. Erst während der Dreharbeiten erkennt der Regisseur die Wandlungsfähigkeit seines Schauspielers. Neben Louis Gossett

*Volker Schlöndorff und Richard Widmark in einer Drehpause am louisianischen Set*

jr. ist hier die junge Holly Hunter in einer ihrer ersten Filmrollen zu sehen. Zählt sie Mitte der Achtziger noch zu den Newcomern und spielt am Broadway in Stücken von Beth Henley sowie in Experimentalfilmen, so ist sie spätestens seit Jane Campions THE PIANO (1992), wofür sie 1994 den *Oscar* als beste Darstellerin erhielt, den internationalen Charakter-Darstellerinnen hinzuzurechnen. Höchst differierende Rollen wie etwa in Jodie Fosters zweiter Regiearbeit, der tragikomischen Familienfarce HOME FOR THE HOLIDAYS (1995), Jon Amiels Psychothriller COPYCAT (1995) und David Cronenbergs umstrittenem Autothriller CRASH (1996) belegen die diversen Metamorphosen dieser spröden Schönheit aus Georgia.

Dem 72jährigen Richard Widmark, der seit nahezu zehn Jahren vor keine Kamera getreten ist und zuletzt in Sidney Lumets stargespickter Agatha-Christie-Adaption MURDER ON THE ORIENT EXPRESS (1974) und in Stanley Kramers THE DOMINO PRINCIPLE (1977) zu sehen war, hat Volker Schlöndorff mit dem

*Schlöndorff inszeniert eine Szene mit Holly Hunter und Will Patton*

Part des sonnenbebrillten, grantelnden Sheriffs Mapes womöglich eine seiner besten Rollen verschafft. Kurz nachdem er das Drehbuch zu A GATHERING OF OLD MEN von Schlöndorff zugeschickt bekam mit dem Angebot, die Rolle des Sheriffs zu übernehmen, ruft er bei Schlöndorff an, ist mit dem Buch einverstanden, sagt sofort zu.

Später am Set ereignet sich dann eine Szene, die das Team um Schlöndorff überrascht: Richard Widmark fährt in seinem Sheriff-Auto vor, um an Mathus Hütte anzuhalten. Als die schwarzen Laienschauspieler, die die Rollen der Aufständischen besetzen, den Weißen in diesem Wagen sehen, schmeißen sie ihre Schrotflinten hin und rennen in die nahegelegenen Zuckerrohrfelder: Gaines' Fiktion und die gegebene Realität – auch nach der amerikanischen Bürgerrechtsbewegung – überlagern sich, einen Aufstand jedoch hat es in dieser Form nie gegeben.

In Widmarks archaischer Interpretation dieses Sheriff-Typus wird das sensible Verhältnis zwischen Schwarz und Weiß in den Siebzigern wohl am explizitesten formuliert: Kaum ist er am Ort des Verbrechens angekommen, verrät er mit einer schon humoristisch gefärbten Indifferenz sein wahres Interesse: »Also, ich kann nicht den ganzen Tag hier stehen, und heute ist mein Angeltag (...).« Widmark vermag es, stoische Ruhe und Gelassenheit neben lauthals formuliertes Gequengel zu stellen, paart sarkastisches, scheinbar beherrschtes Understatement mit dem unvorhersehbaren Temperamentsausbruch des Cholerikers, vereint feindselige Logik mit freundschaftlichem Verständnis – eine Glanzrolle gewiß für den alten Raufbold aus Sturges- und Ford-Filmen. Und Widmark spielt sie aus, brilliert hier in einer

*Schwarzweiß: Louis Gossett jr. und Richard Widmark*

differenzierten, nuancenreichen Darstellung, die den Film mit einer leicht komödiantischen Färbung versieht, den Ernst des Geschehens für Momente vergessen läßt. Zu Candy meint er denn auch angesichts der revoltierenden Männer: »Ich zähl' 18 da oben – ist das alles, was Sie zusammenbringen konnten?« Unwillkürliches Schmunzeln beim Zuschauer, obwohl die Verhaftung eines der Schwarzen bevorsteht. Irgendwann sitzt Widmark/Mapes dann in gleißender Hitze thronend im Stuhl auf der staubigen Straße, mit stoischer Ruhe zeitunglesend, die Jacke hat er ausgezogen, den weißen Hut und die breite Krawatte allerdings nicht: Insignien des Herrschenden, des Stärkeren allemal, der seine Position spätestens dann klar belegt, wenn er die alten Männer respektlos ohrfeigt, um sie zum Reden zu bringen. Und nichts anderes interessiert ihn dabei mehr als sein sich neigender Angeltag.

A GATHERING OF OLD MEN ist ein nüchternes Plädoyer für solidarisches Verhalten unter gewaltsam unterdrückten Minderheiten, ganz gleich welcher Hautfarbe oder Religion zugehörig; es ist auch eine eindringliche Betrachtung über Rassendiskriminierung. Schlöndorff ergreift hier unverhohlen Partei, wie das eben so seine Art ist, und trotz der Reduktion formaler Mittel gelingt ihm ein in seinem ehrlichen Anliegen glaubhafter Film, der mit die schönsten Leinwandbilder von Schwarzen und deren südstaatengeprägtem Menschsein enthält. Die Kamera von Edward Lachman, der schon bei Wenders' DER AMERIKANISCHE FREUND (1976) und bei Herzogs STROSZEK (1976) assistierte, hält sich selbst bei Close Ups distanziert und respektvoll zurück, vermeidet jegliche prätentiösen und manierierten Mätzchen.

Das letzte Bild des geglückten Aufstands alter Männer zeigt Mathus Hütte am Abend jenes bewegten Tages, an dem er neue Freunde gefunden hat: Langsam geht die Kamera über in eine Aufsicht, die die ausgelassenen Männer zumindest einige Momente lang wie kleine Kinder erscheinen läßt, die gedankenlos und sorgenfrei zum Spiel einer Fiedel umhertollend ihren Sieg feiern. Im Hintergrund ist zu erkennen, wie einzelne Felder abgebrannt werden – einem kleinen, wenngleich kurzlebigen Freudenfeuerwerk gleich. Diese finale Einstellung, der Kontrapunkt zu der partiell aus der Vogelperspektive eingefangenen Hetzjagd zu Beginn, ist von einer tiefen Friedlichkeit durchdrungen.

# Die Geschichte der Dienerin /
# The Handmaid's Tale (1990)

*System essen Seele auf*

*Inhalt:* Irgendwann in der nahen Zukunft, irgendwo in einem nicht ganz so fernen Land, dessen Grenzen hermetisch abgeriegelt sind; ein Übertreten würde tödlich enden. Es herrscht Krieg, und es heißt, dieses totalitäre Land seien vormals die Vereinigten Staaten von Amerika gewesen. Das pseudobiblische »Gilead« ist eine klinische, sterile Republik, streng militaristisch aufgezogen. In ebensolchen Trainingscentern werden junge Frauen auf ihre Fruchtbarkeit hin selektiert und sodann in einer Ausbildung dazu getrimmt, den meist unfruchtbaren Hausherrinnen der Oberschicht die ersehnten Kinder zu gebären. *Dienerinnen* nennt man schlichtweg diese Gebärmaschinen, die keinerlei Anspruch auf ein eigenständiges Leben haben. Können auch sie nicht mehr gebären, drohen Kolonie oder Exekution.

Kate (Natasha Richardson) ist eine von ihnen. Nachdem ihr Ehemann erschossen und ihre Tochter entführt wurde, nahm man ihr Namen, Identität und Biographie, entindividualisierte sie für den gottgegebenen Dienst am Vaterland. Als sie die harte Zuchtanstalt durchlaufen hat, wird sie in die weißgetünchte, gute viktorianische Stube des Kommandanten Fred (Robert Duvall) und dessen herrischer Frau Serena Joy (Faye Dunaway) geschickt, um für den erwünschten Nachwuchs zu sorgen. Von nun an heißt Kate Offred, da sie *zu Fred/of Fred* gehört. Freds erklärtes Kommandantenziel ist es, das Land vom Abschaum zu befreien, wenngleich er selbst im einschlägigen Etablissement »Jesebel« ein und aus geht, wo just jener Abschaum zu Hause ist. Die qualvollen Zeremonien indes zeigen keinerlei Anzeichen einer Schwangerschaft, und da die Zeugungsunfähigkeit des Kommandanten nicht ans Tageslicht geraten darf, steht hierfür dessen Chauffeur Nick (Aidan Quinn) ein, mit dem Kate/Offred eine kleine Liebelei verbindet. Nick, der Widerständler, ist es schließlich auch, der Kate/Offred zur Flucht verhilft, nachdem sie sich am Kommandanten blutig gerächt hat. Die Freiheit aber, die sie in den von den Rebellen kontrol-

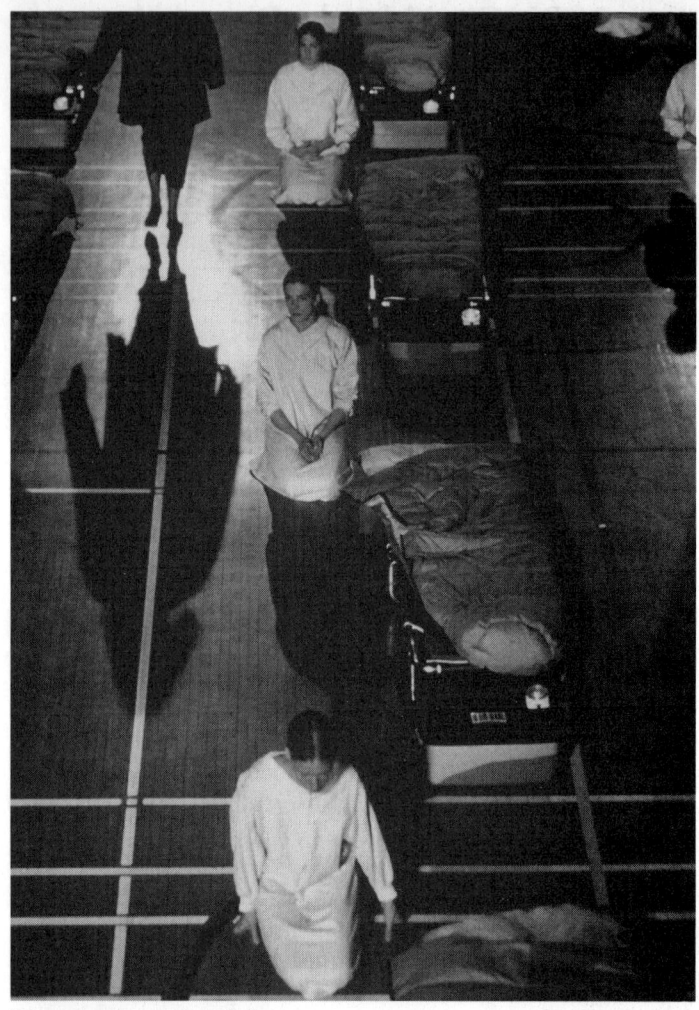

*Dienerinnen im Orwell-Staat*

lierten Bergen erwartet, ist eine von ungewisser Gestalt: »Ich weiß nicht, ob das hier das Ende für mich ist – oder ein neuer Anfang ...«

*Kommentar:* Nach zwei US-Fernsehproduktionen, die hierzulande zum Glück in die Kinos gelangten, folgt Ende der Achtziger Volker Schlöndorffs durch und durch amerikanischer Kinofilm THE HANDMAID'S TALE. Der Adaption von Margaret Atwoods gleichnamigem Bestsellerroman, der in den USA 1985 erschienen ist, in Deutschland dann 1987 unter dem Titel *Der Report der Magd* herauskommt, liegt das Drehbuch von Harold Pinter zugrunde. Pinter, einer der renommiertesten englischen Dramatiker der Nachkriegszeit (*The Caretaker,* 1960), komprimiert die 400 Seiten starke Handlung des Zukunftsromans in einem Buch, das viel, sehr viel wegläßt und dem Film ein Quasi-Happy-End beschert – die sichtbare Konzession an den gehätschelten US-Markt. Pinter nennt dieses Drehbuch »rich and powerful« – ein fataler Irrtum. Zusammen mit der kanadischen Erfolgsautorin Atwood bearbeitet Schlöndorff dann Pinters Drehbuch. Bereits 1987 hat ihm seine damalige Freundin Pat Golden, die später das Casting sowohl für die DIENERIN als auch für HOMO FABER machen wird, den Atwood-Roman zur Lektüre empfohlen, da der Stoff viel über Amerika aussage, das Land, in dem Schlöndorff zwei seiner intensivsten Filme gemacht hat. Vielleicht wäre ein anderes Drehbuch, ein anderer Film dabei herausgekommen, hätte Schlöndorff sich von Beginn an des Stoffs selbst angenommen: »Ich schob diese Auftragsarbeit ein, um Geld zu verdienen. Keine sehr gute Idee, wie sich herausstellte, denn diese GESCHICHTE DER DIENERIN lag mir nicht, trotz Pinter und Duvall.«

Pinters Version der Vorlage mutet oftmals an, als seien Handlungsstränge und Personenentwicklungen vom Zufall bestimmt: Die Figuren bleiben schemenhaft, verharren im Zustand des Oberflächlichen, des konturlosen Typus, und entwickeln keine rechte Individualität. So wenig, wie das Personal unbequeme Formen und Reibungsflächen zu bieten hat, so wenig ist die Dramaturgie in sich stimmig, sind Handlungsverläufe nachvollziehbar dargelegt: So wird etwa »die zirkuläre Erzählweise der Vorlage linear aufgelöst« (26), gehen die Kommentare Kates/Offreds verloren, wird eingeebnet, wo die Vorlage quer liegt und aufmüpfig ist, fällt weg, was das Buch so brisant und beängstigend wirken läßt. Das antizipatorische Moment von Atwoods warnend-prophetischer Utopie, die Orwells *1984* (1949) und Huxleys *Brave New World* (1932) sehr nahesteht, ist wegradiert: Das Drehbuch ist das unüberwindbare Manko dieser doch recht

*Kate (Natasha Richardson) und der Kommandant Fred (Robert Duvall)*

glatt und profillos daherkommenden 13-Millionen-Dollar-Produktion – gedreht wird im Frühjahr 1989 im drögen Durham/North Carolina –, und da können der Regisseur und seine hübsche Hauptdarstellerin sich noch so sehr um die Geschichte bemühen. Und das tun sie redlich.

Natasha Richardson, die ähnlich wie Jodie Foster schon allein durch ihre Intelligenz von einer einnehmend natürlichen Schönheit ist, interpretiert ihre Kate, die zur Offred zwangsmutieren muß, mit dem nötigen Engagement, um den Film überhaupt voranzutreiben. Richardson, 1963 als Tochter von Vanessa Redgrave und Tony Richardson geboren, spielte zwischenzeitlich in solch außergewöhnlichen Produktionen wie Michael Apteds NELL (1994) mit, hier übrigens zusammen mit ihrem Ehemann Liam Neeson und Jodie Foster. Die Metamorphose von der umsorgten Mutter Kate zur Dienerin Offred gelingt der damals 26jährigen Schauspielerin vor allem in jenen Momenten, in denen sie sich nur mit einer weiteren Person vor der Kamera bewegt, in den Unterredungen mit Robert Duvalls schmierigem Kommandanten, in den Begegnungen mit Nick, wenn Kate mit der ihr aufgestülpten Offred innerlich zu kämpfen hat und ihr originäres Naturell durchschimmert. In den Einstellungen, die sie mit einigen anderen Dienerinnen zeigen, verliert jedoch auch sie ihr Gesicht und verblaßt; dagegen spielt sie kraftvoll an, den gesamten Film über. Ihre Partner Robert Duvall und insbesondere Faye Dunaway unternehmen diese Anstrengung erst gar nicht, ihre Darstellungen plätschern vor sich hin, teilnahmslos wirkt ihr Mimenspiel.

THE HANDMAID'S TALE ist ein Film der ambivalenten Farbgebung: Majestätisches Blau tragen die Ehefrauen, Braun die Aufseherinnen, »Tanten« genannt, und die Dienerinnen tragen Rot, als ob ihr Blut ihr vormals weißes Kleid getränkt hätte. Mag der haselnußbraune Habitus der Tanten gewisse Assoziationsmöglichkeiten zu den Sitten der Nazi-Diktatur bieten, so kann das blutrote Gewand der Dienerinnen durchaus für ihre lebenspen-

*Spaß an der Auftragsarbeit? Schlöndorff mit Robert Duvall*

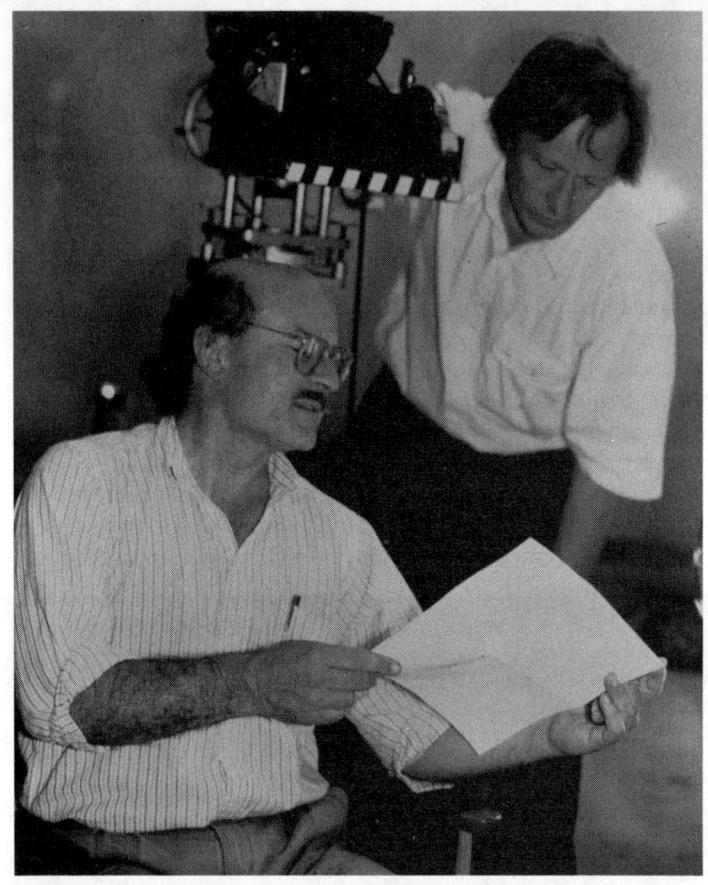

*Schlöndorff und Kamermann Igor Luther am Set von* DIE GESCHICHTE DER DIENERIN

dende Funktionalität stehen, mit der freilich spätestens auch ihre Unschuld verlorengeht. Farbuniformen als quasi rassistische Demarkation – die verlogene Rechtfertigung für die Existenz von Zwangssystem, Überwachungsstaat und Gebärzeremonien liegt im 1. Buch Mose 30, Verse 1–3, begraben: Dort ist es die Magd Bilha, die anstelle Rahels dem Jakob ein Kind gebären soll.

Die Farbe der jeweils auftretenden Personen steht mitunter

auch in Beziehung zur Farbgebung des Ortes, korrespondiert dort mit dem äußeren Umfeld, wo wirkliche Kommunikation de facto nicht möglich ist. Die Bilder hierzu liefert Igor Luther, der zuvor schon einige Schlöndorff-Filme fotografierte (DER FANGSCHUSS, DIE BLECHTROMMEL). Doch ist hier das stilistische Vokabular, die Handschrift dieses international ausgewiesenen tschechischen Kameramanns nicht auszumachen, sie fehlt schlichtweg. Luthers Bilder sind makellos, die Kameraführung ist konventionell.

Volker Schlöndorff bezeichnet die von ihm routiniert und wie stets hochprofessionell inszenierte Auftragsarbeit THE HANDMAID'S TALE als »eine wichtige Stilübung für mich«: Als der Film in Deutschland im Februar 1990 herauskommt, auf den 40. Internationalen Filmfestspielen Berlin als offizieller Wettbewerbsbeitrag uraufgeführt, im Zoo-Palast teils ausgebuht und von der Kritik größtenteils negativ aufgenommen wird, da ist Schlöndorff gedanklich längst weiter, bei den Vorbereitungen zu seinem nächsten, sehr persönlichen Projekt, der ambitionierten Verfilmung von Max Frischs Roman *Homo faber*.

## Homo Faber / The Voyager (1991)
*Der unbehauste Wanderer*

*Inhalt:* Es beginnt dort, wo alles aufhört, in Athen, im Juni 1957: Der Ingenieur Walter Faber (Sam Shepard), ein Mann um die 50, wird von seiner jüdischen Freundin Hanna Landsberg (Barbara Sukowa) vor dem Eingang des Flughafens verabschiedet. In der Wartehalle denkt er an jene Ereignisse, die hinter ihm liegen, zurück: »Ich wünschte, ich wäre nie gewesen. Warum kann es nicht wieder April sein und alles andere eine Halluzination von mir?«

Caracas, Venezuela, April 1957: Wieder sitzt Walter Faber in der Wartehalle eines Flughafens, wird diesmal angesprochen von dem deutschen Passagier Herbert Hencke (Dieter Kirchlechner), mit dem er sich gemeinsam nach der Notlandung der *Super Constellation* in der mexikanischen Wüste auf die Spuren von dessen verschollenem Bruder Joachim begibt. Denn Faber kennt Joachim aus früheren Jahren, aus jener Zeit, als er selbst mit Hanna verheiratet war. »So klein ist diese Welt«, stellt Herbert fest. Doch sie kommen zu spät: Joachim hat Selbstmord begangen und sich in einer der Hütten der Tabakplantage erhängt. Zurück in New York, seinem Zuhause, flüchtet Faber vor seiner allzu vereinnahmenden und heiratswilligen Freundin Ivy (Deborah-Lee Furness) und begibt sich sogleich erneut auf Reisen: Auf einem Transatlantikdampfer nach Europa lernt er zufällig die junge Elisabeth (Julie Delpy) kennen, die ihn sehr an Hanna erinnert – er wird sie fortan Sabeth nennen. Als sie sich in Paris im Louvre unverhofft wiederbegegnen, ihre beidseitige Zuneigung noch unausgesprochen ist, beschließen sie spontan, von dort aus eine lange Reise gen Süden zu unternehmen, per Auto quer durch Frankreich und Italien bis hin nach Griechenland – nach Athen, dorthin, wo Hanna – Sabeths Mutter – als Archäologin arbeitet und wohnt. Sie verbringen eine Zeit miteinander, die sich nicht mehr wiederholen wird, eine für Faber einmalige Zeit offener Liebe. Als sie schließlich an ihrem Ziel ankommen, ist jedoch alles schon zu spät ...

*Kommentar:* Es ist der 10. Januar 1988, ein Sonntag, als Volker Schlöndorff dem Schweizer Literaten Max Frisch seinen Antrittsbesuch in Zürich macht. Schlöndorff, dessen letzter Film A GATHERING OF OLD MEN war und der zu diesem Zeitpunkt an den Münchner Kammerspielen Bölls letzten Roman *Frauen vor Flußlandschaft* für die Bühne inszenierte – uraufgeführt am 24. Januar 1988 –, nutzt den probenfreien Tag, um mit dem 76jährigen Frisch über ein Projekt zu sprechen, das ihn seit längerem beschäftigt: der 1957 erschienene Roman *Homo faber.* Bereits Mitte der Siebziger wurde Schlöndorff der vielbeachtete Roman zur Verfilmung angeboten, von dem damaligen Paramount-Chef Charles Bluhdorn, bei dem seinerzeit die Rechte lagen. Damals, nach DIE VERLORENE EHRE DER KATHARINA BLUM, lehnte er jedoch ab, unter anderem auch, weil er die Inzestgeschichte als nicht umsetzbar betrachtete und an anderen Projekten, politischeren, interessiert war.

Ein Jahrzehnt später, in seiner New Yorker Zeit, einer Zeit starker Selbstzweifel, auch an der eigenen Karriere als Filmemacher, taucht Frischs Buch über einen anderen Macher, Walter Faber, wieder auf: »*Ich habe mit dem Gedanken gespielt, nach 30 Jahren beim Film wäre es Zeit, etwas Anständiges zu lernen*

*Das Mädchen Sabeth (Julie Delpy) öffnet dem Macher Faber (Sam Shepard) die Augen*

*und zum Beispiel Architektur oder Medizin zu studieren. Aus vielen Gründen ging's mir nicht sehr gut. Ohne überhaupt nachzudenken, stand da vor mir plötzlich der Titel* Homo faber. *Ich hatte das Buch seit jenem Paramount-Angebot nicht wieder gelesen, aber es hatte wohl in mir weitergearbeitet, und plötzlich erschien mir* Homo faber *als etwas ganz Dringendes: Dieser Film*

*ist dein Ausweg aus deiner Krise. Dieser Moment passierte mir irgendwo auf der 55sten Straße in New York beim Spazierengehen.*« (26)
Mit dem Jahreswechsel 87/88 gehen die Verfilmungsrechte, die nahezu 30 Jahre lang verschiedentlich belegt waren, schließlich an Max Frisch zurück. Der Autor informiert Schlöndorff umgehend, ein erstes Treffen wird vereinbart, und »ziemlich schlecht vorbereitet« stellt Schlöndorff seine Fragen, während Frisch schon mal die erste Weißweinflasche entkorkt – das Interesse des Schweizers hat der Regisseur rasch geweckt. Im Juli 1988 treffen sie sich erneut, Schlöndorff hat einen ersten Drehbuchentwurf unterm Arm: Das dramaturgische Gerüst, von Frisch als »brauchbar« befunden, wird diskutiert, anschließend geht es in Frischs Stammrestaurant, die *Kronenhalle*, zum Abendessen. Die Weinliste hat der Schriftsteller im Kopf, erst Veltliner, dann Burgunder – ein Kenner.

THE HANDMAID'S TALE, jene Auftragsarbeit, die Schlöndorff im Frühjahr 1989 in den USA dreht, legt das *Homo faber*-Projekt erst einmal auf Eis. Sobald die US-Produktion abgedreht ist, besucht Schlöndorff Frisch im Sommer 1989, diesmal bereits mit dem fertigen Drehbuch im Gepäck – Koautor ist der New Yorker Rudy Wurlitzer – sowie mit Fotos von der Motivsuche, von den Tabakplantagen in Mexiko bis hin zum deutschen archäologischen Institut in Athen. Ausstatter Nicos Perakis fand in Südamerika die geeigneten Schauplätze, und er konnte auch wider Erwarten eine viermotorige *Super Constellation* aus den Fünfzigern auftreiben, die Produzent Eberhard Junkersdorf instand setzen und vollständig überholen ließ. Daß das Drehbuch aus dem Schweizer Ingenieur Faber einen Amerikaner macht, stört Frisch nicht sonderlich, denn ohnehin empfindet er Faber als einen »sehr amerikanischen Schweizer«. Schlöndorff erklärt dem Autor weiter, wo die Dreharbeiten stattfinden sollen – Mexiko, Kalifornien, New York, Paris, Burgund, Italien, Griechenland, Mittelmeer (Schiffsreise), München (Atelier) – und Frisch entscheidet, zumindest nach Mexiko mitzukommen, noch einmal, ein letztes Mal, zurückzukehren an einige der Orte des Romans. Doch es kommt anders: Als die Dreharbeiten am 2. April 1990 beginnen, kann Max Frisch nicht dabeisein, auch die später geplante Schiffsreise wird ohne ihn stattfinden. Nach München zurückgekehrt, findet Schlöndorff einen am 8. April verfaßten Eilbrief aus Bad Ragaz vor, einen Brief, der sämtliche Zukunftspläne begräbt:

*»Lieber Volker!*
*Die Fotos begeistern mich. Herzlichen Dank! Und dass Sie mit den Schauspielern glücklich sind, löst mich in Jubel (wenn auch aus der Ferne).– Sie wissen bereits, warum ich leider nicht nach München kommen kann. Ich erhole mich von einer Operation: Darmkrebs. Soweit die offizielle Kunde. Unter uns: es geht weiter, Leberkrebs. Hora incerta est. Es sei wohl möglich, daß ich Ihren Film noch sehe. Sicher sehe ich im Sommer das Material, Teile im Rohschnitt, und ich freue mich darauf!*
*Sehr herzlich*
*Ihr Max Frisch«* (27)

Im weiteren Verlauf der Dreharbeiten ruft Schlöndorff Frisch an jedem drehfreien Sonntag in Zürich an, um vom aktuellen Stand zu berichten und auch um zu erfahren, wie es ihm geht. Am 15. Juni fällt die letzte Klappe, und noch im selben Monat besucht Schlöndorff den ungeduldigen Frisch. Ende August schließlich kann er ihm, zusammen mit der Cutterin Dagmar Hirtz, eine dreistündige Fassung im Rohschnitt vorführen: *work in progress*, 24 Rollen HOMO FABER.

Frisch versteht Sam Shepards Slang nicht sonderlich gut, beim Übersetzen hilft seine Frau Karin Pilliod. Julie Delpy nennt er eine »trouvaille – mal Kind, mal Frau, ganz Sphinx in ihrem wissenden Lächeln, die Virgo, die Jungfrau«. Und von Barbara Sukowa scheint er schlichtweg begeistert. Der Schrecken des erhängten Joachim fehlt ihm allerdings – Schlöndorff dreht diese Szene später im Studio nach.

Am 17. November 1990 diskutieren sie die Endfassung des Films, Max Frisch ist mit dem Schluß nicht einverstanden, mit den Amateurfilmbildern, die Sabeth quicklebendig zeigen, als sie bereits tot ist. Es wirke wie eine Auferstehung, einfach zu religiös. Stundenlang sitzen sie vor dem Bildschirm, gehen die deutsche Dialogfassung per Video durch, Satz für Satz. Als alles gesichtet und besprochen ist, greift Frisch zur Champagnerflasche. Tags darauf verabschieden sie sich vor der Garage, und Volker Schlöndorff fährt im Jaguar davon. Max Frisch winkt ihm nach – er hatte Schlöndorff seinen Wagen geschenkt.

*Vaterfigur und Freund: Max Frisch und Volker Schlöndorff in Frischs Zürcher Wohnung ...*

Zweimal noch sollten sie sich begegnen, am 20. Januar und am 23. März 1991. Es ist die erste Vorführung des Films überhaupt, an der Frisch im Januar in Zürich noch teilnehmen kann, mit Teilen seiner Familie, mit Freunden auch. Vielleicht ist dieser HOMO FABER-Abend auch ein stiller Abschied für ihn? Bei seinem letzten Besuch des väterlichen Freundes trifft Schlöndorff auf einen im Krankenbett Liegenden, der nach wie vor für ein Späßchen und ein Gläschen Champagner zu haben ist. Frisch nennt sein Bett sarkastisch das »Endbett«. Zwei Tage zuvor, am 21. März 1991, lief HOMO FABER in den deutschen Kinos an: Die Kritik ist eher verhalten, das Publikum jedoch angetan – circa 1,5 Millionen Zuschauer wird der Film später haben. In Frischs Schweizer Heimat startete er am 12. Mai, ein Datum, das für ihn jedoch zu spät kam.

Am 4. April erfährt Volker Schlöndorff durch den Anruf eines Freundes, daß Max Frisch gestorben ist. Gut fünf Wochen später wäre er 80 geworden.

*... und am Jaguar, der gerade seinen Besitzer wechselt – kurz vor der Abfahrt*

HOMO FABER beginnt in der Gegenwart, die in einem sepiagetönten Schwarzweiß gehalten ist und den Abschied Fabers von Hanna zeigt. Es folgt der unmittelbare Übergang in einen Flashback, der den Verlauf jener Geschehnisse rückerinnert, die zur filmischen Exposition geführt haben. Diese Rückblende, aus welcher der gesamte Film besteht, ist in Farbe gedreht und wird immer wieder unterbrochen von den Erinnerungen Fabers, die sich formal von der zurückgeholten Vergangenheit abgrenzen. Dem Handlungsstrang wird in konsequenter Klarheit nachgegangen, die narrative Ebene ist die des Ich-Erzählers Faber, dessen Stimme aus dem Off die Zäsuren kommentiert, die das Changieren zwischen Heute und Gestern bewirkt.

Überhaupt ist dieser Film auch ein Film über die Erinnerung, über das (Un-)Vermögen, sich der Vergangenheit auszusetzen, die retrospektiv betrachtet die Gegenwart in ein anderes Licht taucht und die Katharsis des Protagonisten, des Antihelden, auslöst. Dieser Walter Faber ist ein Mensch, ein Wissenschaftler, der

*Homo Walter Faber (Sam Shepard)*

sich zu spät zum Leben bekennt: Erst die Erinnerung führt ihn auf einen Weg, der letztendlich der für ihn einzig richtige zu sein scheint. »Faber heißt Macher – jemand, der sein Schicksal selbst bestimmt«, sagt Sabeth während ihrer gemeinsamen Autofahrt durch Frankreich, und fortan nennt sie den wesentlich älteren Mann, in den sie sich verliebt hat, schlichtweg Faber. Der lateinische Ursprung seines Nachnamens ist Programm seines ganzen Lebens. Alles war für ihn bisher erklärbar, über die Ratio, über wissenschaftlich konnotierte »Wahrheiten«. Kurz vor dem Flugzeugabsturz sagt er zu seinem Nachbarn Hencke, er lese keine Romane, und er träume auch nicht. In der Einöde der Wüste filmt er nüchtern das abgestürzte Flugzeug mit seiner Handkamera ab, die auch später noch, auf der Reise mit Sabeth, dieser ödipalen Odyssee, alles filmisch festhält, was seine Phantasie im nachhinein nicht auszumalen imstande wäre. Nur einmal, als er in Italien Sabeths Wißbegier nachgibt und mit ihr die

kunsthistorischen Sehenswürdigkeiten besichtigt, mit ihr im Museumsdepot vor dem archaischen Kopf der Erinnye steht, sie die antike Schönheit aus verschiedenen Perspektiven betrachten, da fragt der Macher das Mädchen: »Wovon träumt sie?«
Homo Walter Faber ist ein gefühlskalter, berechnender Fatalist. Unberührt konstatiert er nach dem Absturz der *Super Constellation* gegenüber Hencke: »Warum gleich an Wunder glauben? Was mich verwirrt, ist eine Kette von Zufällen.« Und die treten auch ein, reißen ihn aus seiner so festgefügt geglaubten Lebensbahn heraus, so daß er schließlich just an jener Kette von Zufällen, die das wahre Leben schreibt, zerbricht. Das Schicksal, nunmehr gewissermaßen fremdbestimmt, wird für den *faber* zum Stolperstein.

Am Ende, als dieselbe Szene, die am Anfang des Films stand, nun in Farbe noch einmal abläuft, wenngleich um Nuancen verändert und um die mit der Handkamera gedrehten Sabeth-Szenen ergänzt, verabschieden sich Hanna und Walter voneinander. Alles deutet darauf hin, daß es ein Abschied für immer ist,

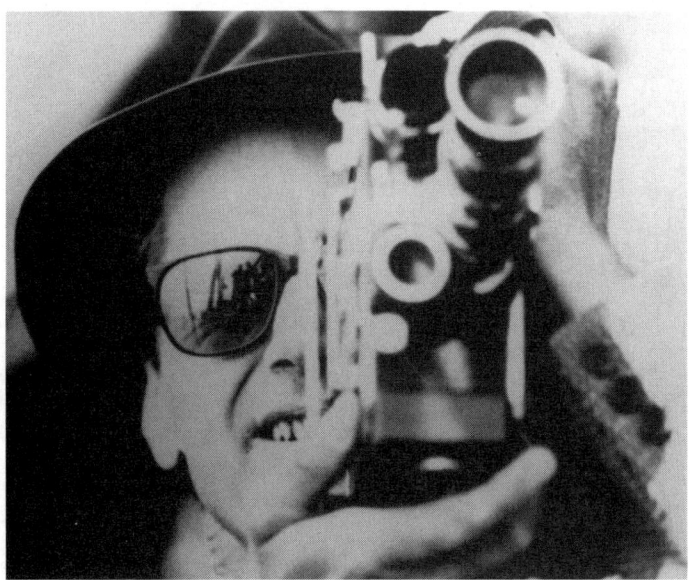

*Der technikgläubige Ingenieur: filmisch festhalten, was die Phantasie im nachhinein nicht ausmalen kann*

ohne Wiederkehr: Beide haben sie Sonnenbrillen auf, die zumindest er auch bei der Umarmung nicht abnimmt, beide können sie sich nicht lange in die Augen schauen, in denen sich jene verlorenen 21 Jahre schmerzlich widerspiegeln. Dann sitzt der Fremde, dieser Prototyp des unbehausten Wanderers, wieder in der Halle, in der er schon einmal saß, oder besser: in der er noch immer sitzt. Er sitzt dort inzwischen alleine, die anderen Passagiere sind dem Aufruf längst gefolgt. Kraftvoll wirft der Wind die weißen Vorhänge in den blaugetünchten Raum, in dem Faber wie versteinert verharrt. Die Szenerie scheint trotz der sommerlichen Hitze zu gefrieren. Langsam hebt er den Kopf, als die Kamera sich behutsam auf ihn zubewegt und in Großaufnahme ein augenloses Gesicht einfängt: »Ich sitze in der Abflughalle. Ich möchte nicht da sein, nirgends sein. Ich kann nichts sehen. Wo soll ich *sie* suchen?«

Das Drehbuch, vormals *Last Call for Passenger Faber* betitelt, sah hier ursprünglich ein alternatives Ende vor: »Faber im Flughafenrestaurant. Die Gabeln in seiner Hand, auf die Augen ge-

*Sam Shepard und Julie Delpy gehen ihre Rollendialoge durch*

*Der Regisseur und sein mögliches Alter ego*

richtet. Er läßt sich darauf fallen«. (28) Die »Erblindung« in krasser visueller, ödipaler Darstellung zu zeigen hätte dem Film allerdings mehr von seiner Wirkungskraft genommen als diese etwa durch ein solches Schockmoment zusätzlich untermauert. Sam Shepard, für dessen Part einmal John Malkovich avisiert war, zählt heute zu den bedeutendsten amerikanischen Gegenwartsautoren und ist de facto der meistgespielte US-Dramatiker. 1979 mit dem *Pulitzer-Preis* ausgezeichnet, schrieb er bisher über 40 Dramen und diverse Drehbücher, etwa zu Michelangelo Antonionis Kultfilm ZABRISKIE POINT (1969) oder zu Wim Wenders' PARIS, TEXAS (1984). Doch ist er seit Mitte der siebziger Jahre auch als Schauspieler tätig (STEEL MAGNOLIAS, 1989; THUNDERHEART, 1992), obwohl er sich selbst niemals so bezeichnen würde, sich nicht dieser Profession zuzählt. Für Shepard liegt seine Spiellaune irgendwo zwischen der reinen Wiedergabe selbsterfahrener Empfindungen und bloßer Improvisation. Daß er womöglich gerade durch diese »Qualifikation« der Figur des Faber eine unbefangene Glaubwürdigkeit verleiht, die nicht nur intellektuell, sondern vor allem auch emotional zu werten ist, liegt nahe. Shepards Interpretation des Faber legt das menschliche Moment frei und füllt keine künstlichen Behältnisse einer fiktiven Figur an. Die emotionale Gratwanderung des Rationalisten ist durch diese Darstellung realitätsnah und anrührend; für Shepard liegt denn auch der Impetus zum Spiel im wahren gelebten Leben. Einem Regisseur kann eigentlich nichts Besseres passieren.

Das Problem vielmehr, das Volker Schlöndorff mit seinem Hauptdarsteller während des Drehs hatte, war neben dessen starkem Heimweh und dem hiermit einhergehenden Zuspruch zum Alkohol die Phobie, ein Flugzeug betreten und die Enge über etliche Stunden aushalten zu müssen. Wenngleich Shepard 1983 in Philip Kaufmans THE RIGHT STUFF ironischerweise den Testpiloten Chuck Yeager spielte (*Oscar*-Nominierung), der 1947 als erster die Schallmauer durchbrach, weigerte er sich, die über 15.000 Kilometer, die die HOMO FABER-Crew während der Drehzeit zurückzulegen hatte, im Flugzeug hinter sich zu bringen. Statt diverser US-Inlandsflüge setzte er sich ins Auto, um dann Tage später am Set anzukommen. Nur die Überquerung des Atlantiks stellte ein nahezu unüberwindbares Hindernis dar. Bis Shepard sich kurzerhand entschloß, vier Stunden in einer Concorde mit Überschallgeschwindigkeit zu fristen, um von New York nach Paris zu gelangen ...

Julie Delpy, zu Zeiten der Dreharbeiten süße 21 Jahre jung, stand schon relativ früh vor einer Kamera, etwa in Jean-Luc Godards DÉTECTIVE (1984) und etwas später in MAUVAIS SANG (1986) von Léos Carax. Nach Bertrand Taverniers LA PASSION BÉATRICE (1988) und Schlöndorffs HOMO FABER folgten dann Rollen in weiteren internationalen Produktionen, darunter Krzysztof Kieslowskis TROIS COULEURS: BLANC (1993) und BEFORE SUNRISE (1995) von Richard Linklater. Der Jungstar mit dem unschuldig-betörenden Lächeln einer Sphinx verbindet in der Rolle der Sabeth – für die tatsächlich während des Castings auch Katja Riemann in Erwägung gezogen wurde – die unbescholtene Naivität des kindlich anmutenden Mädchens mit dem reifen Ernst der erkennenden Frau. Diese Ambiguität

*Schlöndorff, Delpy, Shepard: Drehpause mit Drinks*

macht aus Sabeth eine Person, um die sich ein geheimnisvoller Schleier legt, deren Fragilität zumindest schneller sichtbar wird als die Fabers. Sabeth ist verletzbar, weil sie Gefühle zuläßt und leben will, Faber wiederum muß diesen Schritt erst erarbeiten und aus seinen alten geistigen Fußstapfen heraustreten, um neue Horizonte sehen zu können. So erscheint Sabeth trotz ihrer Jugend wesentlich weiter in ihrer emotionalen Wahrneh-

*Barbara Sukowa und Sam Shepard (Vordergrund), Schlöndorff mit Julie Delpy: Besprechung vor dem Dreh der Krankenhaus-Sequenzen*

mung und Entwicklung als der von der Midlife-Crisis geplagte Ingenieur.

Einmal öffnet Sabeth ihrem Faber im wortwörtlichen Sinne die Augen: Nachdem sie ihn im Louvre beobachtet hat, sich hinter Säulen und antiken Statuen versteckend, schleicht sie sich dann in den Tuilerien auf Zehenspitzen an jene verloren umherstehende Bank heran, auf der sich Faber nach seinem Museumsbesuch ausruht. Die Kamera zeigt die ruhige Parkszenerie in einer Totalen, zeigt den Macher, der auch jetzt seinen Hut, das ihn charakterisierende Signum, nicht ablegt, in einer Rückansicht bei unveränderter Einstellungsgröße. Sie legt ihm von hinten die Hände auf die Augen – nach dem Schnitt ist die Kamera in ein Close Up übergegangen –, er greift ruckartig nach ihren Handgelenken, wohl ahnend, wer ihm den Blick auf die Welt öffnen muß, um sich und sein verpaßtes Leben zu erkennen. Ein verhaltenes, zögerndes Lächeln liegt in diesem Moment auf Fa-

bers Lippen. Als sie ihre Hände schließlich wegnimmt und sie sich anschauen, da ist längst klar, daß nur noch Sabeths früher Tod sie gewaltsam wird voneinander trennen können.
Die Kamera, die eigentlich Philippe Rousselot übernehmen sollte – für den europäischen Part zeichnet nun der Grieche Yor-

*In den Pariser Tuilerien: Faber und faber*

gos Arvanitis verantwortlich, im amerikanischen ist es sein französischer Kollege Pierre Lhomme –, kommt in diesem Schlöndorff-Film den Personen äußerst nahe, fängt sie oftmals in Close Ups ein, die von einer seltenen Privatheit und Offenheit sind, die einfühlsame Portraits von zwei sehr unterschiedlichen Schauspielern anlegen, ohne dabei zu überzeichnen. Die Komposition der Bilder ist streng, doch keinesfalls von nüchterner Schwere, integriert neben dem Portrait weiträumige Tableaus von Landschaften und Architekturen, die gerade im europäischen Teil von malerisch-legerem Duktus sind. Die flirrende Leichtigkeit der Bilder ist es, vor allem jener in Frankreich und Italien, die das tragische Moment der inzestuösen Liebe erträglich macht.

HOMO FABER ist einer der leisesten und subtilsten Filme Volker Schlöndorffs. Ganz ohne Zweifel ist es sein persönlichster, womöglich gar der einzige, in dem er der Emotionalität des Personals und deren Geschichte kompromißlos nachgeht, ohne Wenn und Aber. Kein anderer Schlöndorff-Film ist von einer solchen aufrichtigen Wucht der Gefühle durchdrungen, die in jeder zweiten Kameraeinstellung seismographisch nachhallen. Und wahrscheinlich ist dies auch die Arbeit, die über ihren Regisseur am meisten auszusagen vermag: Volker Schlöndorff begreift sich seit jeher als Handwerker, als Macher, als einen *faber a priori* – hier nimmt er größtmöglichen Abstand zu sich selbst, um sich aus der Ferne zu betrachten und zu reflektieren, um schlußendlich wiederum ein Höchstmaß an Intimität herzustellen. Auf einigen während der Dreharbeiten entstandenen Fotografien, vor allem den sehr atmosphärischen Schwarzweißaufnahmen von Starfotograf Jim Rakete, sind Shepard und Schlöndorff zu sehen, wie sie am Set beieinanderstehen, mal lebhaft diskutierend, mal nachdenklich schweigend: Irgendwie erscheinen sie in einem verwandten Habitus – der Regisseur und sein vielleicht einziges *Alter ego*.

HOMO FABER, der in Deutschland ein Publikum von circa 1,5 Millionen Zuschauern (Quelle: *Blickpunkt:Film*) erreichte und noch im selben Jahr in Frankreich in die Kinos kam (*Sortie nationale:* 4. September 1991), ist zu Schlöndorffs kommerziell erfolgreichsten und in ihrer filmischen Umsetzung gelungensten Literaturadaptionen zu zählen. Seine poetischste ist es gewiß.

# Billy, How Did You Do It? (1988–1992)
## *Hommage an eine Vaterfigur*

*Inhalt/Kommentar:*

»*Dear Volker Schlöndorff,
heute hatte ich the good fortune, Ihren Film
LOST HONOUR OF KATHARINA BLUM zu sehen.
Ich halte es für the best German picture seit Langs* M.
*Sincerely yours Billy Wilder.*«

Diesen Brief erhielt Volker Schlöndorff Mitte der siebziger Jahre – ein Brief aus Hollywood, wo er bis dato noch nie gewesen ist, ein Brief von einem der größten internationalen Filmregisseure, den er schon zu Zeiten des JUNGEN TÖRLESS als eines seiner Vorbilder bezeichnete, wenn er nicht sogar *das* Vorbild ist. Wie einem solchen Großen antworten? Schlöndorff formuliert mehrere Briefentwürfe, läßt die Sache dann aber auf sich beruhen, er findet die rechten Worte nicht. Etwa drei Monate später erhält er einen Anruf des renommierten Agenten Paul Kohner, der ihm nahelegt, sich bei dem sehr ungehaltenen Mr. Wilder zu entschuldigen, habe dieser doch eine Antwort auf seinen Fan-Brief erwartet! Er sei im *Hotel Vier Jahreszeiten* abgestiegen, und Schlöndorff solle nun hingehen. Volker Schlöndorff geht zu Billy Wilder, und seitdem verbindet sie eine gute Freundschaft: Es ist dies nicht nur die freundschaftliche Verbindung zwischen zwei Regisseuren unterschiedlicher Herkunft und verschiedener Generationen, es ist im Grunde auch so etwas wie eine geistige Vater-Sohn-Beziehung, die vom beidseitigen Austausch geprägt ist, vom Reden über und vom Leben für den Film.

Mit der »Vaterfigur« Billy über Filmhistorie im allgemeinen und vor allem über Wilders umfangreiches Werk im besonderen vor laufender Kamera zu reden, das hat Schlöndorff schon seit langer Zeit vor, doch Wilder »hat sich standhaft geweigert«. Als der Kritiker Hellmuth Karasek, seinerzeit noch für den *Spiegel* tätig, sich daranmacht, eine Biographie Wilders zu schreiben (1992 erschienen), da gesellt sich Schlöndorff für kurze Zeit zu ihnen und »schleicht sich ein«, bestückt mit zwei Kameras und begleitet von einem kleinen Team (Kameramann Bodo Kessler mit

Assistent Jan Betke, Regieassistentin Gabriele Bacher, Tonmann Alan Barker): »Ich will mich an Billy Wilder inspirieren, so wie er sich von Lubitsch hat inspirieren lassen.«

Im Mai 1988 finden zwei Wochen lang die Dreharbeiten in Billy Wilders Büro statt, das am Little Santa Monica Boulevard gelegen ist und eigentlich ein Schriftsteller-Office ist. Jeden Morgen gegen halb zehn geht Wilder, der im darauffolgenden Juni 82 Jahre jung wird, in sein Büro, obwohl es nun schon gut sieben Jahre her ist, als er mit BUDDY, BUDDY (1981) seinen letzten Film drehte. Es mag zwar still geworden sein um den österreichischen Amerikaner, doch er selbst ist quicklebendig und voller Anekdoten, die etliche Bände füllen könnten. Im Büro stehen nicht nur die sechs *Oscars* auf dem Regal Spalier, in dem Wilder auch die Drehbücher seiner Filme hütet, an der Wand hängt auch die gerahmte Fragen aller Fragen: »How would Lubitsch do it?« Und so, wie Wilder Lubitsch verehrt und schwärmend von Person und Werk gleichermaßen erzählt, so verehrt Schlöndorff wiederum Wilder: »How would Billy do it? Would he do it?« (»Wie würde Billy es machen? Würde er es machen?«) hängt in Schlöndorffs Büro auf dem Gelände von Studio Babelsberg, die nachfragende Rückversicherung hat er handschriftlich geschrieben und eingerahmt.

Der Titel jener sechsteiligen TV-Dokumentation (Regie: Volker Schlöndorff und Gisela Grischow), die zwischen 1988 und 1992 entstand, ist denn auch Programm: BILLY, HOW DID YOU DO IT? Es ist das wohl umfassendste und zugleich unterhaltsamste Dokumentarportrait, das seit langem über einen bedeutenden Filmschaffenden gemacht wurde. Die sechs Folgen à 45 Minuten, erstmals vom WDR im August/September 1992 sukzessive ausgestrahlt (Produktion: Bioskop-Film für WDR, HR und BR), bestehen aus einem singulären Marathoninterview, von dem Schlöndorff insgesamt mehr als 30 Stunden Material (16 mm) hat. Die Interviewszenen werden durch ausgewählte Filmausschnitte und die kenntnisreichen Kommentare Schlöndorffs, die er während der Postproduktion in die Kamera spricht, ergänzt. Wilder selbst sitzt die ganze Zeit über im Drehstuhl seines Büros, in dem er ständig hin und her wirbelt, mal mit, mal ohne Hut, irgendwelche Kleinigkeiten mampfend und mümmelnd, sich mit dem Rückenkratzer schrubbend, Telefona-

*Volker Schlöndorff kommentiert die Wilder-Doku*

te, etwa aus Genf, auf französisch beantwortend, ohnehin ständig zwischen Deutsch und Englisch changierend, und dann und wann fährt er auch ein wenig mit dem Stuhl hinterm Schreibtisch herum. Nur einmal steht er auf, um das Drehbuch zu SOME LIKE IT HOT (1959) zu holen und amüsiert daraus vorzulesen. Eine köstliche One-Man-Show mit Witz, Biß und ungeheurem Sachverstand.
Störend allerdings sind die permanenten Spontankommentare Karaseks, der mindestens jedes zweite Statement Wilders bejahen muß, Wilders Englisch, welches ohnehin übersetzt in den Untertitel-Inserts erscheint, nochmals zu übersetzen gedenkt und Wilder in Satzfragmenten ergänzt oder gar zuvorkommt. Mehr Zurückhaltung der Sache wegen hätte »dem unvermeidli-

chen Karasek«, wie ihn eine deutsche Tageszeitung nannte, hier gut angestanden.

Inhaltlich spannt die Dokumentation einen bunten Bogen von den Anfängen des Wieners, der über Berlin (Babelsberg!) ins Exil nach Hollywood geht, zwischenzeitlich auch in Paris dreht: von der Bewunderung des Lubitsch-Lehrlings über die Set-Erfahrungen etwa mit *der* Marlene (»Sie war selbst eine großartige Beleuchterin. [...] Eines der großen Gesichter in der Filmgeschichte«) oder Marilyn Monroe (»Sie hat uns immer verblüfft. Sie war keine Dilettantin. Sie war ein Schauspieltalent«) bis hin zu Laughton (»Hast du Laughton im Film, hast du schon eine Rakete«), Lemmon (»Es gibt keinen Schauspieler, der seinen Beruf ernster nimmt als er«) und Holden. Das ist weit mehr als rudimentäres Name-Dropping in einem Jahrzehnte umspannenden Kaleidoskop. Bei Wilder schwingt auch immer das menschliche Moment mit, leise Lebensweisheiten, die moralinarme Moral des anständigen amerikanischen Bürgers, der für alle Bereiche des Lebens, für die des Films ohnehin, eine Regel aufgestellt hat.

Im Februar 1993 kommt Billy Wilder schließlich in das winterliche Berlin, wird er doch mit einem weiteren Preis, dem Goldenen Berlinale-Bären, für sein Lebenswerk geehrt. Bei dieser Gelegenheit stattet er auch Babelsberg einen Besuch ab, wo in den späten zwanziger Jahren für den Drehbuchautor Billie Wilder bei Robert Siodmaks MENSCHEN AM SONNTAG (1930) alles begonnen hatte. Volker Schlöndorff arrangiert extra einen Gala-Abend. Der Besuch des väterlichen Freundes ist für Volker Schlöndorff sowohl in persönlicher als auch beruflicher Hinsicht eine Quasilegitimation seiner Stellung, der zu seinem filmischen Ziehvater und der hiermit verbundenen, tradierten Vorstellungen, und jener im bürokratischen Babelsberger Monopoly-Spiel.

Der Schlußsatz Schlöndorffs in seiner Wilder-Doku ist denn auch nicht weniger als eine offen bekundete Liebeserklärung an den großen Kollegen und Freund: »Eines haben sie (Wilders Filme) alle gemeinsam, es ist Stil und Witz, und eines zeichnet sie alle aus: daß Billy Wilder der Unterhaltung niemals etwas opfert, nämlich die Wahrheit. Die Wahrheit über uns, die Menschen, und wie wir miteinander umgehen.«

# Der Unhold / The Ogre (1996)
## *Abel Tiffauges –*
## *einer vom Stamme Oskar Matzeraths*

*Inhalt*: Erzählt wird die wundersame Geschichte des französischen Waisenjungen Abel Tiffauges (Caspar Salmon/John Malkovich), eines naiv-tumben Sonderlings, eines gutgläubigen Tores, der auch als Erwachsener, als zurückgezogen am Rande von Paris lebender Automechaniker, im Grunde immer Kind geblieben ist. Bereits während seiner Schulzeit im St.-Christophorus-Internat muß er dafür hinhalten, was andere verbockt haben, *trägt* als Sündenbock die Fehltritte seiner Schulkameraden – und schon bald meint er, in sich das schicksalbestimmte Außergewöhnliche zu erkennen: Sein Wunsch, die Schule möge abbrennen, geht auf für ihn ebenso unerklärliche Weise in Erfüllung, wie er später gewiß der einzige Kriegsgefangene in Ostpreußen ist, der in der Weite Masurens seine ureigene Befreiung sieht, sich zu Hause wähnt und mit den dort lebenden Tieren, insbesondere mit einem als *Unhold* bezeichneten blinden Elch, wie selbstverständlich vertraut umgeht. Abels persönliches, eigentlich so vollkommen unbedeutendes Schicksal scheint irgendwie mit den weltbewegenden Vorgängen der allgemeingültigen, großen Historie verwoben zu sein.

Hier, im tiefen Polen, erliegt er dem verführerischen Faszinosum der Naziherrschaft, wird geblendet vom dekadent-pompösen Savoir-(Sur)Vivre am Hof des Reichsjägermeisters Göring (Volker Spengler), der bis zum Eintreffen einer Nachricht aus Stalingrad ein von Willkür und Habgier geprägtes Leben führt. Abel verschlägt es daraufhin auf die nahegelegene Ritterburg des Grafen von Kaltenborn (Armin Mueller-Stahl), wo unter der Ägide von Obersturmbannführer Raufeisen (Heino Ferch) blondschopfige und blauäugige Jungen mit Wettkämpfen und Spielen für das Kriegshandwerk ausgebildet werden. Schließlich zieht Abel mit seinem Pferd aus, um neue Knaben für die Erziehungsanstalt Kaltenborn aufzutreiben. An der Front werden sie dann als Kanonenfutter verpulvert, ihre Unwissenheit und ihre gruppendynamische Euphorie werden schamlos benutzt. So wird das Volksgerücht, ein *Unhold* streife umher und nehme alle Jungen mit sich, schließlich zur brutalen Wahrheit. Abel selbst erkennt dies erst spät, zu spät wohl ...

*Kommentar:* »Jetzt bläst uns in Babelsberg der Wind entgegen«, meint Volker Schlöndorff Ende September 1996, und er konzediert offen, daß er angesichts der vorliegenden Besucherzahlen des UNHOLD, sowohl aus Deutschland als auch aus Frankreich, sehr erschüttert sei. Das ist ihm auch anzusehen, fahl wirkt sein Gesicht, die sonst wachsam funkelnden Augen sind getrübt, der Blick ist von melancholischer Ernüchterung eingefärbt. Die Rechnung ging nicht auf, mit 167.238 deutschen Besuchern (Quelle: *Filmecho/Filmwoche* Nr. 23/1997) bleibt DER UNHOLD weit hinter den Erwartungen seines Regisseurs zurück, und für Babelsberg bedeutet dies einen herben (finanziellen) Schuß vor den Studio-Bug, den es erst einmal zu verkraften, auch zu amortisieren gilt.

Da verwundert es im Grunde nicht, wenn bereits 14 Tage nach dem Kinostart (12. September 1996) im deutschen Feuilleton geschrieben steht, daß »der erste Betroffene Schlöndorff selbst ist, dessen auslaufender Geschäftsführer-Vertrag von der französischen Mutterfirma im nächsten Jahr nicht mehr verlängert wird« *(Kölner Stadt-Anzeiger)*. Sachlich mag das zwar stimmen – obschon Schlöndorff auch nach dem Sommer 1997 weiterhin in beratender Funktion für die Strategie in Babelsberg verantwortlich bleibt –, doch muß man dies exponiert in den künstlerischen Kontext des UNHOLD stellen? Und muß man zudem noch den Regisseur auf mitunter verletzende Art und Weise traktieren, so daß der Text manches Kritikers eher einer Polemik denn einer in ihrer Sache plausibel begründeten Filmkritik nahekommt? Am deutschen Kritikerwesen wird die hiesige Filmwelt gewiß nicht genesen, ein deutscher Film zumal muß entweder umgehend notgeschlachtet oder aber himmelhochjauchzend zu Tode gelobt werden, damit der Fall seines Machers beim nächsten Projekt garantiert von schwindelerregendem Ausmaß ist. Beides kommt letztendlich aufs selbe raus. Ein Blick hinüber zu französischen Kritikerkollegen und deren umsichtigerem Umgang mit der heimischen Produktionslandschaft würde zumindest einem Teil hiesiger Schreiber gut anstehen.

Die initiale Idee zu dem Großprojekt stammt von DEFA-Regisseur und Drehbuchautor Rainer Simon (TILL EULENSPIEGEL,

*»Und bist du nicht willig, so brauch' ich Gewalt«: Man sagt, ein* Unhold *streife in den Wäldern umher, Knaben suchend ...*

1975; DER FALL Ö., 1990), dessen Pläne einer filmischen Realisierung von Michel Tourniers *Erlkönig*-Roman bereits 1987 existierten und der auch die Einwilligung Tourniers hatte. Doch sein letzter Film FERNES LAND PA-ISCH (1993) flopte, Babelsberg konnte daraufhin keine Investoren für das neue Projekt

*»Jetzt bläst uns in Babelsberg der Wind entgegen.«* (September 1996)

finden, das nun zu versanden drohte. Die Unterlagen landen jedoch auch auf dem Schreibtisch des Babelsberg-Geschäftsführers Volker Schlöndorff, und als dieser im Herbst 1993 den Roman zum erstenmal liest, fühlt er sich, neben dem Topos des unverstandenen *Outlaw*, vor allem auch durch den historischen Kontext angesprochen, fühlt sich an seine eigene Kindheit erinnert, sieht sich zurückversetzt in jene Nachkriegszeit, in der er als sechsjähriger Junge in den Wiesbaden vorgelagerten Taunus-Wäldern herumtollte und voll unschuldiger Begeisterung mythenbehaftete Nazi-Devotionalien mit seinen Kameraden austauschte.

Der Regisseur und Studio Babelsberg entscheiden sich für eine Realisierung des Projekts: Im März 1994 macht sich Schlöndorff daran, zusammen mit dem nach Berlin angereisten Drehbuchautor Jean-Claude Carrière, den epischen Tournier-Roman in ein adäquates leinwandtaugliches Drehbuch zu transformieren.

Es ist dies ein ähnlich waghalsiges Unterfangen wie seinerzeit die Adaption von Grass' BLECHTROMMEL, ebenfalls zusammen mit Carrière. Eine erste französischsprachige Rohfassung des Drehbuchs ist im April fertiggestellt, im Juli folgt die erste ausgearbeitete deutschsprachige Fassung – gedreht wird letztendlich auf der Basis des englischsprachigen, auf den 13. Juni 1995 datierten, mit Korrekturen vom 5. Juli versehenen und um Änderungen vom 20. September ergänzten Buchs (169 Szenen).
Die Dreharbeiten (siehe Drehbericht Wie aus dem *Erlkönig* ein *Unhold* wurde) beginnen am 24. Juli 1995 und sind am 8. Dezember 1995 beendet. Am Abend des 23. Juli, im polnischen Hotel *Malbork,* packt Volker Schlöndorff die Angst und er greift zum Hörer, um bei seinem väterlichen Freund Billy in Los Angeles anzurufen. Seinerzeit ging Wilder zu Lubitsch, um ihm zu gestehen, daß er »Schiß« vor dem ersten Drehtag habe, und Lubitsch antwortete Wilder: »Ich fange Montag meinen 43. Film

*Am Frankreich-Set in Sceaux, wo die ersten acht Filmminuten gedreht werden: der Autor und sein Regisseur – Michel Tournier (rechts) und Volker Schlöndorff...*

an und mache mir immer noch in die Hose.« Schlöndorff, der verlorene Sohn, erinnert seinen Freund an die alte Lubitsch-Anekdote, und dieser versucht, ihn auf die ihm eigene Weise zu beruhigen:

B. W.: »*Warum rufst du an? Du hast Wichtigeres zu tun.*«
V. S.: »*Ich war nervös, immerhin hab' ich seit vier Jahren keinen Film mehr gemacht.*«
B. W.: »*Well, I have not made one in twelve years (ich habe seit zwölf Jahren keinen gemacht), und ich hab' nicht mehr so viele Jahre vor mir wie du. Deshalb muß ich mich jetzt beeilen. Good-bye!*«
V. S.: »*I need your blessing.*« (»*Ich brauche deinen Segen.*«)
B. W.: »*You got it. I will pray to God Almighty, whose name is Steven Spielberg ...*« (»*Du hast ihn. Ich werde zum Allmächtigen Gott beten, dessen Name Steven Spielberg ist ...*«)

Die Dreharbeiten belaufen sich auf insgesamt 75 Drehtage, gedreht wird in Frankreich, Polen, Deutschland und Norwegen. Der Aufwand dieser europäischen Koproduktion ist enorm, am Set herrscht eine babylonische Sprachenvielfalt. Für Schlöndorff selbst gestaltet sich der Film denn auch als größte Herausforderung seit DIE BLECHTROMMEL: »Es ist mein riskantestes Projekt, in dem es alles an Verrücktheit geben kann, aber keinen Mittelweg – kurz: ein Spiel mit dem Feuer.« Während der Postproduktion im Frühjahr 1996 wird dieses Feuer erstmals recht heiß, als der Einreichtermin für die Filmfestspiele in Cannes näher rückt und der Film nicht fertig ist. Am 17. April 1996 gibt Volker Schlöndorff eine Presseerklärung ab, in der er konstatiert: »Leider habe ich den Film in seiner endgültigen Fassung nicht termingerecht fertigstellen können, und ein unfertiger Film gehört nicht auf ein Festival. Deshalb habe ich meine Anmeldung für Cannes zurückgenommen.«

Die Gerüchteküche brodelt und kocht, in der Filmbranche wird kolportiert, Schlöndorffs Film sei nach der ersten Vorführung für Cannes abgelehnt worden; und daß Francis Ford Coppola, mit dem sich Schlöndorff 1979 in Cannes die *Palme d'Or* teilen mußte, Jury-Vorsitzender sein wird, dient als zusätzliche Ingredienz für den Gerüchtetopf. Fakt ist, daß Schlöndorff nach Abschluß der Dreharbeiten auch seinen Verpflichtungen als Geschäftsführer von Studio Babelsberg wieder nachkommen und

... Schlöndorff, die Jungs animierend ...

... und im Gruppenbild (von links): Ryan O'Leary (Clément), Caspar Salmon (junger Abel), Michel Tournier, Volker Schlöndorff, Daniel Smith (Nestor) und Drehbuchautor Jean-Claude Carrière

erst einmal die Stapel auf seinem Schreibtisch abtragen muß, sich der Endfertigung und dem Schnitt seines Films also nicht ausschließlich widmen kann: Als ein »Opfer der Doppelfunktion« bezeichnet er sich später. Dem Festivalchef von Cannes, Gilles Jacob, zeigt er Anfang März einen »ganz groben Rohschnitt«, für Mai verspricht er ihm dann den Feinschnitt. Doch daraus wird nichts. Für den Schnitt zeichnete bis dato der Cutter Nicolas Gaster verantwortlich, von dem sich Schlöndorff dann trennt, als er den vorläufig fertigen UNHOLD in einer internen Vorführung sieht. Aus den knapp 100.000 Metern Material hatte Gaster einen Film montiert, der mit den persönlichen Vorstellungen des Regisseurs nicht mehr viel zu tun hat: »Ich habe den Film kaum als meinen eigenen erkannt.«
Peter Przygodda, der langjährige Cutter von Wim Wenders, kommt als Retter in der Not hinzu, und mit ihm zusammen, der in den Credits dann als »Bilddramaturg« erscheint, nimmt Schlöndorff Gasters Schnitt auseinander und gestaltet die Gesamtdramaturgie um. Das Endresultat gelangt schließlich in den Wettbewerb der Filmfestspiele in Venedig und erlebt dort am 30. August 1996 seine Uraufführung, 14 Tage später startet der hiesige Verleih, die Tobis Filmkunst, den UNHOLD mit 98 Kopien in Deutschland.
Die ersten Bilder des Films, noch in grobkörnigem Schwarzweiß gehalten, zeigen einen Internatshof im Paris des Jahrs 1925: Der junge Abel, auf Nestors breiten Schultern kämpfend, hebt sich schon früh von seinen Kameraden ab, er ist anders als seine Mitwelt, und diese Andersartigkeit zieht sich einem roten Faden gleich durch seine Vita. Diesem Leben jenseits der Normalität geht der Film nach, vollzieht nach den ersten acht Minuten eine krasse Zäsur, um Abels Schicksal knapp 15 Jahre später weiterzuverfolgen.
Hier setzt auch die abgedunkelte Farbgebung ein, in der Gegenwart, in Abels Autowerkstatt am Rande von Paris, 1939. Er, von Rachel, »dem weiblichen Element in meinem Leben«, als *Unhold* bezeichnet, da er als Liebhaber nicht taugt, ist auch im Kontext von Privatleben und Beruf ein Außenseiter, einer, der lieber im diffusen Halbdunkel unter den Autos herumrepariert, mit Rachel nicht umzugehen versteht und Schulkindern mit dem Fotoapparat auflauert. Abel ist allem und allen fremd, er

stapft wie ein zu groß geratener Junge durch die Gegend, ein tumber Tor, der eigentlich keiner Fliege etwas zuleide tun kann. Auf den ersten Blick wirkt er recht plump, und die Gewalt, zu der diese Figur indirekt imstande ist, schwingt in ihrem grobschlächtigen Habitus stets latent mit. John Malkovich interpretiert diesen Typus mit einem unbeholfen anmutenden Gang, mit oftmals offenstehendem Mund und mit einem infantilen mimischen und gestischen Vokabular. Abel Tiffauges ist in seiner veräußerlichten Kindlichkeit mit einer weiteren von Malkovich dargestellten Figur verwandt, mit dem mental zurückgebliebenen Landarbeiter Lennie aus Gary Sinises Steinbeck-Adaption OF MICE AND MEN (1992).

Doch ungleich näher steht Abel dem anderen Kind in Schlöndorffs Werk, dem kleinwüchsigen Oskar Matzerath aus der BLECHTROMMEL: Abel Tiffauges ist einer vom Stamme Oskar Matzeraths. Abel und Oskar, sie sind zwei Protestler, die sich der Welt, kalt und ungerecht, wie sie nun einmal ist, radikal verweigern. Der *Unhold* Tiffauges sammelt im polnischen Masuren blonde Knaben ein (womit das Motiv des *Rattenfängers von Hameln* aufgegriffen wird), die an der Front verpulvert werden – Oskarchen, wie ihn alle Welt nennt, stellt das Wachsen ein, trommelt trotzig gegen die erwachsene Weltlichkeit und den kindischen Nazismus an und hat dabei selbst Menschen auf dem Gewissen. Auch er ist ein *Unhold*, ein scheinbar naives Monstrum, das sowohl den Tod seiner Mutter als auch den seiner beiden mutmaßlichen Väter verschuldet. So sehr sich Oskar danach sehnt, wieder in den Mutterleib zurückkehren zu können, nicht mehr revoltierend dasein zu müssen, so sehr sehnt sich Abel nach der Gesellschaft von Kindern und Tieren.

Doch Abel ist mehr noch, ist sinistre *Simplicissimus*-Figur, ist märchenhafte Gestalt ambivalenter Natur, die der mythischen Sagenwelt entsprungen sein könnte. »Ich kann sehr nett sein, aber auch hart wie Stein«, sagt er anfangs zu dem Mädchen Martine, und als er den überladenen Bau Görings betritt, fragt er sich: »Ist das noch die Wirklichkeit, oder lebe ich in einer Märchenwelt mit Fabelwesen, wilden Bestien und Riesen?« Dem germanisch wabernden Faszinosum des Nazipomps erlegen, wird Abel zum verführten Verführer blonder blauäugiger Jungen, wird der Kinderfreund und Kinderjäger selbst Opfer seiner

*Wie damals bei Melville: Schlöndorffs Kurzauftritt in DER UNHOLD ...*

unbewußten Täterschaft. Ein kritisches Bewußtsein ist ihm nicht zu eigen, erst angesichts des verletzten jüdischen Knaben Ephraim beginnt er zu erkennen; erst dann tritt – wenn man dies überhaupt so nennen kann – die kathartische Wende in der Entwicklung dieser Figur ein.

DER UNHOLD hat eine Lauflänge von 118 Minuten – in »nur« zwei Stunden kann es der Film keinesfalls leisten, das umfassende assoziative Geflecht des dickleibigen *Erlkönig*-Romans zu reflektieren. Ähnlich wie gerade bei der *Blechtrommel*-Adaption sollte auch hier bedacht werden, daß das Genre der Literaturverfilmung ein autonomes ist, das seine eigene Werkgegenständlichkeit hat. Den UNHOLD als ein bloßes Konglomerat diverser, dem übergeordneten Kontext gar entliehener Romanabschnitte zu bezeichnen, trifft die Sache also keineswegs. Gewiß fehlt vieles in Schlöndorffs UNHOLD: angefangen von Abels pädophilen Neigungen (im Film leider mit der schönen, jedoch viel zu kurzen Martine-Episode rasch und nicht sehr eindeutig abgehandelt – zudem erscheint Abel als geschlechtslos) über des-

*... »Einen petit Schnaps aus Vaterland? – Santé!«*

sen Abhandlungen des Analen (Volker Spenglers Göring steckt John Malkovichs Abel lediglich flugs ein Hirschkotkügelchen in den Mund) bis hin zu Tourniers in verschnörkelt-ausschweifendem Duktus gehaltener, heikler Interpretation nazistischer Verführung und ihrer fatalen Auswirkungen – und nicht zuletzt auch die tiefer gründende Beziehung Abels zu seinem verunglückten Schulkameraden Nestor, die weit über dessen Tod hinausgeht, Abel letztendlich sein »phorisches« Schicksal erkennen läßt.

Das, was Schlöndorff zeigt, ist seine eigene legitime Sehweise, ist *eine* Möglichkeit, Tourniers *Erlkönig* zu deuten und visuell zu gestalten. Daß er dabei fürs Kino die Dramaturgie glätten, Subinhalte weglassen und die Handlungsstruktur begradigen muß, ist des Profi-Handwerkers oberstes Gebot. Das fängt bereits beim Titel an: Aus dem bedeutungsschwangeren, mythenbeladenen *Erlkönig* – bevor der Filmtitel feststeht, wird Schlöndorff oft auf Goethes Gedicht angesprochen und ist es irgendwann leid – macht der Regisseur einen einfachen, weniger ambivalenten UNHOLD, den verständlicheren OGRE. Den Sehgewohnheiten des (filmhistorisch bewanderten) Zuschauers gibt Schlöndorff Futter, indem er diverse filmische Zitate mehr oder minder deutlich anführt: von der expliziten Leni-Riefenstahl-Ästhetik (TRIUMPH DES WILLENS, 1935) über Anleihen bei den monumentalen Stummfilm-Epen seines Vorbilds Fritz Lang (DIE NIBELUNGEN, I und II, 1922/24) bis hin zur kaschierten Louis-Malle-Hommage (LACOMBE LUCIEN, 1973). Vereinfachung der literarischen Vorlage einerseits und Anspruch filmhistorischen Zitatwerks andererseits machen deutlich: DER UNHOLD ist kein plattes Mainstream-Kino, das ein breitgefächertes Massenpublikum als Zielgruppe anspricht, ist aber auch kein sich prätentiös ausnehmendes Autorenkino mit sehr kleinem Wirkungsgrad. Es ist ein Werk, das nirgends so recht hineinpassen will und keiner Kategorie eindeutig zuzuordnen ist – hierin mag die Krux liegen, die die sehr verhaltene Rezeption des Films verursacht hat. Dabei mag es für den UNHOLD sprechen, daß er quer liegt, nicht so recht greifbar ist und des Deutschen Schubladendenken ad absurdum führt.

Vor und hinter der Kamera bewegt sich bei Schlöndorff ein illustres Profi-Ensemble mit Starqualitäten. Vor der Kamera ist es neben John Malkovich vor allem der Theater- und Filmschauspieler Volker Spengler, der als korpulenter Reichsmarschall Göring eine geradezu kongeniale Besetzung ist. Spengler spielte in einem Dutzend Filmen von Rainer Werner Fassbinder mit – das prägt. Auf der Jagd nach Rominter Wild vergißt er sich selbst, tobt und krakeelt cholerisch, daß es im Wald widerhallt, hetzt seinem Liebling Kandelaber hinterher und droht mit dem Tod, sollte der *Goldene Schuß* nicht ihm vorbehalten sein. Zurück im dekadenten Reich seines Jägerhofs, badet er seine Hände in Edelsteinen: »Ein Mittel gegen Weltschmerz.« Spenglers Göring ist ein gieriger Menschenfresser, ein weiterer *Ogre*. Der mitreißenden Wucht Spenglers kann keiner der anderen das Wasser reichen, wenngleich die bajuwarische Marianne Sägebrecht als herzensgute Frau Netta und vor allem auch Dieter Laser als spinnerter Professor Blättchen entsprechend gute Interpretationen ihrer Figuren liefern.

Hinter der Kamera sind Namen vereinigt, die für sich sprechen: Ezio Frigerio (CYRANO DE BERGERAC, 1990; LE HUSSARD SUR LE

TOIT, 1995) zeichnet für die Ausstattung verantwortlich und konzipierte opernhaft wirkende Bauten, die allein durch ihre betörende Nazi-Ästhetik den Betrachter beim Sehen verführen. Beim Anblick von Görings Jagdtempel wäre Albert Speer gewiß neidisch geworden. Die Kostüme entwarf Anna Shepard, die für SCHINDLER'S LIST (1993) eine *Oscar*-Nominierung erhielt, die Bilder fotografierte Bertrand Taverniers langjähriger Kameramann Bruno de Keyzer (UN DIMANCHE À LA CAMPAGNE, 1984; TANGO MORTALE, 1993), der Realismus und Poesie miteinander verbindet, Farbe und Schwarzweiß kontrapunktisch einsetzt. Die Musik stammt von Peter Greenaways Hauskomponisten Michael Nyman (THE DRAUGHTSMAN'S CONTRACT, 1982), der auch für Filme von Patrice Leconte (LE MARI DE LA COIFFEUSE, 1990) oder Jane Campion (THE PIANO, 1992) den Klangteppich

»*Ein Mittel gegen Weltschmerz*« – *Reichsmarschall Göring (Volker Spengler, vorne) und der Oberforstmeister (Gottfried John, hinten links)*

*Visuelle Formulierung der Christophorusfigur:* »*Solange ihr ein Kind tragt, werdet ihr Flüsse und Stürme durchqueren und sogar die Flammen der Sünde. Und dann ...*«

knüpfte und bereits 1992 mit Volker Schlöndorff für den knapp einstündigen Arte-Beitrag THE MICHAEL NYMAN SONGBOOK zusammenarbeitete. Nymans melancholische UNHOLD-Kompositionen, die das von ihm dirigierte, 14köpfige Ensemble spielt, das sich übrigens hauptsächlich aus Hörnern, Trompeten und Saxophonen zusammensetzt, lassen Wagnersche Motive ebenso anklingen wie den germanischen Barock des Dritten Reichs. Mit der Quer- und der Pikkoloflöte wird der leise melodische Kontrapunkt der Christophorus-Szenen zu der von Hörnern dominierten Jagd- und Kriegsszenerie gesetzt.

Eine der schönsten Bildkompositionen, die Bruno de Keyzer für dieses filmische Märchen findet, ist die letzte Einstellungsfolge, in der Abel mit dem Judenknaben Ephraim auf seinen Schultern – seiner »phorischen« Prädestination folgend – durch die eisigen Sümpfe Masurens zieht, auf einen Stock gestützt, und bis an den sich lila einfärbenden Horizont ist nichts weiter zu sehen als endlos anmutende Landschaft. Abel wird hier, nach zahlreichen Andeutungen, zur reinsten visuellen Formulierung der Christophorusfigur. Über diesen *extreme long shot,* eine weiträumige Totale von soghafter Wirkung, legt Schlöndorff aus dem Off Abels Stimme, der beginnt, sein eigenes verheerendes Werk zu erkennen und zu bereuen. Dieses eindringliche finale Bild ist es, das den Zuschauer in ein offenes Ende entläßt – und lange noch in einem nachwirkt:

*Abel: »Je tiefer meine Füße in dem eisigen Morast versinken, desto schwerer fühle ich die Last des Jungen auf mir. – In der Schule hatten uns die Priester eine Geschichte erzählt: Es war einmal ein Seemann in höchster Seenot. Er nahm auf seine Schultern einen kleinen Jungen, damit die Unschuld des Jungen ihm helfe, Gottes Gunst zu erlangen. Vergeßt nie, daß ihr alle unter dem Zeichen des heiligen Christophorus steht. So übersteht ihr das Böse, indem ihr Schutz sucht unter dem Mantel der Unschuld – hatte uns der Priester gesagt. Solange ihr ein Kind tragt, werdet ihr Flüsse und Stürme durchqueren und sogar die Flammen der Sünde. Und dann ...«*

## **Palmetto (1998)**
### *Film noir, farbig*

*Inhalt:* Harry Barber (Woody Harrelson) wollte eigentlich nur alles richtig machen. Als der Reporter eine große Korruptionsaffäre in *Palmetto* aufgedeckt hatte, weigerte er sich, mitzuspielen, und verzichtete auf die 10.000 Dollar, die man ihm für sein Schweigen geboten hatte. Die Belohnung für seine Ehrlichkeit waren zwei Jahre Haft.

Gerade aus dem Gefängnis entlassen, definiert Harry richtig und falsch etwas vorsichtiger als zuvor. Verbittert und desillusioniert fragt er sich, warum er in dieser Stadt überhaupt noch bleiben soll. Der einzig gute Grund ist seine Freundin Nina (Gina Gershon). Doch als er die Bekanntschaft von Rhea Malroux (Elisabeth Shue) macht, hat er einen weiteren Grund. Rhea macht Harry ein verlockendes Angebot: Die junge und attraktive Frau des todkranken alten Millionärs Malroux (Rolf Hoppe) bittet Harry um Mithilfe bei der Entführung ihrer Stieftochter. Da sich das Opfer, Odette Malroux (Chloé Sevigny), die Entführungsgeschichte selbst ausgedacht hat, gibt es im Grunde kein wirkliches Risiko. Harry tippt also einen Erpresserbrief, bedroht Odettes reichen Vater am Telefon und säckelt die 500.000 Dollar Lösegeld ein. Als Belohnung für diesen Job bekommt Harry immerhin satte 50.000 Dollar.

Doch freilich ist nichts so einfach, wie es auf den ersten Blick den Anschein hat: Von der Existenz Donellys (Michael Rappaport) etwa, eines Exbullen mit dubioser Vergangenheit, der nun als Bodyguard und Chauffeur des alten Millionärs tätig ist, hat Harry niemand ein Wörtchen erzählt. Allerdings: Das größte Problem ist Harry selbst, der eigentlich nichts weiter als ein guter Junge ist und sich relativ erfolglos bemüht, »böse« zu sein. Immerhin, 50.000 Dollar sind eine Menge Geld – und irgendwer ist ihm ja auch noch etwas schuldig für die beiden gestohlenen Lebensjahre ...

*Kommentar:* Den schweren persönlichen Schlag, den DER UNHOLD Volker Schlöndorff versetzte, versucht er zu verarbeiten – ob er ihn auch überwinden kann, bleibt freilich dahingestellt –, indem er sich sehr bald dem nächsten Projekt widmet, eine krasse Zäsur macht, in jeglicher Hinsicht: nach einem großen schweren Historienstoff nun die sich vergleichsweise klein und bescheiden ausnehmende, leichte Kriminalgeschichte *Just Another Sucker,* die der 1985 verstorbene englische Bestsellerautor James Hadley Chase im Jahr 1960 publizierte. Chase schrieb insgesamt 85 Romane, die weltweit eine Auflage von nicht weniger als 20 Millionen Exemplaren erreichten – ein Meister der *hard-boiled literature* à la Chandler oder Hammett. Das Projekt, das Schlöndorff seit Jahren schon griffbereit in der Schublade hat, wie er mir einmal erzählt, ist auch in finanzieller und technischer

*Am PALMETTO-Set in Florida: Volker Schlöndorff zeigt Woody Harrelson, wie er ihn in der nächsten Szene sehen möchte*

Hinsicht ein Kontrapunkt zu DER UNHOLD: Das Budget beläuft sich auf circa zehn Millionen Dollar, Produzent ist Matthias Wendlandt mit seiner Berliner Rialto-Film, die Dreharbeiten (16. April bis 13. Juni 1997), von heftigen Stürmen mitunter beeinträchtigt, dauern gerade einmal acht Wochen (45 Drehtage), die Postproduktion findet im Studio Babelsberg statt. Unter dem Titel PALMETTO verfilmt Schlöndorff *entirely on location* in und um Sarasota, Florida, mit Woody Harrelson (NATURAL BORN KILLERS, 1994; THE PEOPLE VS. LARRY FLYNT, 1996) und Elisabeth Shue (LEAVING LAS VEGAS, 1996; THE SAINT, 1996) in den Hauptrollen die Geschichte um den »dummen« Reporter Harry Barber. Anfangs waren auch Johnny Depp und Uma Thurman für diese Rollen im Gespräch, beide waren jedoch anderweitig verpflichtet. Vor allem mit der ungewöhnlichen Elisabeth Shue – die für ihre subtile Interpretation der Prostituierten

*Elisabeth Shue in natura ...*

Sera in LEAVING LAS VEGAS sowohl eine Nominierung für den *Oscar* als beste Hauptdarstellerin als auch eine weitere für einen *Golden Globe* erhielt – und mit Woody Harrelson dürfte Schlöndorff allerdings die weitaus unkonventionellere, daher auch interessantere Besetzung gefunden haben. Harrelsons Karriere begann mit der Rolle des Barkeepers Woody Boyd in der in den achtziger Jahren produzierten US-Fernsehserie CHEERS, für die er mit einem *Emmy Award* ausgezeichnet wurde, und erfuhr ihren vorläufigen Höhepunkt durch die *Oscar*-Nominierung für den Part des umstrittenen *Hustler*-Herausgebers Larry Flynt in Milos Formans Film THE PEOPLE VS. LARRY FLYNT.

Den »etwas angestaubten Krimi«, wie ihn Schlöndorff nennt, wollte Horst Wendlandt schon seit geraumer Zeit mit dem Regisseur drehen, immer wieder jedoch kamen andere Projekte dazwischen. Als sich Schlöndorff im Frühsommer '96 nochmals

*... und im Habitus der raffinierten Rhea Malroux*

am Schnitt des UNHOLD befindet, ruft Wendlandt ihn erneut an, will PALMETTO nun unbedingt angehen – und er sagt unter den beiden Bedingungen zu, den Roman von einem amerikanischen Drehbuchautor adaptieren zu lassen und die Handlung aus den fünfziger Jahren ins Heute zu transponieren. E. Max Frye, der das Drehbuch zu Jonathan Demmes SOMETHING WILD (1987) schrieb, ist Schlöndorffs Wunschkandidat hierfür, und wider Erwarten kommt die Zusammenarbeit zustande. Sie treffen sich in Berlin, und in der Zeit von August bis Oktober 1996 gehen sie gemeinsam den Roman durch, den Frye schließlich »ganz erheblich verwandelt hat. Die erste Stufe der Rakete hat er behalten, die zweite und die dritte Stufe haben wir dann frei dazu erfunden.« (Die erste Fassung des PALMETTO-Drehbuchs stammt vom 17.9.96, mit Änderungen vom 16.10. und vom 13.11.)

Die Figur des Harry Barber, sie »paßt durchaus zu den ande-

*Schlöndorff mit seinem Hauptdarsteller Harrelson (rechts) am PALMETTO-Set*

ren«, die seine Filme prägen: Der Reporter sei »ein sehr Unangepaßter, der sich in einem moralischen Kampf befindet. Er versucht, das Gute zu tun, und kann dabei der Versuchung des Bösen nicht widerstehen.« Unangepaßt – ein Charakteristikum, das auf die Mehrzahl Schlöndorffscher Helden respektive Anti-Helden zutrifft. Woody Harrelson, der »ein sehr starkes Eigentemperament« mit sich bringt, verleiht diesem Harry Barber, der sich immer mehr in selbstgelegten Stricken verfängt, auch tölpelhafte Züge, stattet ihn mit Humor aus, den das Drehbuch ursprünglich in der Form nicht vorsah. Zudem war Harrelsons Zusammenspiel mit Elisabeth Shue laut Schlöndorff nicht nur »sehr gut«, sondern auch »eine wahnsinnige Herausforderung« für den Schauspieler.

In PALMETTO sieht Schlöndorff auch »eine Variation auf den *Film noir*. So wie BODY HEAT (1981) eine Variation auf DOUBLE

INDEMNITY (1944) ist, ist PALMETTO jetzt eine Variation auf BODY HEAT.« Und freilich liegt die filmthematische und -stilistische Verwandtschaft mit den beiden Werken von Billy Wilder und Lawrence Kasdan auf der Hand, auch ist es eher die Art Film, die Schlöndorff zu seiner Assistentenzeit bei Melville miterlebte. Einmal, sehr früh schon, unternahm er bereits den Versuch, sich dieser Gattung anzunehmen, mit MORD UND TOTSCHLAG. Die Zäsur zwischen DER UNHOLD und PALMETTO erinnert denn auch sehr an jene, die zwischen dem JUNGEN TÖRLESS und MORD UND TOTSCHLAG liegt. – Schließt sich hier vielleicht der Kreis im Schlöndorffschen Werk?

»Ich hatte Lust, was ganz anderes zu machen«, sagt Volker Schlöndorff in seinem Babelsberger Büro, von dem aus er direkt auf die große Baustelle gegenüber blicken kann. Die Doppelrolle als Regisseur/Produzent bei DER UNHOLD sei ihm zuviel

*Schlöndorff mit Elisabeth Shue, »Harrelsons wahnsinniger Herausforderung«*

*Chloé Sevigny scheint nicht nur Harry Barber den Kopf zu verdrehen ...*

gewesen, die Regie bleibe hierbei auf der Strecke, ginge es doch primär immer ums Geld. »Die Pleite ist schwer zu verschmerzen.« Seine Zielrichtung sei nun, wieder als freier Regisseur zu arbeiten, und er freue sich, »nach den ganzen literarischen Schwergewichten nur Kino zu machen«. Von den Dreharbeiten zu PALMETTO erzählt Schlöndorff mit sichtlicher Zufriedenheit: »Das Drehen hat sehr viel Spaß gemacht, es war ein sehr nettes, junges Team – auf einmal war ich immer bei weitem der Älteste am Set.« Zudem stand er nicht mehr unter Druck, empfand die Arbeit vielmehr als »unbekümmert und unbeschwert«. Im Gegensatz zum UNHOLD etwa »spürt man nicht so eine große Verantwortung – dann entdeckt man natürlich, daß es keinen einfachen, leichten Film mehr gibt«. Und trotzdem: »Es ist ein Spaßfilm, wie er in der Luft liegt, eine Charakterstudie auch, eine Thriller-Komödie mit witzigen Dialogen.« Und so meint Schlöndorff auch, er würde am liebsten noch zwei bis drei Thriller machen, »ich hätte nichts dagegen, in der gleichen Art weiterzumachen«. Darüber freilich werde der Erfolg oder etwaige Mißerfolg des Films entscheiden, und so lese er in etwa einen Krimi pro Tag – »auf der Suche«.

»Bei mir weiß ich ja nie, was der nächste Film ist«, so Volker Schlöndorff etwas gedankenverloren, und weiter: »Wird PALMETTO ein Erfolg, dann werde ich sagen: Da habe ich halt 30 Jahre lang immer das Falsche gemacht und zum Schluß dann die Filme, von denen Bertrand Tavernier schon immer gesagt hat, ich solle doch Filme machen, die ich mir ansehen würde, und nicht jene, von denen ich glaube, sie müßten gemacht werden.« – Die Melancholie, die in diesen Sätzen mitschwingt, begleitet er mit seinem spitzbübischen Lachen …

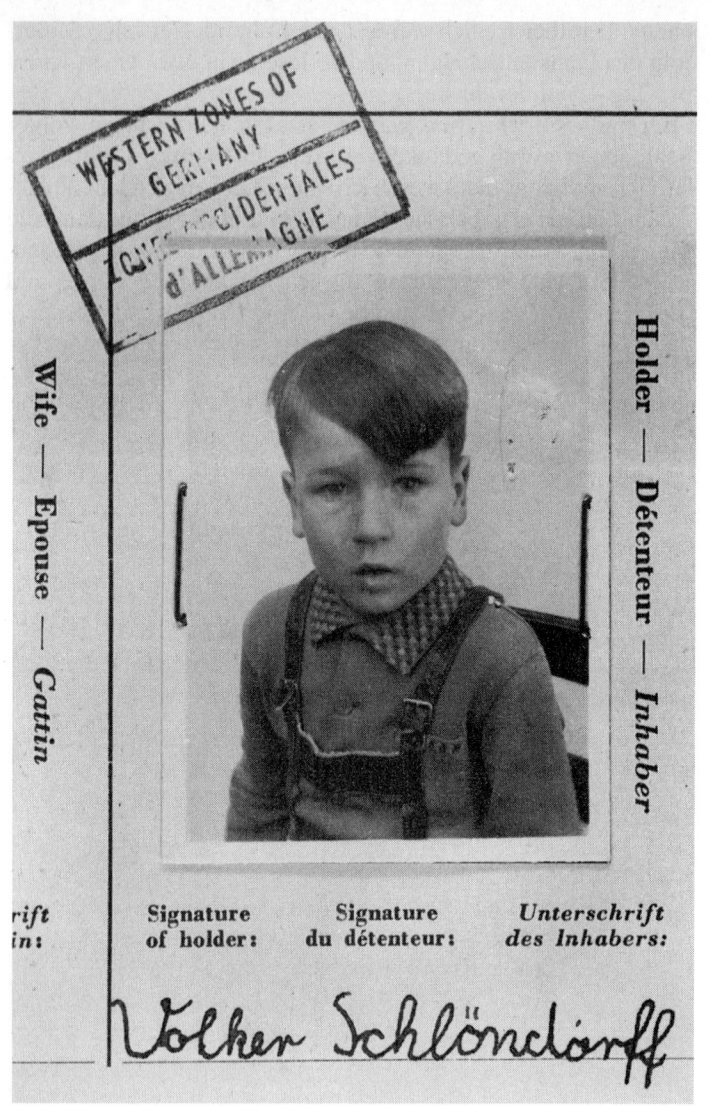

*Volker Schlöndorff in frühen Wiesbadener Zeiten*

# Anhang

## Volker Schlöndorff – tabellarischer Lebenslauf

Der tabellarische Lebenslauf enthält keine ausführlichen Angaben zu den einzelnen Filmen, da diese in der sich anschließenden Filmographie enthalten sind.

| | |
|---|---|
| 1939 | Geboren am 31. März in Wiesbaden als Sohn des Arztes Dr. Georg Schlöndorff. Zwei Brüder, Detlef und Georg, beide Ärzte. |
| 40er | Wächst in Schlangenbad/Taunus auf. |
| 1944 | Schlöndorffs leibliche Mutter stirbt. |
| 50er | Gymnasium in Wiesbaden. Regelmäßige Besuche in der Filmbewertungsstelle Wiesbaden-Biebrich (FBW). Hier führt der Eltviller Franz Rath, später Schlöndorffs erster Kameramann, die Filme vor. |
| 1955 | Schüleraustausch, zunächst für zwei Monate, in einem Jesuiteninternat in der Bretagne (Vannes). Er bleibt, um dort die Schule zu beenden. |
| 1956 | Erstes Baccalauréat. |
| 1957 | Zweites Baccalauréat am Lycée Henri Quatre in Paris (französisches Abitur). Juni: Prix de Philosophie im Concours Général (zweiter Preis). Deutsches Abitur am Goethe-Gymnasium, Frankfurt/Main. |
| 1957–61 | Studium Jura und Wirtschaftswissenschaft, Paris. Lebt nun ständig in Paris. Staatsexamen (1963). Gleichzeitig Vorbereitung und Aufnahme in die Filmschule IDHEC *(Institut des Hautes Etudes Cinématographiques)* und Beginn der Assistententätigkeit. |
| 1959/60 | Winter: Regieassistent beim SFB für Ludwig Bergers DIE NACHT IN ZAANDAM. |
| 1960 | März: Der Schriftsteller Roger Nimier stellt Schlöndorff Louis Malle vor. Hospitanz bei ZAZIE DANS LE MÉTRO. |

*Szene aus WEN KÜMMERT'S (1960), Schlöndorffs erstem, von der FSK nicht freigegebenem Kurzfilm*

|  |  |
|---|---|
| Juli: | WEN KÜMMERT'S ? (12 Min.), erster Kurzfilm, unter Pseudonym Volker Loki. Von der FSK nicht freigegeben. |
| 1960–65 | Regieassistent bei verschiedenen französischen Regisseuren:<br>Louis Malle (VIE PRIVÉE, 1961; LE FEU FOLLET, 1963; VIVA MARIA!, 1965); Alain Resnais (L'ANNÉE DERNIÈRE À MARIENBAD, 1960); Jean-Pierre Melville (LÉON MORIN, PRÊTRE, 1961; LE DOULOS, 1962; L'AINÉ DES FERCHAUX, 1962); Bertrand Tavernier (LES BAISERS 4E SKETCH: LE BAISER DE JUDAS, 1963) u. a.<br>TV-Reportagen über Algerien und Vietnam, zusammen mit Louis Malle.<br>Während seiner Regieassistenzen schreibt Schlöndorff das Drehbuch zu DER JUNGE TÖRLESS. |
| 1964 | Rückkehr nach Deutschland, lebt nun ständig in München. |

| | |
|---|---|
| 1965/66 | DER JUNGE TÖRLESS, Regiedebüt. |
| 1966/67 | MORD UND TOTSCHLAG. |
| 1967 | EIN UNHEIMLICHER MOMENT (13 Min.), zweiter Kurzfilm. |
| 1968/69 | MICHAEL KOHLHAAS – DER REBELL. Erste internationale Produktion Schlöndorffs mit einem amerikanischen Major. |
| 1969 | Gründung der ersten Produktionsfirma, Hallelujah-Film GmbH, München, zusammen mit Regiekollege Peter Fleischmann. |
| | Erwerb eines Hauses in der Toskana, wo Schlöndorff oft im Sommer urlaubt. |
| | BAAL, erster Langfilm für das Fernsehen (HR, Frankfurt/Main). |
| 1970 | DER PLÖTZLICHE REICHTUM DER ARMEN LEUTE VON KOMBACH. |

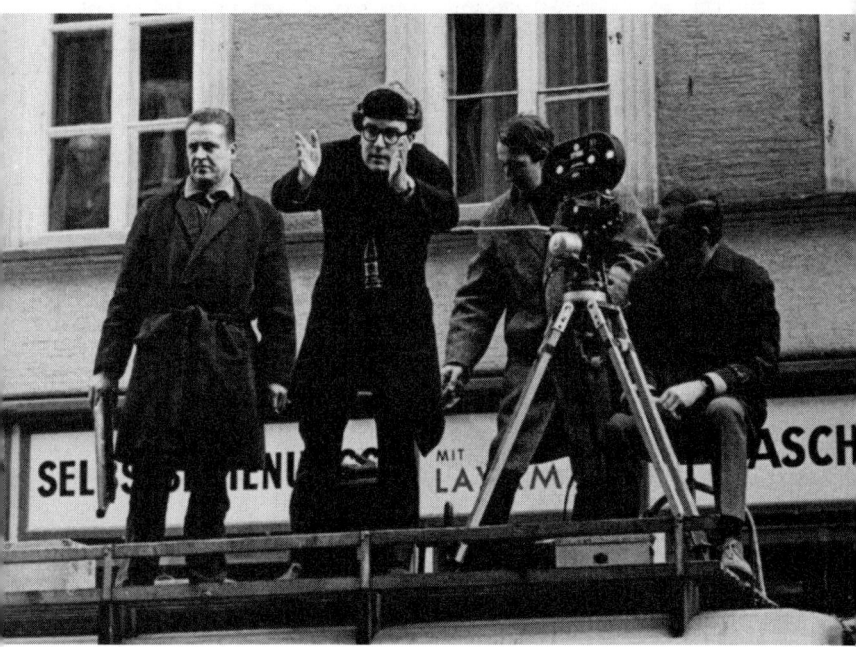

*Dreharbeiten zu Schlöndorffs zweitem Kurzfilm, EIN UNHEIMLICHER MOMENT (1967)*

*Szene aus* EIN UNHEIMLICHER MOMENT

| | |
|---|---|
| 70er | Verschiedene Operninszenierungen: *Katja Kabanova*, 1974 in Frankfurt/Main; *Wir erreichen den Fluß*, 1976 in Berlin-West; *Zoopalast*, 1976 in Montepulciano u. a. |
| 1971 | Februar: Heirat mit Margarethe von Trotta, mit der Volker Schlöndorff seit 1969 zusammenarbeitet (Schauspielerin, Koautorin und Koregisseurin bei einigen seiner Filme). Für Schlöndorff ist es die erste Ehe, für von Trotta die zweite. |
| | DIE MORAL DER RUTH HALBFASS. |
| 1972 | STROHFEUER. |
| 1973 | ÜBERNACHTUNG IN TIROL. |
| 1974 | GEORGINAS GRÜNDE. |

Gründung der Bioskop-Film GmbH, München. Schlöndorff fungiert mit Reinhard Hauff als Mehrheitsgesellschafter, die Leitung übernimmt Eberhard Junkersdorf. Bioskop-Film wickelt fortan die Produktionen Schlöndorffs ab.

Filmpolitisches Engagement: Von 1974 bis 1978 vertritt Schlöndorff als Delegierter die SPD-Bundestagsfraktion im Vorstand der Filmförderungsanstalt.

| | |
|---|---|
| 1975 | DIE VERLORENE EHRE DER KATHARINA BLUM. Internationaler Durchbruch bei Kritik und Publikum. Der Film und Schlöndorffs Engagement im »Rechtshilfefonds für die Verteidigung politischer Gefangener« führen zu heftigen Attacken seitens der Springer-Presse und der CDU-Fraktion. Gerüchte, Schlöndorff sympathisiere mit der RAF, werden kolportiert. Zudem setzt eine polemisch geführte Hetzkampagne ein.<br>La Rochelle, im Juli: Hommage à Volker Schlöndorff (im Rahmen der *Troisièmes Rencontres Internationales de La Rochelle*). |
| 1975/76 | DER FANGSCHUSS. Der Film wird in Frankreich zum Kultfilm, in Deutschland hingegen wird er nur rudimentär wahrgenommen. |
| 1976/77 | NUR ZUM SPASS – NUR ZUM SPIEL. KALEIDOSKOP VALESKA GERT. |
| 1977/78 | DEUTSCHLAND IM HERBST. Erster von drei Gemeinschaftsfilmen, die politisch »gegeninformieren« wollen. |
| 1978 | DER ZOOLOGISCHE PALAST, TV (ARD). |
| 1978/79 | DIE BLECHTROMMEL. Größter Erfolg in Schlöndorffs Karriere. Neben der *Palme d'Or* erster *Oscar* (für den besten ausländischen Film des Jahres) der Nachkriegszeit für einen deutschen Regisseur (zuletzt Emil Jannings 1927). Der Film zählt zu den erfolgreichsten und renommiertesten deutschen Produktionen überhaupt. Über eine Fortsetzung, die Zeit der Nachkriegsjahre, denkt Schlöndorff immer wieder nach. |
| 1979/80 | DER KANDIDAT. Gemeinschaftsfilm.<br>Projekt: *Kopfgeburten* nach dem gleichnamigen Buch von Grass. |
| 1980/81 | DIE FÄLSCHUNG. Dreharbeiten in Beirut während des Libanon-Konflikts, bei denen sich das Filmteam oftmals in Gefahrenzonen aufhält und unter Beschuß gerät.<br>Treffen zwischen Schlöndorff und PLO-Chef Jassir Arafat. |
| 1982/83 | KRIEG UND FRIEDEN. Gemeinschaftsfilm. |

|  | Der *International Film Guide* (Peter Cowie) wählt Schlöndorff für das Jahr 1982 zu einem der fünf »Directors of the Year«. |
|---|---|
| 1983 | EINE LIEBE VON SWANN. Schlöndorff arbeitet wieder über längere Zeit in Paris, dem späteren Wohnsitz Margarethe von Trottas. |
| 1984 | Operninszenierung von *La Bohéme* in Frankfurt/Main. |
| 1985/86 | HELMUT SCHMIDT IN DER DDR (10 Min.). Beitrag zu Alexander Kluges Film VERMISCHTE NACHRICHTEN. Erneuter Wohnsitzwechsel: Schlöndorff siedelt über nach New York. TOD EINES HANDLUNGSREISENDEN. |
| 1986/87 | Projekt über die in Utah lebenden Mormonen, eine Art Michael-Kohlhaas-Geschichte, wird vier Wochen vor Drehbeginn eingestellt. EIN AUFSTAND ALTER MÄNNER. Projekt einer Adaption des Eric-Ambler-Kriminalromans *A Passage of Arms*. |
| 1988 | Inszenierung von Bölls *Frauen vor Flußlandschaft* an den Münchner Kammerspielen, Uraufführung am 24. Januar. Hollywood-Angebot, *Les Liaisons Dangereuses* zu verfilmen. Schlöndorff lehnt ab, da er HOMO FABER vorbereitet. |
| 1989 | WILDER-AUKTION (8 Min.), TV-Beitrag für das ZDF-Magazin *Aspekte*. DIE GESCHICHTE DER DIENERIN, Dreharbeiten. |
| 1990 | Start von DIE GESCHICHTE DER DIENERIN bei der Neuen Constantin Film (15. Februar). Besucher gesamt: 226.694 (Quelle: *Blickpunkt:Film*). HOMO FABER. Dreharbeiten in den USA und Europa. Volker Schlöndorff trifft die anderthalb Jahrzehnte jüngere Cutterin Angelika Gruber in der Bavaria wieder. Gruber hatte 1981 für DIE FÄLSCHUNG die Geräuschsynchronisation gemacht. Die beiden leben nun fortan zusammen. |
| 1991 | Februar: Schlöndorff ist Jury-Mitglied bei den 42. Internationalen Filmfestspielen Berlin. |

*Allein auf dem Hotelzimmer in Paris – zur Zeit von* UN AMOUR DE SWANN *(1983/84)*

Start von HOMO FABER bei der Tobis Filmkunst (21. März). Besucher gesamt: ca. 1,5 Millionen (Quelle: *Blickpunkt:Film*).
Rückkehr Schlöndorffs aus den USA.
Volker Schlöndorff und Margarethe von Trotta lassen sich nach 20jähriger Ehe scheiden.

1992 Januar: Geburt der Tochter Elena Gruber.
THE MICHAEL NYMAN SONGBOOK. TV-Film (Arte) über Liederabend Ute Lempers mit Michael Nymans Musik.
Sommer: Der französische Dienstleistungs- und Medienkonzern »Compagnie Générale des Eaux« (CGE) erwirbt für ca. 130 Millionen Mark die DEFA mitsamt dem 46 Hektar umfassenden Babelsberger Gelände.
Schlöndorff unterzeichnet einen Fünfjahresvertrag und wird Geschäftsführer der neugegründeten »Studio Babelsberg GmbH«, zusammen mit dem Franzosen Pierre Couveinhes. Schlöndorff ist für den Ate-

lierbetrieb zuständig und wird von Peter Fleischmann beraten, Couveinhes betreut den Immobilienbereich. Schlöndorff lebt nun ständig in Berlin-Potsdam.

1988–92 BILLY, HOW DID YOU DO IT? Sechsteilige TV-Dokumentation für die ARD (Erstsendung August/September 1992, WDR).

1993 Inszenierung von Schostakowitschs *Lady Macbeth* an der Bayrischen Staatsoper.

1994 Planung eines Zwölf-Millionen-Mark-Films (Produktion: Franz Seitz) über den Maler Toulouse-Lautrec mit David Bennent in der Titelrolle, Arbeitstitel LAUTREC.

1995 Januar: Filmreihe im Londoner National Film Theatre (British Film Institute). Eröffnung mit DER JUNGE TÖRLESS (2.1.); »The Guardian Interview« mit Schlöndorff als Gast (11.1.).

Juli: DER UNHOLD. Dreharbeiten in Frankreich, Polen, Norwegen und Studio Babelsberg (24. Juli bis 8. Dez., mit Unterbrechungen). Schlöndorffs ehrgeizigstes und aufwendigstes Projekt seit der BLECHTROMMEL ist zugleich die größte Produktion, an der Studio Babelsberg direkt beteiligt ist, und eine der teuersten europäischen Großproduktionen dieser Jahre (die Budgethöhe beträgt circa 26 Millionen Mark).

November: Louis Malle, einer der engsten und ältesten Freunde Schlöndorffs, stirbt am 23. im Alter von 63 Jahren.

Dezember: Abschluß der Dreharbeiten zum UNHOLD.

1996 März: Hommage an Louis Malle in New York und London, wo Schlöndorff den Nachruf spricht.

April: Schlöndorff zieht die Teilnahme des UNHOLD am Wettbewerb der Internationalen Filmfestspiele von Cannes zurück, da er mit der Montage des Films nicht rechtzeitig fertig wird.

Branchengerüchte werden kolportiert, der Film sei zwar fertig, jedoch abgelehnt worden.

Juni: Filmfest München, Schlöndorff hält die Laudatio auf den anwesenden Regie-Altmeister Robert Wise, der zur Eröffnung einer Retrospektive seines Werks angereist ist.

August: Uraufführung von DER UNHOLD auf der *53. Mostra Internazionale d'Arte Cinematografica* in Venedig (30.8.).

September: Festliche Studiopremiere von DER UNHOLD in Babelsberg (11.9.); offizielle Premiere in Köln sowie Kinostart von DER UNHOLD mit zunächst 98 Kopien im Verleih der Tobis Filmkunst (12.9.). Eröffnung des französischen Filmfestivals »à propos du film«, Düsseldorf, mit DER UNHOLD, in Anwesenheit von Schlöndorff (19.9.).

Oktober: DER UNHOLD kommt in Frankreich mit 75 Kopien (Paris und Provinz) in die Kinos (2.10.). »Filmreihe Volker Schlöndorff« – erste umfangreichere Würdigung in seiner Heimatstadt Wiesbaden (Veranstaltungsort: FilmBühne Caligari). Eröffnung mit DIE BLECHTROMMEL in Anwesenheit des Regisseurs (12.10.). Aus diesem Anlaß erscheint auch ein Katalog (siehe Bibliographie).

November: In der zehnten Woche ab Start von DER UNHOLD meldet die Tobis die ernüchternde Besucherzahl von 162.571. Die Kopienzahl liegt zu dieser Zeit bei 27. *Filmecho/Filmwoche* meldet abschließend als Gesamtbesuch 167.238 (*FE/FW*, Nr. 23/1997).

1997 Februar/März: DER UNHOLD kommt in Spanien in die Kinos und ist zwischenzeitlich an gut zwei Dutzend Länder verkauft worden.

Frühjahr: Dreharbeiten in Sarasota, Florida, zu PALMETTO (15. April bis 13. Juni), nach dem Roman *Just Another Sucker* von James Hadley Chase.

Matthias Wendlandt produziert für Rialto-Film, Verleih ist wieder die Tobis Filmkunst (zuvor TOD EINES HANDLUNGSREISENDEN; HOMO FABER; DER UNHOLD).

Mai: Auf den 50. Filmfestspielen in Cannes werden sämtliche Preisträger, so auch Schlöndorff, gewürdigt: DER JUNGE TÖRLESS läuft in der 33 Filme umfassenden Reihe »Découvertes«.

Am 28. Mai stirbt Ingrid Windisch, engagierte Produzentin von DER UNHOLD und anderen Produktionen

*Die Schlöndorffs heute: Volker Schlöndorff, Elena Gruber und Angelika Gruber*

des Studios Babelsberg (UNE FEMME FRANÇAISE, 1995; UN DIVAN À NEW YORK, 1996).

Sommer: Schlöndorffs 1992 abgeschlossener Fünfjahresvertrag mit Studio Babelsberg läuft aus, er widmet sich fortan wieder ganz der Regiearbeit, bleibt aber weiterhin verantwortlich für die Strategien des Studios (als Vorstandsmitglied, für weitere fünf Jahre).

Ab 1. Oktober fungiert Dr. Friedrich C. Wachs als Geschäftsführer, zusammen mit Dr. Arthur Hofer und Rainer Schaper.

Postproduktion von PALMETTO im Studio Babelsberg (Juni bis November).

Schlöndorff-Retrospektive in Mexiko (Oktober).

Die Berliner Akademie der Künste verleiht Volker Schlöndorff den Konrad-Wolf-Preis 1997 (Dezember).

1998 April: Kinostart von PALMETTO.

*Zusammengestellt von Thilo Wydra*

# Die *Sammlung Volker Schlöndorff* im Deutschen Filmmuseum Frankfurt am Main

»*Der Volker Schlöndorff, der ich für meine Freunde in Frankreich bin, existiert nicht in München oder Berlin, und ganz anders bin ich wieder in New York. Mir geht es ein bißchen wie dem Zelig von Woody Allen. Ich verändere mich von Land zu Land.*«
*Volker Schlöndorff, 1993*

Eine der umfangreichsten Sammlungen zum Neuen Deutschen Film befindet sich seit Juni 1992 im Archiv des Deutschen Filmmuseums Frankfurt am Main. Volker Schlöndorff übergab dem Museum die gesamten noch vorhandenen Unterlagen seiner Filme. Die Materialien aus dem Privatarchiv Schlöndorffs werden durch Dokumente zu Produktionen der Münchner Bioskop Film ergänzt. Die Recherchematerialien, Notizbücher, Skripte in verschiedenen Fassungen, Kostenaufstellungen, Arbeitsdrehbücher, Produktionstagebücher, Storyboards, Dreh- und Mischpläne, Architektur- und Kostümentwürfe, über 10.000 Motiv-, Casting-, Arbeits- und Standfotos, Plakate, Kleinrequisiten, Preise und Urkunden erlauben nicht nur einen Überblick über bislang gut 30 Jahre Regiearbeit, sondern ermöglichen einen Einblick in den Wandel des Filmemachens in diesem Zeitraum. Die Heterogenität des vorhandenen Materials bietet verschiedenste Ansätze für eine filmwissenschaftliche Aufarbeitung. Von – bei Schlöndorffs Werk naheliegenden – Untersuchungen zur filmischen Adaption literarischer Vorlagen bis zu Dokumentationen zur gesellschaftlichen Situation, in der die Filme entstanden und auf die sie sich beziehen.
Die Materialien der ersten Lieferung lagerten in den Räumen der Bioskop Film in der Münchner Türkenstraße. Zusammen mit Eberhardt Junkersdorf, Reinhard Hauff und Margarethe von Trotta hatte Volker Schlöndorff hier sein Büro. Die Einrichtung eher schlicht, ein großer Schreibtisch, Einbauschränke, Regale, voll mit Papieren, Fotos und Plakaten. Vom Balkon kann man auf den Hinterhof von Arri sehen. Die Entscheidung, was mit nach Frankfurt ins Archiv des Museums kommt, fiel vor Ort. Schränke wurden geöffnet, der Inhalt wanderte nach kur-

zer Begutachtung in die bereitstehenden Umzugskartons. Es handelte sich um Unterlagen, wie sie im Büro einer Filmproduktion anfallen: Hektographierte Drehbücher in mehreren Fassungen und zu den verschiedensten Projekten, Geschäftsunterlagen, Berge an Fotos, Kartons mit Werbematerial, Plakate und Urkunden, die bezeugen, daß ein Film zu einem Festival eingeladen wurde. Wenig Privates. Eberhardt Junkersdorf nahm ein Foto von seiner Pinnwand, eine Aufnahme von den Dreharbeiten zu DER PLÖTZLICHE REICHTUM DER ARMEN LEUTE VON KOMBACH. Später erzählte er, woher der Name Bioskop Film stammt, und deutete auf eine fotokopierte Anzeige der 1908 in Frankfurt am Main gegründeten Deutschen Bioscop GmbH. Soll der Drehplan der BLECHTROMMEL etwa auch mit? Ja, unbedingt! Gibt es ein aktuelles Filmprojekt? Eventuell die Verfilmung eines amerikanischen Kriminalromans der Schwarzen Serie. Die Gespräche wurden von Telefonaten unterbrochen. Schlöndorff sprach ohne große Übergänge mit den Anrufern in Deutsch, Englisch oder Französisch. Der Wechsel zum Studio Babelsberg stand bereits fest.

Der weit umfangreichere Teil der Sammlung befand sich in Schlöndorffs Münchner Privatwohnung. Über mehrere Tage sichteten wir die Bestände, überlegten, was mitkommt, was wert ist, aufgehoben zu werden, was eventuell vernichtet wird und was Privatsache bleibt. Darüber vor Ort zu entscheiden, was aufbewahrt wird und in Zukunft interessierten Nutzern zugänglich ist, fiel nicht leicht. Es war auch ein Abschiednehmen. Hier waren die Arbeitsdrehbücher mit den Notizen, Ergänzungen und Streichungen, dort die Produktionstagebücher, die die Gedanken während der Konzeption und Realisierung eines Filmes beinhalten. Der TÖRLESS ist wichtig, ebenso der KOMBACH-Film, aber wen interessiert schon das Arbeitsdrehbuch vom KOHLHAAS? Die Unterlagen zur BLECHTROMMEL füllten eine ganze Truhe. Das gesamte Material für das Zweitausendeins-Buch und noch einiges mehr. Der *Oscar* steht im Büro des Produzenten Franz Seitz. Es gibt nur eine Urkunde zur Aufnahme in die *Academy of Motion Picture Arts and Sciences*. Die Materialfülle zur BLECHTROMMEL ist so immens, daß alleine die Auflistung der einzelnen Stücke mehrere Seiten füllt. Dagegen gibt es zu Schlöndorffs erstem Film, WEN KÜMMERT'S? (1960), nur noch sechs Szenenfotos und einen Kontaktbogen. Insgesamt umfaßt die Sammlung 26 Konvolute mit Materialien zu realisierten Filmen. Hinzu kommen Unterlagen zu Schlöndorffs Theater- und Operninszenierungen sowie ein umfangreicher Bestand mit Dokumenten zu nicht realisierten Projekten. Nach der wissenschaftlichen Erschließung und nachdem ein ausführliches Findbuch erstellt wurde, sind, bis auf die Tagebücher, sämtliche Unterlagen für Interessierte einsehbar. Auch die Unterlagen von zukünftigen Filmprojekten werden im Deutschen Filmmuseum archiviert werden. Das Findbuch der *Sammlung Volker Schlöndorff,* in dem sämtliche Archivalien aufgelistet sind, ist über das Deutsche Filmmuseum zu beziehen. Die folgende Auflistung kann nur fragmentarisch sein, sie dient als Übersicht der archivierten Unterlagen.

### Der junge Törless (1966)

Der Titel des Drehbuchs lautet »Der Schüler Törless«, nach einer Erzählung von Robert Musil. Mit Schreiben vom 28.1.1964 schickt der Bundesminister des Innern, »Im Auftrag Fuchs«, die »übersandten Exemplare des genannten Drehbuchs« zurück: »Leider konnte Ihr Drehbuch nicht ausgezeichnet werden.« Adressiert an Volker Schlöndorff, c/o Enno Patalas, teilt am 27.1.1965 der besagte Mitarbeiter des Bundesministers des Innern mit, »daß das von Ihnen verfaßte Drehbuch mit einer Prämie ausgezeichnet werden konnte«. Der Finanzierungsplan kalkuliert für die Herstellungskosten einen Betrag von DM 837.100, die Drehbuchprämie in Höhe von DM 200.000 einberechnet. Matthieu Carrière erhält für seine Rolle des Zöglings Törless eine Gage von DM 7.000. Postkarten von der Motivsuche in Graz, der Steiermark und Schloß Eggenberg. Werk- und Szenenfotos, Kontaktbogen, Negative, Plakate und Pressehefte. Kritikensammlung.

### Mord und Totschlag (1967)

Brian Jones schreibt die Musik, und Anita Pallenberg spielt die Hauptrolle. Auf dem Arbeitsdrehbuch von Volker Schlöndorff stehen handschriftlich drei Zitate berühmter Regiekollegen – »The gangsters are taking it all over« Nick Ray, »Ne plus faire que du cinéma affectif« Louis Malle und »Movie is emotion« Sam Fuller. Der Originaldrehplan listet alle Termine von Darstellern und die Drehorte auf. Es gibt eine englische Untertitelliste mit dem Titel »A Degree of Murder«. Castingfotos mit Anita Pallenberg. Eine Fotoserie von Andy Boulton mit Brian Jones, Anita Pallenberg, Keith Richard, Werner Enke und Volker Schlöndorff während der Dreharbeiten in München. Der Film wird in Cannes gezeigt, von der dortigen Premiere gibt es Fotos.

## Ein unheimlicher Moment (1967)
Der Kurzfilm ist Teil des Episodenfilms PAUKENSPIELER, der am 23. Januar 1981 im Frankfurter Kommunalen Kino uraufgeführt wurde. Das 22seitige Drehbuch von Schlöndorff und Helmut Rimbach hat 132 Einstellungen, ist mit handschriftlichen Anmerkungen und Änderungen versehen. Es gibt ein umfangreiches Konvolut mit Korrespondenz zum Rechtsstreit um die Autorenschaft sowie das Protokoll der öffentlichen Sitzung des Landgerichts München vom 2.10.1968.

## Michael Kohlhaas – Der Rebell (1969)
Die erste internationale Großproduktion von Schlöndorff mit amerikanischer Beteiligung. Neben den diversen Drehbuchfassungen ein Notizbuch mit dem Titel »Mikel Kraut oder die ausserparlamentarische Opposition«. Auf der ersten Seite steht:»Dieser Film ist mehr eine Parabel denn ein Porträt.« Schlöndorff skizziert darin erste Konzepte, Überlegungen zu einzelnen Szenen, Personen, Dialogen. Dazu ein Ringbuch mit Fotos der Motivsuche, eine Liste der Drehorte, Werk- und Szenenfotos und Hunderte von Kontaktbogen. Der deutsche Verleih wirbt mit dem Text »Michael Kohlhaas – Der Rebell. Ein Don Quichotte? Ein Che Guévara? Ein deutscher Rebell.«

## Baal (1969)
Hergestellt für das Fernsehen nach dem Schauspiel von Bertolt Brecht. Kamera: Dietrich Lohmann, Musik: Klaus Doldinger, in der Titelrolle: Rainer Werner Fassbinder. Es gibt Schnittlisten der verwendeten und nicht verwendeten Szenen. Viele Negative mit Szenen- und Arbeitsfotos und farbige Polaroids mit Fassbinder, Siegfried Graue, Margarethe von Trotta und Carla Aulaulu. Und es gibt das Arbeitsdrehbuch, das in seinem abgegriffenen, fleckigen Zustand wie das Originalmanuskript von Brecht wirkt (139 S.; 25 Szenen; S. 6, S. 74–75 und S. 77–81 fehlen; Umtausch einzelner Szenen; Austausch von Szene 4 durch neuen Text; handschriftlich bearbeitet mit zahlreichen Randnotizen und Drehanweisungen; Beilage: Kurzkommentar von Brecht zu seiner »Hauspostille«; 1 Blatt; auf Titelblatt Regieanweisung zu Ausdruck und Betonung der *Baal*-Texte; 1 Blatt; handschriftliche Kurzkommentare zu verschiedenen *Baal*-Fassungen von 1918/1919/1926/1954; 2 S.). Ausrisse aus der *FAZ* und der *Süddeutschen Zeitung* kündigen die Ausstrahlung in HR 3 an.

## Der plötzliche Reichtum der armen Leute von Kombach (1971)
Gedreht wurde im Odenwald. Die *Frankenberger Allgemeine* berichtete am 12.9.1970 über die Dreharbeiten. Recherchematerial zum »Postraub in der Subach, am 10. Mai 1821«. Eine Landkarte, auf der die Handlungsorte markiert sind. Das Arbeitsdrehbuch von Volker Schlöndorff und Margarethe von Trotta: Randnotizen, Textänderungen und -kürzungen, Zusätze, Umstel-

lungen. Beiliegend der Drehplan für September/Oktober 1970 mit der Drehfolge, den Drehorten und der Besetzungsliste. Polaroids von der Motivsuche: der Hohlweg im Wald, dort wo der Überfall auf den Geldkarren mit den kurhessischen Steuergeldern stattfindet. Hunderte von Szenen- und Arbeitsfotos. Das handschriftliche Konzept zur inhaltlichen Gestaltung eines Presseheftes. Kritikensammlung. Das Kommunale Kino gab in seiner Reihe *Filmtexte* ein Begleitheft heraus.

## Die Moral der Ruth Halbfass (1972)

Das Drehbuch trägt den Untertitel »Die Ehegattin oder Es wird im Leben dir mehr genommen als gegeben«. Ein Artikel zum »Mordprozeß Hanzlicek« aus *Der Spiegel*, 21/1970. Dias, Kontaktbogen, Werk- und Szenenfotos. Der Verleih wirbt für »Eine ironische Gesellschaftskomödie von Volker Schlöndorff«. In ihrer Begründung für das Prädikat »Wertvoll« schreibt die Filmbewertungsstelle Wiesbaden: »Die Vorstellung des ›Trivialfilms‹ in differenzierter Sehweise konnte hier in einem bereits erkennbaren Maße realisiert werden.«

## Strohfeuer (1972)

In den USA lief der Film unter dem Titel A FREE WOMAN. Drehbücher in verschiedenen Fassungen. Eine italienische Dialogliste mit dem Titel »Margareta«. Werk- und Szenenfotos, Kontakte, Hunderte Dias und Negative. Deutsche, englische, französische, italienische Pressehefte. Das Plakat der New Yorker Premiere, Handzettel. Das Programmheft der Biennale in Venedig von 1972; ein Programmheft zu einer Veranstaltung in Moskau mit Filmen aus Deutschland. Die US-Presse urteilt überwiegend positiv.

## Übernachtung in Tirol (1973)

Der Drehbuchentwurf von Volker Schlöndorff mit Personenbeschreibung, Inhaltsangabe; ein 20seitiges Exposé und drei Fassungen des Drehbuchs. Das Drehtagebuch von Margarethe von Trotta. Szenenfotos, Kontakte, Negative, Dias. Kritiken-Sammlung. Korrespondenz, u. a. eine Sammlung mit Briefen und Postkarten von Zuschauern an die ARD mit Beschwerden über den Film, in dem angeblich Tirol und seine Bewohner zu negativ dargestellt werden.

## Georginas Gründe / Les Raisons de Georgina (1974)

Drehbücher, ein Drehplan, Werk- und Szenenfotos, Kontaktbogen und Dias. Informationen der Presseabteilung der Bavaria Ateliers zu Inhalt und Stab, speziell über den Kameramann Sven Nykvist. Kritikensammlung.

## Die verlorene Ehre der Katharina Blum (1975)

Die erste Produktion mit Bioskop Film, München, und Eberhardt Junkersdorf als Produzent. Als Vorlage diente Heinrich Bölls Erzählung *Die verlorene Ehre der Katharina Blum oder: Wie Gewalt entstehen und wohin sie führen kann.* Materialien des »Komitees gegen die Folter – Bremen«, u. a. eine »Dokumentation. Polizeiüberfälle in Bremen in der Nacht zum 26.11.1974« mit von Schlöndorff unterstrichenen Passagen, die als Vorlage für die entsprechende Stelle im Film dienen. Die Drehbücher von Margarethe von Trotta und Volker Schlöndorff zusammen mit Heinrich Böll. Das Arbeitsexemplar, mit Textmarkierungen und Randbemerkungen. Es gibt die Originale der »Z Zeitung unabhängig – überparteilich«. Casting-, Werk- und Szenenfotos, Fotos von Bölls Besuch bei den Dreharbeiten, Hunderte Negative, Hunderte Dias. Der französische Aushangsatz, deutsche, englische und französische Pressehefte, Plakate. Hunderte von Kritiken in- und ausländischer Zeitungen.

### Der Fangschuß / Le Coup de Grâce (1976)
Drehbuchfassungen in Deutsch und Französisch von Geneviève Dorman, Jutta Brückner, Margarethe von Trotta. Ein Drehplan. Dokumentarfotos, Motivsuche, Notizen und Zitate zum Baltenkrieg, Casting-, Werk-, Szenenfotos, Kontaktbogen, Dias, Negative, Werbematerialien, Aushangfotos, Plakate, Pressehefte. Kritikensammlung.

### Nur zum Spaß – Nur zum Spiel. Kaleidoskop Valeska Gert (1977)
Bücher von Valeska Gert als Vorbereitungsmaterialien: *Die Bettlerbar von New York,* 1950, *Katze von Kampen,* 1974, und *Ich bin eine Hexe. Kaleidoskop meines Lebens,* 1978. Ein Notizbuch mit ersten Konzepten und Überlegungen zu einzelnen Szenen. Werkfotos, Kontaktbogen, Dias, Negative und eine kleine Sammlung mit Dokumentarfotos von Valeska Gert. Presseausschnitte über den Film und Berichte zum Tod der Tänzerin.

### Deutschland im Herbst (1978)
Schlöndorff drehte zusammen mit Alexander Kluge die Begräbnisse in Stuttgart und inszenierte die Episode: *Die verschobene Antigone.* Vorbereitungsmaterialien: Zeitschrift »Informationsdienst« (ID) vom 10.3.1979; RAF-Faltblatt (u. a. »Rede im Baader-Befreiungsprozeß am 13.9.1974«). Das Drehbuch. Es existiert ein Produktionstagebuch, das auch die Notizen zur BLECHTROMMEL enthält. Datiert ist es zwischen dem 28.10.1977 (erster Eintrag) und dem 13.7.1978 (letzter Eintrag). 11 Bogen Kleinbilddias, beschriftet mit »Deutschland i. Herbst, Stuttgart-Episode, A. Kluge/Schlöndorff, Farbe«; Werk- und Szenenfotos. Werbematerialien, Aushangfotos, ein Informationsblatt zu den Filmfestspielen Berlin, 1978. Kritikensammlung.

### Die Blechtrommel / Le Tambour (1979)
Der Roman von Günter Grass (Luchterhand; 2. Aufl.; 1974; 493 S.; kart.) mit

handschriftlichen Anmerkungen, Textmarkierungen und Randnotizen von Volker Schlöndorff und eine Fotokopie des Romans mit Notizen des Regisseurs. Das Drehbuch von Franz Seitz, die früheste vorliegende Fassung, in der die Handlung durch den erwachsenen Oskar Matzerath eingeleitet wird. Die verschiedenen Fassungen von Franz Seitz, Volker Schlöndorff, Jean Claude Carrière – jetzt wird die Handlung durch die Kaschubei-Szene eingeleitet und beendet. Ein »Vorbereitungsbuch« mit Notizen für die Ausstattung, die Kostüme und die Regie. Ein Exemplar mit der Anmerkung: »Dialoge von Günter Grass bearbeitet und ergänzt«, datiert vom 17.5.1978. Das Arbeitsdrehbuch mit zahlreichen Notizen, Skizzen, Textänderungen, Kürzungen und Zusätzen. Beiliegend finden sich u. a. ein Konzept zur Stockturm-Sequenz, Notizen zu »Oskars Geburt« und das Storyboard der Geburtsszene, skizziert auf Briefpapier des Berliner Hotels *Schweizer Hof.* Die Off-Stimmen Oskars (Szene 1–20); eine Stoppliste: »Danzig an der schönen blauen Donau«. Hinzu kommen englische, französische und italienische Drehbuchfassungen. Ein unfangreiches Konvolut mit Vorbereitungsmaterialien. Die tabellarische Übersicht zur Handlungschronologie des Drehbuchs, unterteilt in Drehbuchkapitel, Sequenz, Thema, Real- und Spielzeit. Eine Auflistung möglicher Rollenbesetzungen, u. a. stehen Götz George und Gérard Depardieu für die Rolle des Alfred Matzerath auf der Liste. Der Drehplan und die Dispo für den 31.8.1978, den ersten Drehtag. Der Mischplan für Musik und Ton. Das Produktionstagebuch. Fotos der Motivsuche, Castingfotos, Werk-, Szenenfotos, Kontaktbogen, Dias, Negative, Aushangfotos, Plakate (deutsche, französische, japanische), Pressehefte. Drehberichte, Kritikensammlung. Private und geschäftliche Korrespondenz. Viele Erinnerungsstücke, darunter ein Aquarell von David Bennent mit einem Portrait von »Oskar«. Und die originale Blechtrommel von Oskar Matzerath/David Bennent.

### Der Kandidat (1980)

Ein Gemeinschaftsprojekt mit Stefan Aust, Alexander von Eschwege und Alexander Kluge. Szenen- und Werkfotos, Negative, Werbematerialien, Aushangfotos, Plakate, Pressehefte, deutsche und ausländische Kritiken.

### Die Fälschung / Le Faussaire (1981)

Die erste vorliegende Fassung ist auf den 15.7.1980 datiert. Schlöndorffs vierseitige Analyse des Drehbuchs vom 29.7.1980. Verschiedene Drehbuchfassungen in Deutsch, Englisch und Französisch von Volker Schlöndorff, Margarethe von Trotta, Kai Herrmann und Jean-Claude Carrière. Das Arbeitsdrehbuch hat zahlreiche handschriftliche Randnotizen, Textänderungen, Kürzungen und Ergänzungen. Unter den Vorbereitungsmaterialien befindet sich ein Bericht über die Motivsuche im Raum Dannenberg vom 6.11.1980; eine Besetzungs- und Adressenliste (Hotels, Behörden u. a.), eine

Liste der möglichen Rollenbesetzung. Der Drehplan mit der Auflistung aller Termine von Darstellern und der Drehorte. Ein Brief von Bruno Ganz an Volker Schlöndorff vom 7.11.1980. Das Drehtagebuch, datiert vom 29.11.1980 bis 4.6.1981, mit Berichten zu Drehtagen, Überlegungen zu einzelnen Szenen, Skizzen, Zeitungsausschnitte. Beiliegend ein undatierter Brief des Journalisten Joe Hembus an Volker Schlöndorff. Ein Ringbuch mit Notizen zu Musik und Ton, datiert von Juni bis Juli 1981. Werk- und Szenenfotos, Kontakte, Hunderte Dias, rund 3.000 Negative, Dokumentarfotos aus dem Libanon, Werbematerialien, Aushangfotos, Plakate, deutsche und englische Pressehefte. Drehberichte, Kritikensammlung.

### Krieg und Frieden (1983)

Für den Gemeinschaftsfilm mit Alexander Kluge, Stefan Aust und Axel Engstfeld inszenierte Volker Schlöndorff die Episoden: *Gespräche im Weltraum, Atombunker, Kill Your Sister*. Fotos, Kontaktbogen, Dias, Werbematerialien und Pressehefte. Drehberichte, Kritikensammlung.

### Eine Liebe von Swann / Un Amour de Swann (1984)

Drehbuchfassungen in Französisch, Englisch und Deutsch, die Autoren sind Jean-Claude Carrière, Peter Brook, Marie-Hélène Estienne. Eine deutsche Dialogliste. Ein Notizbuch von Volker Schlöndorff mit Überlegungen zur Besetzung, mit Drehterminen, Tagebucheintragungen, Zeitungsausschnitten und einer Liste der verwendeten Musik. Ein Brief von Jeremy Irons und ein Brief von Fanny Ardant. Werk- und Szenenfotos, Kontaktbogen, Dias, Negative. Werbematerialien, Aushangfotos, Plakate, Pressehefte, Werberatschläge. Kritikensammlung.

### Tod eines Handlungsreisenden / Death of a Salesman (1985)

Die deutsche Drehbuchfassung, datiert vom 31.1.1986, trägt den Untertitel: »(Gewisse) Privatgespräche in zwei Akten und einem Requiem«; Autor bzw. Übersetzer: Volker Schlöndorff und Florian Hopf. Die englische Fassung ist undatiert, Autor ist Arthur Miller. Es gibt eine deutsche Dialogliste mit zahlreichen Textkorrekturen und -markierungen sowie eine französische Untertitelliste. Castingfotos von Dustin Hoffman, John Malkovich, Stephen Lang und Charles Durning. Werk- und Szenenfotos, Fotos mit Arthur Miller auf dem Set, Dias, Negative, Polaroids vom Modell für die Studiobauten, Aushangfotos, Plakate, Pressehefte, Pressemappen, Sammlung deutscher und ausländischer Kritiken, Kritikensammlung zum Theaterstück.

### Ein Aufstand alter Männer / A Gathering of Old Men (1987)

Drehbücher und Dialoglisten. Werk- und Szenenfotos, Dias, Aushangfotos, Plakate, Pressehefte und eine Sammlung mit deutschen und internationalen Kritiken.

## Die Geschichte der Dienerin / The Handmaid's Tale (1990)
Verschiedene englische Drehbuchfassungen von Harold Pinter und das deutsche Drehbuch zu *Der Report der Magd,* bearbeitet von Schlöndorff. »Ein Thriller aus einer zukünftigen Welt« wirbt der deutsche Verleiher. Die Stab- und Besetzungsliste und die Kalkulation. Werk- und Szenenfotos, Dias, Negative, Plakate, Presseheft, Kritikensammlung, Korrespondenz, u. a. ein dreiseitiger Brief von Harold Pinter vom 11.1.1988.

## Homo Faber / The Voyager (1991)
Max Frischs *Homo Faber* (A Harvest/HBJ Book; 1959), mit Unterstreichungen, Randnotizen und Seitenmarkierungen von Volker Schlöndorff. Drehbuchfassungen von Philippe Pilliod, Rudy Wurlitzer und Volker Schlöndorff in Deutsch, Englisch und Französisch. Vorbereitungsmaterial: Landkarten zur Drehortsuche (Mexiko), Landkarte von Mexiko, mit handschriftlichen Vermerken zu Drehorten, Fotos der Motivsuche und Lagebeschreibung für Wüsten-Flughafen. Castingunterlagen von Anthony Hopkins und Klaus-Maria Brandauer. Aufstellung der Produktionsbudgets vom 17.3.1989, für die Rolle des Faber steht dort »John Malkovich«. Fotos und Polaroids der Location-Suche. Castingfotos und Videobänder mit Castingaufnahmen für die Rolle der Sabeth, u. a. von Katja Riemann. Ringbuchnotizen zum Filmanfang, Überlegungen zu diversen Szenen und der Musik, Text für die Off-Stimme Fabers; Storyboard zu verschiedenen Sequenzen von Nikos Perakis. Der Drehplan, das Ton-Drehbuch mit Textänderungen. Privatfotos vom Besuch Schlöndorffs in der Wohnung von Max Frisch und ein Brief von Frisch vom 8.4.1990. Werk- und Szenenfotos, Kontakte, Dias, Negative, Aushangfotos. Pressehefte in Englisch, Französisch und Italienisch. Werberatschläge. Der Promotion-Plan für die Schweiz. Mehrere Archivboxen mit deutscher und internationaler Presse. Die Reiseschreibmaschine und der Samsonite-Koffer mit den Kleinrequisiten für Sam Shepard als Walter Faber.

## Billy, How Did You Do It? (1988–1992)
Billy Wilder im Gespräch mit Volker Schlöndorff und Hellmuth Karasek. Eine TV-Dokumentation in sechs Teilen. Hier gibt es Konzepte, Entwürfe für die Texte im On und im Off. Die Liste der deutschen Untertitel. Werkfotos und Korrespondenz.

## Der Unhold / The Ogre (1996)
*Der Erlkönig* von Michel Tournier (Fischer Verlag, Frankfurt 1994; 374 S., brosch.) mit handschriftlichen Anmerkungen und eine englische Ausgabe des Romans aus dem Jahre 1972. Ein Originalentwurf des Drehbuchautors Jean-Claude Carrière für die Rolle des Abel. Insgesamt befinden sich 41 französische, deutsche und englische Drehbücher in der Sammlung. Die französische Rohfassung des Drehbuchs ist datiert auf April 1994. Die älte-

ste ausgearbeitete deutsche Fassung ist vom Juli 1994. Das jüngste vorliegende Exemplar ist eine englische Fassung, mit dem Titel *The Ogre*. Datiert ist sie auf den 13.6.1995, korrigiert am 5.7.1995, mit Änderungen vom 20.9.1995 und hat 232 Seiten mit 169 Szenen. Das Original-Storyboard, gezeichnet von Karl-Heinz Übermann, enthält 98 Blätter. Unterlagen aus der Vorrecherche zum Film füllen Regalmeter, darunter Ordner mit Kopien historischer Fotos zur NAPOLA, zu Hermann Göring, dem Jägerhaus Karinhall, zu Sonnwendfeiern, nationalsozialistischer Architektur, Flüchtlingen, zur sowjetischen Offensive und zu Kriegsgefangenenlagern. Es gibt Bücher, wie das von Franco Borsi: *The Monumental Era – European Architecture And Design 1929–1939* oder von Leni Riefenstahl: *Schönheit im olympischen Kampf.* Fotos zur Kunst der Nazizeit und ein Fotoalbum mit Jagdfotos aus dem Mannerheim-Museum, Helsinki. Der Drehplan, erstellt mit dem Computer, ist aufgefaltet über zwei Meter lang. Hunderte Fotos der Motivsuche – Landschaften, Gebäude, Architekturdetails. Castingfotos, Fotos der Maskenprobe mit John Malkovich. Architekturentwürfe von Ezio Frigerio, Zeichnungen der Außenschauplätze und Entwürfe der Innenräume. Anschlußfotos für die Kostüme. Dispositionen. Hunderte Negative und Dias mit Werk- und Szenenfotos. Verleihsätze mit Fotos und Plakaten. Architekturmodelle aus Pappe und aus Knetmasse. Ein Baumodell aus Holz für den Großen Saal im Jägerhof, gebaut von der Szenenbildabteilung des Studios Babelsberg. Kleinrequisiten. Kritiken zur deutschen Erstaufführung.

*Zusammengestellt von Hans-Peter Reichmann*

# Filmographie

Die Filmographie enthält sämtliche Kurz-, Lang- und Gruppenfilme, bei denen Volker Schlöndorff für die Regie verantwortlich zeichnet. Seine Regieassistenzen sind im Lebenslauf aufgeführt.

**WEN KÜMMERT'S**
BRD 1960 (Kurzfilm)
*Regie, Buch, Schnitt:* Volker Loki (= Schlöndorff). *Regieassistenz:* Bertrand Tavernier. *Kamera:* Herbert Rimbach, Karl-Heinz Ries. *Musik:* Dieter Scherf, Dieter Zander.
*Darsteller:* Ashur Si Bekai, Abdel Si Bekai, Harald Fromme.
*Produktion:* Herbert Rimbach, Wiesbaden. *Produzent:* Herbert Rimbach.
*Länge:* 12 Min. *Format:* 35 mm. s/w.
*Anmerkung:* Von der FSK nicht freigegeben. Kopie verschollen.

**DER JUNGE TÖRLESS**
BRD 1966
*Regie, Buch:* Volker Schlöndorff, nach der Adaption von Herbert Asmodi, nach dem Roman *Die Verwirrungen des Zöglings Törless* von Robert Musil. *Regieassistenz:* Herbert Rimbach, Klaus Müller-Laue. *Kamera:* Franz Rath. *Schnitt:* Claus von Boro. *Ausstattung:* Maleen Pacha. Musik: Hans Werner Henze. *Ton:* Klaus Eckelt. *Künstlerische Oberleitung:* Louis Malle.
*Darsteller:* Matthieu Carrière *(Törless)*, Bernd Tischer *(Beineberg)*, Marian Seidowsky *(Basini)*, Alfred Dietz *(Reiting)*, Lotte Ledl *(Wirtin)*, Barbara Steele *(Bozena)*, Hanne Axmann-Rezzori *(Frau Törless)*, Herbert Asmodi *(Herr Törless)*, Fritz Gehlen *(Direktor)*, Jean Launay.
*Produktion:* Franz Seitz Filmproduktion, München / Nouvelles Editions de Films, Paris. *Produzent:* Franz Seitz, Louis Malle. *Produktionsleitung:* Franz Achter.
*Länge:* 87 Min. *Format:* 35 mm. s/w.
*Uraufführung:* 9.5.1966, Cannes (IFF). *Deutsche Erstaufführung:* 20.5.1966, Lübeck. *Erstverleih:* Nora Filmverleih. *FBW-Prädikat:* Besonders wertvoll.
*Preise:* Deutscher Filmpreis 1966: Filmband in Gold (Regie, Drehbuch, Herstellung);
IFF Cannes 1966: FIPRESCI-Preis;
Nantes 1966: Prix Max Ophüls;
IFF San Francisco 1966: Golden Gate Award.

## MORD UND TOTSCHLAG
BRD 1967
*Regie:* Volker Schlöndorff. *Buch:* Volker Schlöndorff, Gregor von Rezzori, Niklas Frank, Arne Boyer. *Regieassistenz:* Herbert Rimbach, Klaus Müller-Laue. *Kamera:* Franz Rath. *Kameraführung:* Jürgen Jürges. *Kameraassistenz:* Bodo Kessler. *Schnitt:* Claus von Boro. *Bauten:* Wolfgang Hundhammer. *Kostüme:* Eva Maria Gall. *Musik:* Brian Jones. *Ton:* Klaus Eckelt. *Farbberatung:* Hanna Axmann-Rezzori.
*Darsteller:* Anita Pallenberg *(Marie)*, Werner Enke *(Hans)*, Hans Peter Hallwachs *(Günther)*, Manfred Fischbeck *(Fritz)*, Sonja Karzau, Angelika Hillebrecht, Willi Harlander, Leotine Dreihardt, Renate Hertle, Kurt Bülau.
*Produktion:* Houwer-Film, München. *Produzent:* Robert Piet Houwer. *Produktionsleitung:* Jürgen Dohme. *Aufnahmeleitung:* Siegfried Wagner.
*Länge:* 87 Min. *Format:* 35 mm. Farbe (Eastmancolor).
*Uraufführung:* 19.4.1967, München. *Erstverleih:* Constantin-Film.
*FBW-Prädikat:* Wertvoll.
*Preise:* Deutscher Filmpreis 1967: Filmband in Silber (Herstellung), in Gold (Kamera).

## EIN UNHEIMLICHER MOMENT
BRD 1967 (Kurzfilm)
*Regie, Buch:* Volker Schlöndorff, Herbert Rimbach. *Kamera:* Werner Kurz. *Kameraassistenz:* Jürgen Schönemann. *Schnitt:* Claus von Boro. *Musik:* Hans Werner Henze. *Ton:* Klaus Eckelt.
*Darsteller:* Hansi Kraus, Maria Singer.
*Produktion:* Franz Seitz Filmproduktion, München. *Produzent:* Franz Seitz.
*Länge:* 13 Min. *Format:* 35 mm. s/w.
*Uraufführungen:* 1970 (als Vorfilm); 21.1.1981, Frankfurt/Main, als Teil des Episodenfilms DER PAUKENSPIELER von Franz Seitz, Bernhard Wicki, Rolf Thiele, Helmut Meeves. *Erstverleih:* Nora Filmverleih.

## MICHAEL KOHLHAAS – DER REBELL
BRD 1969
*Regie:* Volker Schlöndorff. *Buch:* Clement Biddle-Wood, Volker Schlöndorff, nach der Novelle *Michael Kohlhaas* von Heinrich von Kleist. *Adaption:* Edward Bond. *Regieassistenz:* Klaus Müller-Laue, Clotilde Kovacova, Enrico von Rezzori. *Kamera:* Willy Kurant. *Kameraassistenz:* Herwig Zürkendörfer. *Schnitt:* Claus von

Boro. *Ausstattung:* Ivan Vanicek, Rudi Kovacs. *Kostüme:* Hanna Axmann-Rezzori. *Maske:* Maud Begon. *Musik:* Stanley Myers. *Ton:* Günter Stadelmann, Rusty Coppelmann. *Pyrotechnik:* Roger Bollengier, Jean Brunet.
*Darsteller:* David Warner *(Michael Kohlhaas)*, Anna Karina *(Elisabeth)*, Inigo Jackson *(Junker Wenzel von Tronka)*, Emanuel Schmied *(Verwalter)* Vaclav Lohnisky *(Herse)*, Relia Básic *(Nagel)*, Anita Pallenberg *(Katrina)*, Kurt Meisel *(Kanzler)*, Thomas Holtzmann *(Martin Luther)*, Anton Diffring *(Kurfürst)*.
*Produktion:* Oceanic Filmproductions GmbH, München / Houwer-Film, München; für Columbia Pictures Corporation, New York. *Produzent:* Elliot Kastner. *Ausführender Produzent:* Jerry Gershwin. *Produktionsleitung:* Pierre Caro, Claude Ganz. *Herstellungsleitung:* Jerome Bick, Robert Piet Houwer. *Aufnahmeleitung:* Günter Sturm.
*Länge:* 100 Min. *Format:* 35 mm. Farbe (Eastmancolor).
*Uraufführung:* 11.4.1969, Cannes (IFF). *Erstverleih:* Columbia.
*FBW-Prädikat:* Wertvoll.
*Preise:* Ehrenurkunde Dama del Paragua;
IFF Straßburg (Preis der Menschenrechte);
*Anmerkung:* Der Film wurde in englischer Sprache gedreht. Schlöndorff stellte eine abweichende Fassung für die USA her, Titel: MAN ON HORSEBACK.

**BAAL**
BRD 1969 (TV-Film)
*Regie, Buch:* Volker Schlöndorff, nach dem gleichnamigen Theaterstück von Bertolt Brecht. *Regieassistenz:* Hans-Jörg Weyhmüller, Klaus-Oliver Keil. *Kamera:* Dietrich Lohmann. *Schnitt:* Peter Ettengruber. *Ausstattung:* Hanna Axmann-Rezzori. *Musik:* Klaus Doldinger. *Ton:* Alfred Limmer.
*Darsteller:* Rainer Werner Fassbinder *(Baal)*, Siegfried Graue *(Eckart)*, Margarethe von Trotta *(Sophie)*, Günther Neutze *(Mech)*, Miriam Spoerri *(Emilie)*, Marian Seidowsky *(Johannes)*, Irmgard Paulis *(Johanna)*, Hanna Schygulla *(Luise)*, Irm Hermann *(Mutter)*, Sabine von Maydell und Eva Pampuch *(zwei Schwestern)*, Christine Schubert *(Soubrette)*, Walter Sedlmayr.
*Produktion:* Hallelujah-Film GmbH, München / Hessischer Rundfunk, Frankfurt/Main / Bayerischer Rundfunk, München. *Produzent:* Volker Schlöndorff. *Produktionsleitung:* Hans Fries. *Gesamtleitung:* Hellmut Haffner. *Aufnahmeleitung:* Peter Prusik. *Redaktion:* Hans Prescher.
*Länge:* 84 Min. *Format:* 16 mm. Farbe. *Erstsendung:* 7.1.1970, HR 3.

## DER PLÖTZLICHE REICHTUM DER ARMEN LEUTE VON KOMBACH
BRD 1971
*Regie:* Volker Schlöndorff. *Buch:* Volker Schlöndorff, Margarethe von Trotta. *Regieassistenz:* Hans-Jörg Weyhmüller. *Kamera:* Franz Rath. *Kameraassistenz:* Franz Knoll, Klaus Müller-Laue. *Schnitt:* Claus von Boro. *Ausstattung, Kostüme:* Hanna Axmann-Rezzori. *Musik:* Klaus Doldinger. *Ton:* Klaus Eckelt.
*Darsteller:* Georg Lehn *(Hans Jacob Geiz)*, Reinhard Hauff *(Heinrich Geiz)*, Karl-Josef Cramer *(Jacob Geiz)*, Wolfgang Bächler *(David Briel)*, Harry Owen *(Ludwig Acker)*, Harald Müller *(Johann Soldan)*, Karl-Heinz Merz *(Landschütz Volk)*, Margarethe von Trotta *(Sophie)*, Angelika Hillebrecht *(Johanna Soldan)*, Maria Donnerstag *(Frau Geiz)*, Eva Pampuch *(Gänseliesel)*, Wilhelm Grashoff *(Richter Danz)*, Joe Hembus *(Schreiber)*, Walter Buschhoff *(Pfarrer)*, Rainer Werner Fassbinder *(Bauer)*.
*Produktion:* Hallelujah-Film GmbH, München / Hessischer Rundfunk, Frankfurt/Main. *Produzent:* Volker Schlöndorff. *Produktionsleitung:* Eberhard Junkersdorf. *Aufnahmeleitung:* Jobst Neuschärfer. *Redaktion:* Hans Prescher.
*Länge:* 102 Min. *Format:* 16 mm, aufgeblasen auf 35 mm. s/w.
*Uraufführung:* 29.1.1971, Frankfurt/Main. *Erstsendung:* 26.1.1971, HR 3. *Erstverleih:* Neue Filmkunst Walter Kirchner. *FBW-Prädikat:* Besonders wertvoll.
*Preise:* Deutscher Filmpreis 1971: Filmband in Gold (Regie);
IFF San Sebastian 1971: Premio Luis Buñuel;
»Goldfeder« der Auslandskorrespondenten;
Preis des spanischen Kritikerverbandes C.E.C. (Drehbuch);
Preis des Internationalen Katholischen Filmbüros (OCIC).

## DIE MORAL DER RUTH HALBFASS
BRD 1972
*Regie:* Volker Schlöndorff. *Buch:* Volker Schlöndorff, Peter Hamm. *Regieassistenz:* Klaus-Oliver Keil, Margarethe von Trotta. *Kamera:* Klaus Müller-Laue, Konrad Kotowski. *Kameraassistenz:* Wolfgang Knigge, Werner Löwer. *Schnitt:* Claus von Boro. *Ausstattung, Kostüme:* Hanna Axmann-Rezzori. *Maske:* Ingrid Kondermann. *Musik:* Friedrich Meyer. *Gesang:* Richard Tauber, Joseph Schmidt. *Ton:* Wolfgang Richter.
*Darsteller:* Senta Berger *(Ruth Halbfass)*, Peter Ehrlich *(Erich Halbfass)*, Helmut Griem *(Franz Vogelsang)*, Margarethe von Trotta *(Doris Vogelsang)*, Susanne Rettig *(Aglaia Halbfass)*, Walter Sedlmayr *(Waffenhändler)*, Marian Seidowsky *(Francesco)*, Karl

Heinz Merz *(Bonaparte)*, Peter Hamm, Wilhelm Grashoff.
*Produktion:* Hallelujah-Film GmbH, München / Hessischer Rundfunk, Frankfurt/Main. *Produzent:* Volker Schlöndorff. *Produktionsleitung:* Eberhard Junkersdorf. *Aufnahmeleitung:* Günter Sturm. *Redaktion:* Hans Prescher.
*Länge:* 89 Min. *Format:* 35 mm. Farbe (Eastmancolor).
*Uraufführung:* 14.4.1972, Bonn, Düsseldorf, Frankfurt/Main, Hannover. *Erstverleih:* Cinema International Corporation. *FBW-Prädikat:* Wertvoll.

**STROHFEUER**
BRD 1972
*Regie:* Volker Schlöndorff. *Buch:* Volker Schlöndorff, Margarethe von Trotta. *Regieassistenz:* Alexander Ebermayer von Richthofen. *Kamera:* Sven Nykvist. *Kameraassistenz:* Horst Weber. *Schnitt:* Suzanne Baron. *Schnittassistenz:* Ute Reeg. *Ausstattung, Kostüme:* Nikos Perakis. *Maske:* Joachim Döring, Elke Geissler. *Musik:* Stanley Myers. *Ton:* Wolfgang Richter. *Tonassistenz:* Olaf Reinke. *Choreographie:* William Millié.
*Darsteller:* Margarethe von Trotta *(Elisabeth)*, Friedhelm Ptok *(Hans-Helmut)*, Martin Lüttge *(Oskar)*, Walter Sedlmayr *(Pelzhändler)*, Wilhelm Grashoff *(Verkäufer)*, Georg Marischka *(Schmollinger)*, Dr. Konrad Farner *(Kunsthistoriker)*, Else Domberger *(Gesangslehrerin)*, Maria Brunner *(Tanzlehrerin)*, Nikolaus Vesely, Ruth Hellberg, Ute Ellin.
*Produktion:* Hallelujah-Film GmbH, München / Hessischer Rundfunk, Frankfurt/Main. *Produzent:* Volker Schlöndorff. *Produktionsleitung:* Eberhard Junkersdorf. *Aufnahmeleitung:* Jörg Schmitt. *Redaktion:* Hans Prescher.
*Länge:* 101 Min. *Format:* 35 mm. Farbe (Eastmancolor).
*Uraufführung:* September 1972, Venedig (IFF). *Deutsche Erstaufführung:* 1.11.1972, München. *Erstsendung:* 1.11.1972. ARD. *Erstverleih:* Hallelujah-Film.
*Preise:* Deutscher Kritikerpreis 1972;
IFF Chicago 1973 (Golden Hugo);
Brüssel 1973 (Prix Femina);
IFF Karlovy Vary 1974 (Preis der Werktätigen).
*Anmerkung:* Alle Preise erhielt Margarethe von Trotta.

**ÜBERNACHTUNG IN TIROL**
BRD 1973 (TV-Film)
*Regie:* Volker Schlöndorff. *Buch:* Volker Schlöndorff, Peter Hamm. *Kamera:* Franz Rath. *Schnitt:* Suzanne Baron. *Schnittassistenz:* Ur-

sula Götz. *Ausstattung:* Robert Straht. *Kostüme:* Ruth Gilbert. *Maske:* Joachim Döring. *Musik:* Stanley Myers. *Ton:* Klaus Eckelt.
*Darsteller:* Margarethe von Trotta *(Katja)*, Reinhard Hauff *(Eduard)*, Herbert Achternbusch *(Dorfschullehrer)*, Rita Scherrer *(Anna)*, Irvy Gitlis *(Pavel)*, Louise Martini *(Wirtin)*, Heinrich Schweiger *(Carlo Strupp)*.
*Produktion:* Hallelujah-Film GmbH, München / Hessischer Rundfunk, Frankfurt/Main. *Produzent:* Volker Schlöndorff. *Produktionsleitung:* Eberhard Junkersdorf. *Herstellungsleitung:* Günter Sturm. *Aufnahmeleitung:* Karl Margraf. *Redaktion:* Hans Prescher.
*Länge:* 77 Min. *Format:* 35 mm. Farbe (Eastmancolor).
*Erstsendung:* 8.10.1974, ARD.

## GEORGINAS GRÜNDE / LES RAISONS DE GEORGINA
BRD 1974 (TV-Film)
*Regie:* Volker Schlöndorff. *Buch:* Peter Adler, Volker Schlöndorff (Mitarbeit), nach der gleichnamigen Erzählung *Georgina's Reasons* von Henry James. *Regieassistenz:* Stephan Meyer. *Kamera:* Sven Nykvist. *Schnitt:* Hilwa von Boro. *Ausstattung:* Hans Gailling. *Kostüme:* Nikos Perakis. *Maske:* Jonas Müller, Klaus Walzel, Sibylle Danzer. *Musik:* Friedrich Meyer. *Ton:* Klaus Eckelt. *Tonassistenz:* Christian Schubert.
*Darsteller:* Edith Clever *(Georgina Gressie)*, Joachim Bissmeier *(Raymond Benyon)*, Margarethe von Trotta *(Kate Theory)*, Friedrich von Thun *(Percival)*, Ingeborg Kloiber *(Mrs. Gressie)*, Erich Aberle *(Mr. Gressie)*, Eva-Maria Meineke *(Mrs. Portico)*, Carin Braun *(Mildred Theory)*, Beles Adam *(Agnes)*, Werner Kliess *(Georginas 2. Ehemann)*.
*Produktion:* Bavaria Atelier GmbH, Geiselgasteig / Westdeutscher Rundfunk, Köln / O.R.T.F., Paris / Technisonor, Paris. *Produzent:* Werner Kließ. *Produktionsleitung:* Richard Deutsch. *Aufnahmeleitung:* Rolf Müller, Susi Doelfes. *Redaktion:* Helmut Krapp.
*Länge:* 63 Min. *Format:* 35 mm. Farbe (Eastmancolor).
*Erstsendung:* 27.4.1975, ARD.

## DIE VERLORENE EHRE DER KATHARINA BLUM
BRD 1975
*Regie, Buch:* Volker Schlöndorff, Margarethe von Trotta, nach der gleichnamigen Erzählung von Heinrich Böll. *Dramaturgie:* Gunter Witte. *Regieassistenz:* Alexander Ebermayer von Richthofen, Gerhard von Halem. *Kamera:* Jost Vacano. *Kameraassistenz:* Peter Arnold. *Schnitt:* Peter Przygodda. *Schnittassistenz:* Heidi Handorf, Ursula Götz. *Bauten:* Günther Naumann, Ute Burgmann.

*Kostüme:* Annette Schaad, Reinhild Paul. *Maske:* Maulio Rocchetti, Sibylle Danzer. *Musik, Musikalische Leitung:* Hans Werner Henze. *Ton:* Klaus Eckelt. *Tonassistenz:* Wolfgang Löper. *Tonmischung:* Willi Schwadorf. *Technik:* Honorat Stangl, Heinz Sottung.

*Darsteller:* Angela Winkler *(Katharina Blum)*, Mario Adorf *(Kommissar Beizmenne)*, Dieter Laser *(Tötges)*, Jürgen Prochnow *(Ludwig Götten)*, Heinz Bennent *(Dr. Blorna)*, Hannelore Hoger *(Trude Blorna)*, Rolf Becker *(Staatsanwalt Hach)*, Harald Kuhlmann *(Moeding)*, Herbert Fux *(Journalist Weniger)*, Regine Lutz *(Else Woltersheim)*, Werner Eichhorn *(Konrad Beiters)*, Karl-Heinz Vosgerau *(Prof. Alois Sträubleder)*, Henry von Lyck *(Scheich Karl)*, Angelika Hillebrecht, Horatius Haeberle, Leo Weisse, Walter Gontermann, Hildegard Linden, Stephanie Thönnessen, Josephine Gievens, Peter Franke, Achim Strietzel.

*Produktion:* Bioskop-Film GmbH, München / Paramount-Orion, München / Westdeutscher Rundfunk, Köln. *Produzent:* Eberhard Junkersdorf. *Gesamtleitung:* Willi Benninger. *Aufnahmeleitung:* Herbert Kerz, Jürgen Bieske. *Redaktion:* Gunter Witte.

*Länge:* 106 Min. *Format:* 35 mm. Farbe (Eastmancolor).

*Uraufführung:* 9.10.1975, Berlin. *Erstverleih:* Cinema International Corporation. *FBW-Prädikat:* Besonders wertvoll.

*Preise:* Deutscher Filmpreis 1976: Filmband in Gold (Angela Winkler / Kamera);
Deutscher Kritikerpreis 1975 für Angela Winkler;
IFF San Sebastian 1975;
Preis des spanischen Filmkritikerverbandes (CEC);
Preis des Internationalen Katholischen Filmbüros (OCIC).

## DER FANGSCHUSS / LE COUP DE GRACE
BRD/F 1976

*Regie:* Volker Schlöndorff. *Buch:* Geneviève Dorman, unter Mitarbeit von Margarethe von Trotta und Jutta Brückner, nach dem gleichnamigen Roman von Marguertie Yourcenar. *Regieassistenz:* Alexander von Eschwege. *Kamera:* Igor Luther. *Kameraassistenz:* Peter Arnold. *Schnitt:* Jane Sperr, unter Beteiligung von Henri Colpi. *Schnittassistenz:* Annette Dorn. *Tonschnitt:* Alexander Rupp. *Ausstattung:* Jürgen Kiebach. *Kostüme:* Ingrid Zoré. *Kostümassistenz:* Reinhild Paul. *Maske:* Sibylle Danzer. *Musik:* Stanley Myers. *Ton:* Gerhard Birkholz. *Tonmischung:* Willi Schwadorf. *Pyrotechnik, Waffen:* Helmut Graef.

*Darsteller:* Margarethe von Trotta *(Sophie von Reval)*, Matthias Habich *(Erich von Lhomond)*, Rüdiger Kirschstein *(Konrad von*

*Reval)*, Matthieu Carrière *(Volkmar von Plessen)*, Valeska Gert *(Tante Praskovia)*, Franz Morak *(Grigori Loew)*, Frederik von Zichy *(Franz von Aland)*, Bruno Thost *(Chopin)*, Marc Eyraud, Alexander von Eschwege.
*Produktion:* Bioskop-Film GmbH, München / Hessischer Rundfunk, Frankfurt/Main / Argos Films, Paris. *Produzent:* Eberhard Junkersdorf. *Produktionsleitung:* Herbert Kerz. *Aufnahmeleitung:* Wulf Peters. *Redaktion:* Hans Prescher.
*Länge:* 97 Min. *Format:* 35 mm. s/w.
*Uraufführung:* 22.10.1976 Hamburg, Frankfurt/Main, Köln. *Erstverleih:* Filmverlag der Autoren. *FBW-Prädikat:* Besonders wertvoll.
*Preise:* Deutscher Filmpreis 1977: Filmband in Gold (Regie / Kamera);
Neapel 1976 (Premio Vittorio de Sica).
*Anmerkung:* Der Film ist Jean-Pierre Melville gewidmet.

## NUR ZUM SPASS – NUR ZUM SPIEL.
## KALEIDOSKOP VALESKA GERT
BRD 1977 (TV-Dokumentarfilm)
*Regie, Buch, Kommentar:* Volker Schlöndorff. *Regieassistenz:* Alexander von Eschwege. *Kamera:* Michael Ballhaus. *Kameraassistenz:* Horst Knechtel. *Schnitt:* Gisela Haller. *Kostüme:* Ruth Gilbert. *Musik:* Friedrich Meyer. *Ton:* Gerhard Birkholz. *Recherchen:* Alexander von Eschwege.
*Darsteller:* Valeska Gert, Pola Kinski, Volker Schlöndorff.
*Produktion:* Bioskop-Film GmbH, München; für ZDF, Mainz. *Produzent:* Eberhard Junkersdorf. *Aufnahmeleitung:* Larry Duerr. *Redaktion:* Egon Müller-Franken.
*Länge:* 60 Min. *Format:* 16 mm. Farbe (Eastmancolor), s/w.
*Uraufführung:* April 1977, Oberhausen. *Erstverleih:* Cinema International Corporation.

## DEUTSCHLAND IM HERBST
BRD 1978 (Gemeinschaftsfilm)
*Regie:* Volker Schlöndorff, Rainer Werner Fassbinder, Alexander Kluge, Edgar Reitz, Alf Brustellin, Bernhard Sinkel, Beate Mainka-Jellinghaus, Maximiliane Mainka, Peter Schubert, Katja Rupé, Hans Peter Cloos.
*Produktion:* Pro-ject Filmproduktion im Filmverlag der Autoren, München / Hallelujah-Film, München / Kairos-Film, München.
*Produzenten:* Theo Hinz, Eberhard Junkersdorf. *Aufnahmeleitung:* Heinz Badewitz, Karl Helmer, Herbert Kerz.
*Länge:* 123 Min. (Verleihfassung). *Format:* 35 mm. Farbe (East-

mancolor), s/w.
*Uraufführung:* 3.3.1978, Berlin (IFF). *Erstverleih:* Filmverlag der Autoren. *FBW-Prädikat:* Besonders wertvoll.

EPISODE: BEGRÄBNISSE IN STUTTGART
*Regie:* Volker Schlöndorff, Alexander Kluge. *Kamera:* Bodo Kessler, Jörg Schmidt-Reitwein. *Schnitt:* Beate Mainka-Jellinghaus. *Ton:* Klaus Eckelt.

EPISODE: DIE VERSCHOBENE ANTIGONE
*Regie:* Volker Schlöndorff. *Buch:* Heinrich Böll. *Kamera:* Colin Moulnier. *Schnitt:* Mulle Goetz-Dickopp. *Ausstattung:* Winfred Henning. *Ton:* Klaus Eckelt.
*Produktionsleitung:* Eberhard Junkersdorf. *Aufnahmeleitung:* Herbert Kerz.
*Darsteller:* Angela Winkler *(Antigone)*, Helmut Griem *(Kreon)*, Franziska Walser *(Ismene)*, Wolfgang Bächler *(Theiresias)*, Heinz Bennent, Vadim Glowna, Dieter Laser, Mario Adorf, Enno Patalas.

**DER ZOOLOGISCHE PALAST**
BRD 1978 (TV-Aufzeichnung)
*Regie:* Volker Schlöndorff, Matthieu Carrière. *Buch:* Thomas Jahn, nach Texten englischer Schüler, übersetzt von Britta von Reichenau. *Kamera:* Werner Rosemann, Helmut Kühn, Michael Wetterau, Klaus Hanke. *Schnitt:* Gitta von Sachs. *Bauten, Kostüme:* Hartmut Schönfeld. *Maske:* Hans Evers, Edith Becker. *Bildtechnik:* Heinz Ginzel, Jürgen Neupert. *MAZ-Technik:* Peter Schmits. *Musik:* Thomas Jahn. *Musikalische Leitung:* Caspar Richter. *Ton:* Karl-Heinz Morell.
*Darsteller:* John Venning, Claus-Peter Corzilius, Thomas Schulze, Walter Groh, Paul Danaher, Brenda Jackson.
*Produktion:* Hessischer Rundfunk, Frankfurt/Main. *Produktionsleitung:* Wolfgang Völker. *Aufnahmeleitung:* Benno Bentzin. *Redaktion:* Dietmar Schings.
*Länge:* 81 Min. *Format:* MAZ/2-Zoll. Farbe.
*Erstsendung:* 27.12.1978, ARD.

**DIE BLECHTROMMEL / LE TAMBOUR**
BRD/F 1979
*Regie:* Volker Schlöndorff. *Buch:* Volker Schlöndorff, Jean-Claude Carrière, Franz Seitz, nach dem gleichnamigen Roman von Günter Grass. *Dialogbearbeitung:* Günter Grass. *Regieassistenz:* Branko Lustig, Alexander E. von Richthofen, Wolfgang Kroke. *Kamera:* Igor Luther. *Kameraassistenz:* Peter Arnold, Nikolaus Stark-

meth. *Schnitt:* Suzanne Baron. *Schnittassistenz:* Agape Dorstewitz, Barbara von Weitershausen, Helga Kusterka. *Art Direction:* Nikos Perakis. *Ausstattung:* Bernd Lepel. *Bauten:* Zeljko Senecic, Piotr Dudzinski. *Kostüme:* Dagmar Niefind, Inge Heer, Yoshy Yabara. *Maske:* Rina Carboni, Alfredo Tiberi. *Musik:* Maurice Jarre. *Szenenmusik:* Friedrich Meyer. *Ton:* Walter Kellerhals. *Tonassistenz:* Walter Grundauer, Peter Beil. *Tonmischung:* Hans Dieter Schwarz. *Oberbeleuchter:* Konrad Dillitzer. *Pyrotechnik:* Georges Jaconelli.
*Darsteller:* David Bennent *(Oskar Matzerath)*, Mario Adorf *(Alfred Matzerath)*, Angela Winkler *(Agnes Matzerath)*, Daniel Olbrychski *(Jan Bronski)*, Katharina Thalbach *(Maria)*, Heinz Bennent *(Albrecht Greff)*, Andrea Ferréol *(Lina Greff)*, Fritz Hakl *(Bebra)*, Mariella Oliveri *(Roswitha Raguna)*, Tina Engel *(Anna Koljaiczek)*, Berta Drews *(Oma Anna)*, Roland Teubner *(Joseph Koljaiczek)*, Ernst Jacobi *(Löbsack)*, Werner Rehm *(Scheffler)*, Ilse Pagé *(Gretchen Scheffler)*, Käte Jaenicke *(Mutter Truczinski)*, Helmut Brasch *(Der alte Heilandt)*, Wigand Witting *(Herbert Truczinski)*, Otto Sander *(Musiker Meyn)*, Charles Aznavour *(Sigismund Markus)*, Henning Schlüter *(Dr. Hollatz)*.
*Produktion:* Franz Seitz Film, München / Bioskop-Film GmbH, München / Hallelujah-Film, München / GGB 14 KG, München / Artemis Film, Berlin / Argos Films, Paris / Hessischer Rundfunk, Frankfurt/Main. *Produzent:* Franz Seitz. *Koproduzent:* Volker Schlöndorff, Anatole Dauman. *Produktionsleitung:* Herbert Kerz, Siegfried Hofbauer, Donko Buljan, Urszula Orczykowska, André Heinrich. *Herstellungsleitung:* Eberhard Junkersdorf. *Aufnahmeleitung:* Luis Mayr, Günther Stocklöv, Ute Ehmke.
*Länge:* 145 Min. *Format:* 35 mm. Farbe (Eastmancolor).
*Uraufführung:* 3.5.1979, Berlin, Mainz, Wiesbaden. *Deutscher Erstverleih:* United Artists. *FBW-Prädikat*: Besonders wertvoll.
*Preise:* IFF Cannes 1979: Palme d'Or;
Deutscher Filmpreis 1979: Goldene Schale;
Academy Award 1980: Oscar (bester ausländischer Film des Jahres).
*Anmerkung:* TV-Dokumentation (ZDF, 1979) über die Dreharbeiten: BESCHREIBUNG EINES HAUPTDARSTELLERS. DAVID BENNENT ALS BLECHTROMMLER (von Wolfgang Sergel).

## DER KANDIDAT
BRD 1980 (Gemeinschaftsfilm)
*Regie, Buch:* Volker Schlöndorff, Stefan Aust, Alexander von Eschwege, Alexander Kluge. *Kamera:* Igor Luther (bei Schlöndorff),

Werner Lüring, Jörg Schmidt-Reitwein, Thomas Mauch, Bodo Kessler. *Kameraassistenz:* Pavel Hispler, Detlev Niedballa, Reinhard Oefele, Horst Peters, Rolf Silbert. *Schnitt:* Inge Behrens, Beate Mainka-Jellinghaus, Jane Sperr, Mulle Goetz-Dickopp. *Ton:* Manfred Meyer, Vladimir Vizner, Anke Apelt, Martin Müller.
*Darsteller:* Franz Josef Strauß, Marianne Strauß, Ernst Albrecht, Volker Schlöndorff.
*Produktion:* Pro-ject Filmproduktion im Filmverlag der Autoren, München / Bioskop-Film GmbH, München / Kairos-Film, München. Produzent: Theo Hinz. *Herstellungsleitung:* Eberhard Junkersdorf.
*Länge:* 129 Min. *Format:* 35 mm. Farbe (Eastmancolor), s/w.
*Uraufführung:* 18.4.1980. *Erstverleih:* Filmverlag der Autoren.
*FBW-Prädikat:* Besonders wertvoll.
*Preise:* IFF Florenz 1980.
*Anmerkung:* Dokumentarfilm, aus neu gedrehten und Archiv-Materialien montiert, teilweise von 16 mm und Video umkopiert.
Es existieren verschiedene von Alexander Kluge montierte Fassungen.

## DIE FÄLSCHUNG / LE FAUSSAIRE
BRD/F 1981
*Regie:* Volker Schlöndorff. *Buch:* Volker Schlöndorff, Jean-Claude Carrière, Margarethe von Trotta, Kai Hermann, nach dem gleichnamigen Roman von Nicolas Born. *Regieassistenz:* Régis Wargnier, Elie Adabachi, Jocelyne Saad. *Kamera:* Igor Luther. *2. Kamera:* Franz Rath. *Kameraassistenz:* Marian Sloboda. *Schnitt:* Suzanne Baron. *Ausstattung:* Bernd Lepel, Jacques Bufnoir, Alexandre Riachi, Tannous Zougheib. *Kostüme:* Dagmar Niefind. *Kostümeassistenz:* May Khoury, Salwa Mattar, Ingrid Seichter, Cherine Tannous. *Maske:* Rino Carboni, Alfred Tiberi. *Musik:* Maurice Jarre. *Ton:* Christian Moldt, *Tonassistenz:* Helmut Röttgen, Christian Schubert. *Special Effects:* Paul Trielli, André Trielli.
*Darsteller:* Bruno Ganz *(Georg Laschen),* Hanna Schygulla *(Ariane Nassar),* Jerzy Skolimowski *(Hoffmann),* Gila von Weitershausen *(Greta Laschen),* Jean Carmet *(Rudnik),* Martin Urtel *(Berger),* John Munro *(Alex),* Fouad Naim *(Exzellenz Joseph),* Josette Khalil *(Josephs Frau),* Khaled el Saeid *(Offizier),* Ghassan Mattar *(Ahmed).*
*Produktion:* Bioskop-Film GmbH, München / Artemis Film, Berlin / Argos Films, Paris / Hessischer Rundfunk, Frankfurt/Main. *Produzent:* Eberhard Junkersdorf. *Produktionsleitung:* Herbert Kerz. *Produktionsassistenz:* Richard Bolz, Edmond Mouawad, Michael

Spies, Fayez Hijazi. *Herstellungsleitung (Libanon):* George Nasser.
*Redaktion:* Hans Prescher.
*Länge:* 110 Min. *Format:* 35 mm. Farbe (Eastmancolor).
*Uraufführung:* 15.10.1981, Wiesbaden. *Erstverleih:* United Artists.
*FBW-Prädikat:* Besonders wertvoll.
*Preise:* IFF Straßburg 1982 (Beste Kamera für Igor Luther);
Deutscher Filmpreis 1982: Filmband in Gold (Darsteller Jerzy Skolimowski).

**KRIEG UND FRIEDEN**
BRD 1983 (Gemeinschaftsfilm)
*Regie:* Volker Schlöndorff, Alexander Kluge, Stefan Aust, Axel Engstfeld, mit einem Beitrag von Heinrich Böll.
*Produktion:* Pro-ject Filmproduktion im Filmverlag der Autoren, München / Bioskop-Film GmbH, München / Kairos-Film, München. *Produktionsleitung:* Gerd von Halem (Bioskop), Daniel Zuta (Kairos). *Schlußredaktion:* Barbara von Weitershausen, Uwe Lauterkorn. *Organisation:* Michael Spies, Kay Draht, Karin Petraschke, Dagmar Steurer, Gisela Keuerleber.
*Länge:* 123 Min. *Format:* 35 mm. Farbe.
*Uraufführung:* 11.2.1983, Frankfurt/Main. *Erstverleih:* Filmverlag der Autoren. *FBW-Prädikat:* Besonders wertvoll.

EPISODEN: GESPRÄCHE IM WELTRAUM / ATOMBUNKER /
KILL YOUR SISTER
*Regie:* Volker Schlöndorff. *Buch:* Heinrich Böll. *Regieassistenz:* Helenka Hummel. *Kamera:* Igor Luther, Franz Rath. *Kameraassistenz:* Wolfgang Hirschmann, Peter Kalisch. *Schnitt:* Dagmar Hirtz. *Schnittassistenz:* Uwe Lauterkorn. *Ausstattung:* Bernd Lepel. *Ton:* Christian Moldt, Edward Parente, Vladimir Vizner.
*Darsteller:*
GESPRÄCHE IM WELTRAUM: Jürgen Prochnow, Manfred Zapatka, Günter Kaufmann, Karl-Heinz Merz.
ATOMBUNKER: Heinz Bennent, Edgar Selge.
KILL YOUR SISTER: Angela Winkler, Michael Gahr.

**EINE LIEBE VON SWANN / UN AMOUR DE SWANN**
BRD/F 1984
*Regie, Buch:* Volker Schlöndorff, nach der Adaption von Peter Brook, Jean-Claude Carrière, Marie-Hélène Estienne, nach dem gleichnamigen Kapitel aus *A la recherche du temps perdu* (*Auf der Suche nach der verlorenen Zeit*) von Marcel Proust. *Deutsche Fassung:* Volker Schlöndorff, Florian Hopf. *Regieassistenz:* Hugues

de Laugadière, Serge Menard, Arnaud Esterez. *Kamera:* Sven Nykvist. *Kameraführung:* Dominique Lerigoleur. *Kameraassistenz:* Arthur Cloquet, Guillaume Schiffmann, Nils Tavernier. *Schnitt:* Françoise Bonnot. *Bauten:* Jacques Saulnier. *Kostüme:* Yvonne Sassinot de Nesle. *Musik:* Hans Werner Henze. *Ton:* Jean-Claude Laureux, Gilles Ortion, Michel Barlier. *Licht:* Joel David. *Historische Beratung:* Hervé Grandsart.

*Darsteller:* Jeremy Irons *(Charles Swann)*, Ornella Muti *(Odette de Crécy)*, Alain Delon *(Baron de Charlus)*, Fanny Ardant *(Duchesse de Guermantes)*, Marie Christine Barrault *(Madame Verdurin)*, Nathalie Juvet *(Madame Cottard)*, Charlotte Kerr *(Sous-Maîtresse)*, Anne Bennent *(Chloé)*, Philippine Pascale *(Madame Gallardon)*, Charlotte de Turckheim *(Madame de Cambremer)*, Nicolas Baby *(Jeune homme juif)*, Roland Topor *(Biche)*.

*Produktion:* Les Films du Losange, Paris, für Gaumont, Neuilly / FR3, Paris / S.F.P.C., Paris / Nicole Stéphane, Paris / Bioskop-Film GmbH, München / Westdeutscher Rundfunk, Köln; mit Unterstützung des Ministère de la Culture, Paris. *Ausführende Produzentin:* Margaret Menegoz. *Produzenten:* Emmanuel Schlumberger, Eberhard Junkersdorf, Nicole Stéphane. *Produktionsleitung:* Marc Maurette, Philippe Allaire. *Aufnahmeleitung:* Jean-Marc Deschamps.

*Länge:* 111 Min. *Format:* 35 mm. Farbe (Eastmancolor).

*Uraufführung:* 22.2.1984, Paris. *Deutsche Erstaufführung:* 23.3.1984, München. *Deutscher Erstverleih:* Concorde-Film. *FBW-Prädikat:* Wertvoll.

## TOD EINES HANDLUNGSREISENDEN / DEATH OF A SALESMAN
BRD/USA 1985

*Regie, Buch:* Volker Schlöndorff, nach dem gleichnamigen Bühnenstück von Arthur Miller, in der Inszenierung von Michael Rudman. *Regieassistenz:* Joseph Reidy, Ann B. Egbert. *Kamera:* Michael Ballhaus. *Kameraführung:* Michael Levine. *Kameraassistenz:* David M. Dunlap, Susan Starr, Florian Ballhaus. *Schnittüberwachung:* David Ray. *Schnitt:* Mark Burns. *Bauten:* Tony Walton. *Ausstattung:* Robert J. Franco. *Kostüme:* Ruth Morley. *Maske:* Rita Odgen. *Musik:* Alex North. *Musikalische Leitung:* Kenneth Wannberg. *Ton:* Danny Michael. *Tonmischung:* Tom Fleischmann.

*Darsteller:* Dustin Hoffman *(Willy Loman)*, Kate Reid *(Linda Loman)*, John Malkovich *(Biff)*, Stephen Lang *(Happy)*, Charles Durning *(Charley)*, Louis Zorich *(Ben)*, David S. Chandler *(Bernard)*, Jon Polito, Kathy Rossetter, Tom Signorelli, Linda Kozlowski, Karen Needle, Anne McIntosh, Michael Quinlan.

*Produktion:* Punch/Roxbury Prod., New York; in Zusammenarbeit mit Bioskop-Film GmbH, München. *Produzent:* Robert F. Colesberry. *Koproduzent:* Eberhard Junkersdorf. *Produktionsleitung:* Michael Nozik, Nellie Nugici.
*Länge:* 136 Min. *Format:* 35 mm. Farbe (Technicolor).
*Uraufführung:* 5.9.1985, Venedig (IFF). *Deutsche Erstaufführung:* 7.5.1986 München. *Deutscher Erstverleih:* Tobis Filmkunst. *FBW-Prädikat:* Besonders wertvoll.
*Preise:* Golden Globe 1986 an Dustin Hoffman (Bester Darsteller in einem TV-Film).
*Anmerkung:* TV-Dokumentation (1985/86) über die Dreharbeiten: PRIVATE CONVERSATIONS (von Michael Blackwood).

## HELMUT SCHMIDT IN DER DDR
BRD 1986
Beitrag zu Alexander Kluges Film VERMISCHTE NACHRICHTEN.
*Regie, Buch:* Volker Schlöndorff. *Kamera:* Franz Rath.
*Darsteller:* Helmut Schmidt, Erich Honecker, Egon Franke, Volker Schlöndorff (Sprecher).
*Produktion:* Kairos-Film, München / Zweites Deutsches Fernsehen, Mainz. *Produzent:* Alexander Kluge. *Redaktion:* Christoph Holch.
*Länge:* 10 Min. *Format:* 35 mm. Farbe (Eastmancolor), s/w.
*Uraufführung:* 25.9.1986, München. *Erstverleih:* Filmverlag der Autoren.

## EIN AUFSTAND ALTER MÄNNER / A GATHERING OF OLD MEN
BRD/USA 1987
*Regie:* Volker Schlöndorff. *Buch:* Charles Fuller, nach dem gleichnamigen Roman von Ernest J. Gaines. *Regieassistenz:* Dwight Williams, Paula Brody. *Kamera:* Edward Lachmann. *Kameraführung:* Mitch Dubin. *Kameraassistenz:* Malt Johnston, Steve Apicella, Schnitt:* Nancy Baker, Craig McKay. *Schnittassistenz:* Susan Elminger, *Produktionsdesign:* Thomas A. Walsh. *Bauten:* Jay Klein. *Ausstattung:* John Pascale. *Kostüme:* Susan Gammie. *Maske:* GiGi Coker. *Musik:* Ron Carter. *Zusätzliche Musik:* Papa John Creach. *Ton:* Neelon Crawford.
*Darsteller:* Richard Widmark *(Sheriff Mapes)*, Louis Gossett jr. *(Mathu),* Holly Hunter *(Candy),* Joe Seneca *(Clatoo)*, Will Patton *(Lou Dimes),* Woody Strode *(Yank),* Tiger Haynes *(Booker)*, Papa John Creach *(Jacob),* Julius Harris *(Coot),* Rosanna Carter *(Beulah).*

*Produktion:* Consolidated Productions, Los Angeles / Jennie & Co. Film Production Inc., New York / Zenith Productions, London / Bioskop-Film GmbH, München / Hessischer Rundfunk, Frankfurt/Main. *Produzent:* Gower Frost. *Ausführender Produzent:* Michael Deeley. *Koproduzent:* Eberhard Junkersdorf. *Produktionsleitung:* Preston Holmes, *Produktionsassistenz:* Linda Heywood, *Aufnahmeleitung:* Fred Styles, Robert Graves, *Redaktion:* Hans Prescher.
*Länge:* 91 Min. *Format:* 35 mm. Farbe (Agfacolor).
*Uraufführung:* Mai 1987, Cannes (IFF). *Deutsche Erstaufführung:* 24.9.1987 (Kinostart). *Erstsendung:* 10.5.1987, CBS. *Deutscher Erstverleih:* Filmverlag der Autoren. *FBW-Prädikat:* Besonders wertvoll.
*Anmerkung:* TV-Dokumentation (1986/87) über die Dreharbeiten:
EIN AUFSTAND ALTER MÄNNER (von Sabine Rollberg).

## DIE GESCHICHTE DER DIENERIN / THE HANDMAID'S TALE
BRD/USA 1990
*Regie:* Volker Schlöndorff. *Buch:* Harold Pinter, nach dem gleichnamigen Roman von Margaret Atwood. *Regieassistenz:* Anthony Gittelson, Sally Brim, Stephen Glanzrock. *Kamera:* Igor Luther. *Kameraführung:* Mitchell Amundsen. *Schnitt:* David Ray. *Foley-Schnitt:* Nani Schumann. *ARD-Schnitt:* Harriet Tidlow Winn, Michael Jacobi. *Produktionsdesign:* Tom Walsh. *Bauten:* Gregory Melton. *Ausstattungsentwurf:* Linwood Taylor. *Ausstattung:* Jan Pascale, Jay Klein. *Kostüme:* Colleen Atwood. *Maske:* Jeff Goodwin, Gerlinde Kurz. *Musik:* Ryuichi Sakamoto. *Musiküberwachung:* Peter Aftermann, Diane Wessel. *Ton:* Danny Michael. *Tonmischung:* Tom Fleischmann, Douglas L. Murray, Shari L. Schwartz. *Künstlerische Beratung:* Jennifer Bartlett.
*Darsteller:* Natasha Richardson *(Kate/Offred),* Faye Dunaway *(Serena Joy),* Robert Duvall *(Kommandant Fred),* Aidan Quinn *(Nick)*, Victoria Tennant *(Tante Lydia),* Elisabeth McGovern *(Moira),* Blanche Baker *(Ofglen),* Tracy Lind *(Janine/Ofwarren),* Lucie Hartpeng *(Cora),* Lucille McIntyre *(Rita),* David Luke *(Doktor)*, Annemarie Fenske *(Tante Sarah),* David Hurst *(Prediger),* Rainer Schöne *(Luke).*
*Produktion:* Daniel-Wilson-Production, Los Angeles / Cinecom International, Los Angeles / Bioskop-Film GmbH & Co. Produktionsteam KG, München / Odyssey Distributors Ltd., Hollywood / Cinetudes Film Productions Ltd., New York. *Produzent:* Daniel Wilson. *Ausführender Produzent:* Wolfgang Glattes. *Koproduzent:* Eberhard Junkersdorf, *Produktionsleitung:* Wolfgang Glattes. *Produktionsassistenz:* Olivia Patton, Robin Swid, Kate Miller, Grady

Cooper. *Aufnahmeleitung:* Michael Stroud.
*Länge:* 108 Min. *Format:* 35 mm. Farbe (Technicolor). Dolby Stereo.
*Uraufführung:* 10.2.1990 Berlin (IFF). *Deutscher Erstverleih:* Neue Constantin Film. *FBW-Prädikat:* Besonders wertvoll.

## WILDER-AUKTION
BRD 1989 (TV-Beitrag für das ZDF-Magazin »Aspekte«)
*Regie:* Volker Schlöndorff. *Buch:* Volker Schlöndorff, unter Mitarbeit von Marianne Trench. *Kamera:* George Paris, Yahir Tropen.
*Schnitt:* Mickey Kovler.
*Darsteller:* Billy Wilder, Volker Schlöndorff, Claudette Colbert.
*Produktion:* Zweites Deutsches Fernsehen, Mainz. *Redaktion:* Johannes Willms.
*Länge:* 8 Min. *Format:* 16 mm. Farbe.
*Erstsendung:* 17.11.1989, ZDF.

## HOMO FABER / THE VOYAGER
BRD/F/G 1991
*Regie:* Volker Schlöndorff. *Buch:* Volker Schlöndorff, Rud Wurlitzer, nach dem gleichnamigen Roman von Max Frisch. *Regieassistenz:* Michael Zens, Christoph Cheysson. *Dialogregie:* Bill Dunn.
*Kamera:* Yorgos Arvanitis, Pierre Lhomme. *Kameraassistenz:* Jean Jacques Mrejen, Gregoire Picot. *Schnitt:* Dagmar Hirtz. *Schnittassistenz:* Isa Möller, Uta Schmidt, Suzanne Baron. *Produktionsdesign:* Nikos Perakis. *Kostüme:* Barbara Baum. *Maske:* Edwin Erfmann, Hannelore Faber. *Musik:* Stanley Myers. *Ton:* Douglas B. Arnold.
*Tonassistenz:* Steve Birkett. *Licht:* Harald Hauschildt.
*Darsteller:* Sam Shepard *(Walter Faber)*, Julie Delpy *(Sabeth)*, Barbara Sukowa *(Hanna)*, Dieter Kirchlechner *(Herbert Hencke)*, Tracy Lind *(Charlene)*, Deborah-Lee Furness *(Ivy)*, August Zirner *(Joachim)*, Thomas Heinze *(Kurt)*, Bill Dunn *(Lewin)*, Peter Berling, Larna Ferrar, Kathleen Matiezen, Charles Hayward.
*Produktion:* Bioskop-Film GmbH, München / Action Films, Paris; in Zusammenarbeit mit Stefi 2 / Home Video Hellas 321, Athen.
*Produzent:* Eberhard Junkersdorf. *Herstellungsleitung:* Alexander von Eschwege. *Aufnahmeleitung:* Rolf Schneider.
*Länge:* 117 Min. *Format:* 35 mm. Farbe (Fujicolor), s/w. Dolby Stereo.
*Uraufführung:* 21.3.1991 (deutscher Kinostart). *Deutscher Erstverleih:* Tobis Filmkunst. *FBW-Prädikat:* Besonders wertvoll.
*Preise:* Deutscher Filmpreis 1991: Filmband in Silber (Produktion);
    Silberner Gilde-Filmpreis 1991;
    Bayerischer Filmpreis 1992: Bester Film.

**THE MICHAEL NYMAN SONGBOOK**
BRD 1992 (TV-Dokumentarfilm)
*Regie, Buch:* Volker Schlöndorff. *Projektentwicklung:* Don Mousseau. *Kamera:* Igor Luther. *2. Kamera:* Marek Zitak, Peter Meier. *Schnitt:* Gisela Grischow. *Technische Leitung:* Peter Carpentier. *Musik, Musikalische Leitung:* Michael Nyman. *Gesang:* Ute Lemper. *Ton:* Ralph Harrison, Gary Falk, Peter Hughes. *Tonschnitt:* Jenny Whiteside.
*Darsteller:* Ute Lemper, Michael Nyman, The Michael Nyman Band, Volker Schlöndorff.
*Produktion:* Bioskop-Film GmbH & Co., Produktionsteam KG, München. *Koproduktion:* Decca Record Company Ltd., London / Hessischer Rundfunk, Frankfurt/Main / Arte, Straßburg. *Produzent:* Eberhard Junkersdorf. *Ausführender Produzent:* Herbert Chappell. *Produktionsleitung:* Colin Hannah. *Produktionsassistenz:* Angelika Hafter. *Produktionskoordination:* Nicola Sanders.
*Länge:* 53 Min. *Format:* 35 mm. Farbe.
*Erstsendung:* 30.5.1992, Arte (erster Sendetag von Arte).

**BILLY, HOW DID YOU DO IT?**
BRD 1988–1992 (TV-Dokumentation in 6 Folgen)
*Regie:* Volker Schlöndorff, Gisela Grischow. *Buch:* Volker Schlöndorff, Hellmuth Karasek. *Regieassistenz, Recherche:* Gabriele Bacher. *Kamera:* Bodo Kessler. *Kameraassistenz:* Jan Betke. *Schnitt:* Gisela Grischow. *Ton:* Alan Barker. *Tonbearbeitung:* Ursula Busse. *Kommentar:* Volker Schlöndorff.
*Darsteller:* Billy Wilder, Volker Schlöndorff, Hellmuth Karasek.
*Produktion:* Bioskop-Film GmbH & Co. Produktionsteam KG, München; für Hessischer Rundfunk, Frankfurt/Main / Westdeutscher Rundfunk, Köln / Bayerischer Rundfunk, München. *Produzent:* Eberhard Junkersdorf.
*Länge:* 270 Min. (6 × 45 Min.). *Format:* 16 mm. Farbe, s/w.
*Erstsendung:* 16.8., 18.8., 22.8., 27.8., 29.8., 3.9.1992 (WDR).

**DER UNHOLD / THE OGRE**
BRD/F/P 1996
*Regie:* Volker Schlöndorff. *Buch:* Volker Schlöndorff, Jean-Claude Carrière, nach dem Roman *Der Erlkönig* von Michel Tournier. *Regieassistenz:* Marek Brodzki, Marcel Just, Beatrice Banfi. *Kamera:* Bruno de Keyzer. *Kameraführung:* Martin Kenzie. *Schnitt:* Nicolas Gaster. *Bilddramaturgie:* Peter Przygodda. *Szenenbild:* Ezio Frigerio. *Chefdekorateur:* Didier Naert. *Ausstattung:* Bernhard Henrich, Heinz Röske. *Kostüme:* Anna Sheppard. *Maske:* Axel Zornow, Wal-

demar Pokromski. *Musik:* Michael Nyman. *Ton:* Karl-Heinz Laabs. *Tonmischung:* Manfred Arbter.

*Darsteller:* John Malkovich *(Abel Tiffauges)*, Armin Mueller-Stahl *(Graf von Kaltenborn)*, Gottfried John *(Oberforstmeister)*, Marianne Sägebrecht *(Frau Netta)*, Volker Spengler *(Reichsmarschall Göring)*, Heino Ferch *(Obersturmbannführer Raufeisen)*, Dieter Laser *(Professor Blättchen)*, Agnès Soral *(Rachel)*, Sasha Hanau *(Martine)*, Caspar Salmon *(Junger Abel)*, Daniel Smith *(Nestor)*, Ilja Smoljanski *(Ephraim)*, Marc Duret, Luc Florian, Laurent Spielvogel, Philippe Sturbelle.

*Produktion:* Studio Babelsberg, Potsdam / Renn Productions, Paris / Recorded Pictures Company, London. *Koproduktion:* France 2 Cinema / Westdeutscher Rundfunk, Köln. *Produzentin:* Ingrid Windisch. *Ausführende Produzenten:* Claude Berri, Jeremy Thomas, Lew Rywin. *Produktionsleitung:* Dorothea Hildebrandt, Arlette Danis. *Herstellungsleitung:* Andreas Grosch. *Aufnahmeleitung:* Andi Lang.

*Länge:* 118 Min. *Format:* 35 mm. Farbe, s/w. Dolby Stereo.

*Uraufführung:* 30.8.1996, Venedig (IFF). *Deutsche Erstaufführung:* 12.9.1996 (Kinostart). *Deutscher Erstverleih:* Tobis Filmkunst. *FBW-Prädikat:* Wertvoll.

*Anmerkung:* Der Film ist Louis Malle gewidmet.

> TV-Dokumentation (WDR, 1996) über die Dreharbeiten: VOM ERLKÖNIG ZUM UNHOLD. VOLKER SCHLÖNDORFFS TOURNIER-VERFILMUNG (von Ralph Eue, Sibille Gerhards, Thorsten Johanningmeier).

## PALMETTO
BRD/USA 1998

*Regie:* Volker Schlöndorff. *Buch:* E. Max Frye, nach dem Roman *Just Another Sucker* von James Hadley Chase. *Regieassistenz:* John Gallagher, T. Sean Ferguson, Lisa Bloch. *Kamera:* Thomas Kloss. *Kameraführung:* Rick Osborne. *Kameraassistenz:* Jamie Felz. *Schnitt:* Peter Przygodda. *Schnittassistenz:* Oliver Weiss. *Produktionsdesign:* Claire Bowin. *Kostüme:* Terry Dresbach. *Musik:* Klaus Doldinger.

*Darsteller:* Woody Harrelson *(Harry Barber)*, Elisabeth Shue *(Rhea Malroux)*, Michael Rappaport *(Donnelly)*, Chloé Sevigny *(Odette Malroux)*, Rolf Hoppe *(Malroux)*, Tom Wright *(Renick)*, Gina Gershon *(Nina)*, Salvador Levy *(Driver)*, Joe Hickey *(Lawyer)*, Ralph Wilcox *(Judge)*, Richard Booker *(Billy Holden)*, Marc Macaulay *(Miles Meadows)*.

*Produktion:* Rialto-Film GmbH, Berlin / Neverland Films Inc., Los

Angeles / Castle-Rock. *Produzent:* Matthias Wendlandt. *Ausführende Produzenten:* Al Corley, Bart Rosenblatt, Eugene Musso. *Länge*: ca. 115 Min. *Format:* 35 mm. Farbe. Dolby Stereo.
*Deutsche Erstaufführung:* 2.4.1998 (Kinostart). *Deutscher Erstverleih:* Tobis Filmkunst.

*Zusammengestellt von Andrea Wink und Thilo Wydra*

# Bibliographie

**a) Primär- und Sekundärliteratur, Filmlexika, Einzelabhandlungen**

Atwood, Margaret: Der Report der Magd. Roman. Fischer Taschenbuch, Frankfurt/M. 1989.

L'Avant-Scène Cinéma: Un amour de Swann. No 321/322, Février 1984.

L'Avant-Scène Cinéma: Le Coup de Grâce. No 181, Février 1977.

Bion, Danièle: Bertrand Tavernier. Cinéaste de l'émotion. Préface de Volker Schlöndorff. Hatier, Rennes 1984.

Böll, Heinrich: Die verlorene Ehre der Katharina Blum oder: Wie Gewalt entstehen und wohin sie führen kann. Erzählung. Kiepenheuer & Witsch, Köln 1992.

Born, Nicolas: Die Fälschung. Roman. Rowohlt, Reinbek bei Hamburg 1984.

Brecht, Bertolt: Baal. Drei Fassungen. Edition Suhrkamp, Frankfurt/M. 1993.

Cattini, Alberto: Volker Schlöndorff. Il Castoro Cinema. La Nuova Italia, Firenze 1980.

Chase, James Hadley: Dumme sterben nicht aus. Roman. Ullstein, Frankfurt/M. u. Berlin 1996.

Cinegraph, Lexikon zum deutschsprachigen Film. Hrsg. H.-M. Bock. Edition Text + Kritik, München 1984.

Cinema: Filme der 70er Jahre. Hamburg 1989.

Cowie, Peter: International Film Guide 1982. The Tantivy Press, London 1982.

Elsaesser, Thomas: Der Neue Deutsche Film. Heyne, München 1994.

Fassbinder Foundation: R.W. F. Werkschau. »Nett sein bringt nichts«, Beitrag von Volker Schlöndorff (S. 99–104). Argon, Berlin 1992.

Film (Velber): Der junge Törless (Protokoll). Heft 7, 1966.

Fischer, Robert und Joe Hembus: Der neue deutsche Film 1960–1980. Goldmann, München 1981.

French, Philip: Malle on Malle. faber and faber, London 1993.

Freyermuth, Gundolf S.: Der Übernehmer. Volker Schlöndorff in Babelsberg. Christoph Links Verlag, Berlin 1993.

Frisch, Max: Homo faber. Ein Bericht. Suhrkamp, Frankfurt/M. 1987.

Gert, Valeska: Ich bin eine Hexe. Kaleidoskop meines Lebens. Rowohlt, Reinbek bei Hamburg 1978.

Grass, Günter: Die Blechtrommel. Danziger Trilogie 1. Roman. Werkausgabe in 10 Bänden. Band II. Luchterhand, Darmstadt 1987.

Grass, Günter: Kopfgeburten oder Die Deutschen sterben aus. Werkausgabe in 10 Bänden. Band VI. Luchterhand, Darmstadt 1987.

Hembus, Joe: Der deutsche Film kann gar nicht besser sein. »Schlöndorffs Traum«, Beitrag von Volker Schlöndorff (S. VI–VIII). Rogner & Bernhard, München 1981.

Hoffmann, Hilmar und Walter Schobert: Der plötzliche Reichtum der armen Leute von Kombach. Reihe »Filmtexte«, Kommunales Kino, Frankfurt/M. 1970.

Jansen, Peter W. und Wolfram Schütte: Jean-Pierre Melville (Reihe Film, Band 27). »Mein erster Meister«, Beitrag von Volker Schlöndorff (S. 7–14). Hanser, München 1982.

Just, Lothar R.: Film-Jahrbuch 1997. Heyne, München 1997.

Kleist, Heinrich von: Michael Kohlhaas, in: Sämtliche Erzählungen und Anekdoten. dtv klassik, München 1978.

Koebner, Thomas: Reclams Filmklassiker. 4 Bände, Stuttgart 1995.

Kramer, Thomas: Reclams Lexikon des deutschen Films. Stuttgart 1995.

Krusche, Dieter und Jürgen Labenski: Reclams Filmführer. 10., neu bearbeitete Auflage, Stuttgart 1996.

Lexikon des internationalen Films. 10 Bände, Rowohlt, Reinbek bei Hamburg 1995.

Lewandowski, Rainer: Die Filme von Volker Schlöndorff. Olms Presse, Hildesheim 1981.

Miller, Arthur: Death of a Salesman. Reclam, Stuttgart 1986.

Miller, Arthur: Tod eines Handlungsreisenden. Neu übersetzt von Volker Schlöndorff mit Florian Hopf. Fischer Taschenbuch, Frankfurt/M. 1986.

Musil, Robert: Die Verwirrungen des Zöglings Törless. Rowohlt, Reinbek bei Hamburg 1993.

Pflaum, Hans Günther und Hans Helmut Prinzler: Film in der Bundesrepublik Deutschland. Fischer Taschenbuch, Frankfurt/M. 1982.

Prédal, René: Jean-Claude Carrière. Scénariste. Les Éditions du Cerf, Paris 1994.

Proust, Marcel: In Swanns Welt. Auf der Suche nach der verlorenen Zeit. Erster Teil. Roman. Suhrkamp, Frankfurt/M. 1981.

Proust, Marcel: Swann in Love. Preface by Volker Schlöndorff. Vintage Books/Random House, New York 1984.

Prüßmann, Karsten: Jeremy Irons. Gentleman und Verführer. Heyne, München 1995.

Rentschler, Eric: West German Filmmakers on Film. Visions and Voices. Mit Beiträgen von Volker Schlöndorff. Holmes & Meier, New York u. London 1988.

Reitz, Edgar: Bilder in Bewegung. Essays. Rowohlt, Reinbek bei Hamburg 1995.

Schäfer, Horst und Walter Schobert: Fischer Film Almanach 1992. Frankfurt/M. 1992.

Schlöndorff, Volker: Die Blechtrommel. Tagebuch einer Verfilmung. Luchterhand, Darmstadt 1979.
Schlöndorff, Volker und Günter Grass: Die Blechtrommel als Film. Zweitausendeins, Frankfurt/M. 1979.
Schlöndorff, Volker, Nicolas Born und Bernd Lepel: Die Fälschung als Film und der Krieg im Libanon. Zweitausendeins, Frankfurt/M. 1981.
Schlöndorff, Volker: Der Unhold. Steidl, Göttingen 1996.
Tesche, Siegfried: Die neuen Stars des deutschen Films. Heyne, München 1985.
Tournier, Michel: Der Erlkönig. Roman. Fischer Taschenbuch, Frankfurt/M. 1984.
Tournier, Michel: Le Roi des Aulnes. Roman. Gallimard (Folio), Paris 1994.
Wydra, Thilo: Volker Schlöndorff. In: Reclams Lexikon der Regisseure. Hrsg. Thomas Koebner. Reclam, Stuttgart 1998.
Wydra, Thilo und Andrea Wink (Wiesbadener Kinofestival e.V.): Filmreihe Volker Schlöndorff. Katalog (36 Seiten), Wiesbaden 1996.
Wydra, Thilo: Marcel Prousts Eine Liebe von Swann und Volker Schlöndorffs Verfilmung (31 Seiten). Johannes-Gutenberg-Universität Mainz, Institut für Komparatistik, Mainz 1992.
Yourcenar, Marguerite: Der Fangschuß. Roman. Fischer Taschenbuch, Frankfurt/M. 1988.

## b) Zeitungs- und Zeitschriftenartikel zu Volker Schlöndorffs Filmen

(Grundlage: *Sammlung Volker Schlöndorff*, Deutsches Filmmuseum und Archiv Thilo Wydra.)

N. N. = keine Verfasserangaben

### Der junge Törless (1966)

DEUTSCHLAND
*Interviews, Gespräche:*
Die Welt: N. A.; »Die Macht und ihr Mißbrauch«; 14.5.1966
Wiesbadener Kurier: Wilhelm Ringelband; »Überraschung in Cannes: ›Törless‹«; 11.5.1966
Wiesbadener Tagblatt: Henning Harmssen; »Vorahnung und frühes Leid«; 29.12.1965
*Rezensionen:*
Frankfurter Allgemeine Zeitung: Brigitte Jeremias; »Nicht mehr mit verhülltem Haupt«; 11.5.1966

Frankfurter Allgemeine Zeitung: Karl Korn; »Deutsche Pubertät«; 23.5.1966

Hamburger Abendblatt: H. Höhn; »Deutscher Film interessiert wieder«; 11.5.1966

Rheinischer Merkur: R. Fabian; »Törless schaut zu«; 10.6.1966

Süddeutsche Zeitung: Eckhart Schmidt; 8.1.1966

Welt am Sonntag: hdh.; »Von Shakespeare bis Musil Literatur und Historie«; 15.5.1966

Weser Kurier: E. Schall; »Autorenregisseure geben den Ton an«; 21.5.1966

Wiesbadener Kurier: W. Formann; »Neue Hoffnung für den Film«; 13.5.1966

Die Zeit: Uwe Nettelbeck; »Terror im Internat«; 20.5.1966

AUSLAND

*Interviews, Gespräche:*
Neue Zürcher Zeitung: H. Hübner; »Was nach Papas Kino kommt«; 20.1.1967

*Rezensionen:*
Diario de Noticias: L. Antonio; 8.6.1976

Film: P. Gilliatt; 1968

Le Monde: Yvonne Baby; »La jeunesse et les idoles dans la société«; 4.5.1967

New York Times: T. Q. Curtiss; 10.10.1966

Nuestro Cine: C.S. Fontenla; 53/1966

ohne Angabe: Arnaud de Solages; undatiert

ohne Angabe: Alberto Moravia; »Hitler dietro la porta«; undatiert

**Mord und Totschlag (1967)**

DEUTSCHLAND

*Berichte zu den Dreharbeiten:*
Hannoversche Allgemeine Zeitung: H. Höhn, »Normaler Film mit Leidenschaft und Mord«; 3./4.12.1966

*Interviews, Gespräche:*
Der Abend, Berlin: R. le Viseur; 6.12.1966

Abendzeitung, München: K. Niemeyer; undatiert

Hamburger Abendblatt: WMH; »Der Beitrag für Cannes«; 22./23.4.1967

Twen: N. N.; März 1967

Die Welt: Florian Hopf; »Fragen an junge deutsche Regisseure«; 17.12.1966

Wiesbadener Tagblatt: Eberhard Mannigel; »Jugend in der Sackgasse?«; 24.4.1967

*Rezensionen:*
Abendzeitung, München: K. Peters; »Weder Schuld noch Sühne«; undatiert
Hannoversche Allgemeine Zeitung: G. Schulte; 28.4.1967
Der Spiegel: N. N.; »Toter im Teppich«; Nr. 18, 24.4.1967
Die Welt: H. de Haas; »Vom Gleichmut einer Generation«; 21.4.1967
Die Zeit: Uwe Nettelbeck; »Die Beseitigung einer Leiche«; 21.4.1967

AUSLAND
*Interviews, Gespräche:*
L'Aurore: G. Teisseire; Interview mit Anita Pallenberg; 26.6.1967
*Rezensionen:*
Canard Enchaine: M. D.; 28.6.1967
Carrefour: M. Mohrt; »Comment s'en debarrasser«; 5.7.1967
Cinema: M. Madore; 21.6.1967
Cinemonde: N. N.; »Le problème des jeunes de notre temps«; 27.6.1967
Expres: N. N.; 26.6.1967
Expres: N. N.; 8.5.1967
France-Soir: R. Chazal; 4.5.1967
International Herald: N. N.; 25.6.1967
L'Aurore: C. Garson; 27.6.1967
L'Aurore: N. N.; 3.5.1967
L'Express: P. Bureau; 8.–14.5.1967
La Croix: N. N.; 4./5.5.1967
Le Figaro: L. Chauvet; »Le cinéma qui dérange«; 3.5.1967
Le Figaro: L. Chauvet; 29.6.1967
Le Figaro: P. Montaigne; »Les cent actes divers«; 15.6.1967
Le Monde: J. de Baroncelli; 27.6.1967
Le Monde: Yvonne Baby; »La jeunesse et les idoles dans la société«; 4.5.1967
Meridional: N. N.; »Vivre a tout prix ... mais à quel prix?«; 3.5.1967
Neue Zürcher Zeitung: sb; 8.2.1968
New York Herald Tribune: S. Grover; 2.5.1967
Nouvelle Littéraires: N. N.; »Faux témoins«; 29.6.1967
Paris Jour: HEC; »Entre les Stones son cœur balance«; 3.5.1967
Paris Match: N. N.; 28.6.1967
Télérama: N. N.; »Le slogan d'une jeunesse inquiétante«; 21.5.1967
Wiener Kurier: R. Weishappel; 8.5.1967

**Michael Kohlhaas – Der Rebell (1969)**

DEUTSCHLAND
*Interviews, Gespräche:*
Report: N. N.; Manuskript zu Fernsehbeitrag; undatiert

*Rezensionen:*
ohne Angabe: Leonhard H. Gmür; undatiert
Konkret: Uwe Nettelbeck; »Michael Kohlhaas – verschlöndorfft«; 8/1969
Süddeutsche Zeitung: Urs Jenny; »Leichen pflastern seinen Weg«; 11.4.1969

AUSLAND
*Rezensionen:*
O Globo: M. Pereira; 17.3.1971
Cinema: G. Hennebelle; 1969
Image et Son: N. N.; 31.10.1969
Positif: N. N.; »Schlöndorff na ratoeira«; 107/1969

**Baal (1969)**

DEUTSCHLAND
*Rezensionen:*
Abendzeitung, München: Kai Niemeyer; »Brecht mit Soul«; 2.10.1969
Frankfurter Allgemeine Zeitung: F. Weigand; undatiert
Süddeutsche Zeitung,: N. N.; 21.4.1970
Süddeutsche Zeitung: Bernhard Wittek; »Gestalten von heute?«; 11.1.1970

AUSLAND
*Rezensionen:*
ohne Angabe: Louis Dandrel; »Baal, poéte anarchiste«; 26./27.8.1973

**Der plötzliche Reichtum der armen Leute von Kombach (1971)**

DEUTSCHLAND
*Berichte zu den Dreharbeiten:*
Frankenberger Allgemeine: r.; 12.9.1970
*Rezensionen:*
Fernsehen und Film: Wolfgang Ruf; undatiert
Frankfurter Allgemeine Zeitung: Karl Korn; undatiert
filmdienst: Paula Linhart; 4/1971
Die Zeit: Wolf Donner; »Wenig Lärm um viel«; 5.2.1971

AUSLAND
*Rezensionen:*
Excelsior: E. Garcia Riera; 6.11.1973
Jornal do Brasil: J. C. Avellar; »A pressâo invisível«; 9.8.1973
Novedades: H. Martinez Tamez; »Lo mejor: al principio y al final«; 11.11.1973
Sucesos para Todos: T. Perez Turrent; 26.1.1974

## Die Moral der Ruth Halbfass (1972)

DEUTSCHLAND

*Interviews, Gespräche:*
Saarbrücker Zeitung: M. Galle; Gespräch mit Volker Schlöndorff und Drehbuch-Koautor Peter Hamm; 5.5.1972
*Rezensionen:*
Der Spiegel: N. N.; »Verdammt im Weg«; Nr. 18, 24.4.1972
Die Zeit: Wolf Donner; »Himbeerwasser mit Schuß«; 21.4.1972

## Strohfeuer (1972)

DEUTSCHLAND

*Rezensionen:*
Frankfurter Rundschau: M. G.; »Alles über Margarethe«; 2.11.1972
Süddeutsche Zeitung: Siegfried Schober; undatiert
tz, TV-Magazin, München: Corinna Spies; »Sie spielt ihr Leben«. Über Margarethe von Trotta; 44/1972
Die Zeit: Wolf Donner; »Frau Schlöndorff emanzipiert sich«; 3.11.1974

AUSLAND

*Rezensionen:*
Chigago Sun Times: R. Ebert; »Perceptive view of woman's lot«; 24.9.1974
Chigago Tribune: G. Siskel; »Reality clouds woman's freedom«; 23.9.1974
Daily Progress: E. Howard; »New female image develops in foreign films«; 29.12.1974
Hollywood Reporter: C. Ryweck; 12.6.1974
Ladies Home Journal: G. Shalit; »Believable at last«; 9/1974
Los Angeles Herald Examiner: B. Byrne; 14.11.1974
Los Angeles Times: K. Thomas; »A liberation Manifesto«; 14.11.1974
Mademoiselle: A. Axelrod; »Women: free, revered, raped and righted«; 8/1974
McCall's: L. Minton; 8/1974
New Times: F. Rich; 12.7.1974
New York Times: Howard Thompson; »Feminism is defended in ›Free woman‹«; 18.6.1974
New York Times: J. Crist; »Divorce, universal style«; 17.6.1974
New York Times: Marjorie Rosen; »Is ›A free woman‹ the woman we've been waiting for?«; 7.7.1974
Newsday: M. Lewis; 17.6.1974
The New Yorker: P. Gilliatt; 1.7.1974
Time Magazine: J. Cocks; »Tied down«; 8.7.1974

Village Voice: M. Haskell; »Funny, futile stab«; 20.6.1974
Vogue: N. N.; 9/1974
Washington Globe: L. Preston; »Coping with a male-dominated society«; 2.10.1974
Washington Star News: A. Jacobsen; »Woman's eyes view the world«; 18.9.1974
Women's Wear Daily: R. Natale; 17.6.1974

**Übernachtung in Tirol (1973)**

DEUTSCHLAND
*Rezensionen:*
Der Abend, Berlin: Kurt Habernoll; »Hitchcock in Tirol«; 8.10.1974
Abendzeitung, München: Ponkie; 10.10.1974
Der Allgäuer: kdh.; »Und der Wildbach rauscht abwärts«; 10.10.1974
Bonner Rundschau: Günther Engels; »Die Alpen sind schon ein Problem ...«; 10.10.1974
Flensburger Tageblatt: R. Dölle; 10.10.1974
Frankfurter Allgemeine Zeitung: Michael Schwarze; »Der Mensch ist schlecht«; 10.10.1974
Frankfurter Neue Presse: Sd.; »Kritische Gänge«; 10.10.1974
Frankfurter Rundschau: T. T.; 10.10.1974
Geisburger Zeitung: Jeanine Ebner-Meerapfel; 1.10.1974
Mainzer Allgemeine Zeitung: gh.; »Der gewöhnliche Schrecken«; 10.10.1974
Mannheimer Morgen: a. s.; 10.10.1974
Münchner Merkur: W. D.; »Tiroler Unglück«; 10.10.1974
Neue Cuxhavener Zeitung: I.; »Wild wucherndes Konglomerat«; 10.10.1974
Rhein-Neckar-Zeitung: le.; »Gespenstisch«; 10.10.1974
Rheinische Post: G. Grünzinger; »Horror im Dorf«; 8.10.1974
Saarbrücker Zeitung: abu; 10.10.1974
Stuttgarter Zeitung: Sei.; »Ohne Schrecken«; 10.10.1974
Süddeutsche Zeitung: Karl-Heinz Kramberg; »Im Gasthaus zur sündigen Einkehr«; 10.10.1974
Tagesspiegel: V. B.; »Schreckensnacht«; 10.10.1974
Wiesbadener Kurier: Hal; 10.10.1974

**Georginas Gründe (1974)**

DEUTSCHLAND
*Rezensionen:*
Aachener Volkszeitung: R. Halm; »Der Gentleman und die Sphinx«; 29.4.1975

Abendzeitung: Dieter Feder; »Hat Georgina Gründe?«; 26./27.4.1975
Deutsche Zeitung: Klaus-U. Ebmeyer; »Verschwiegene Liebe«; 19/1975
epd: P. C. H.; »Neurosen aus voranalytischer Zeit«; Nr. 29/30, 1.5.1975
Frankfurter Rundschau: Thomas Thieringer; »Eine Frau, die gute Gründe hat«; 26.4.1975
Hamburger Abendblatt: W. F. Muthmann; »Mit zwei Männern verheiratet – Georginas Gründe bleiben geheim«; 26./27.4.1975
Hannoversche Allgemeine Zeitung: Tsr.; »In ganz demütiger Art«; 26./27.4.1975
Kieler Nachrichten: T. Weiland; »Das verschleierte Bild«; 29.4.1975
Mannheimer Morgen: a. s.; 29.4.1975
Nürnberger Nachrichten: H. B. Bock; »Elend einer Neurose«; 29.4.1975
Saarbrücker Zeitung: N. N.; 5.4.1975
Stuttgarter Zeitung: esh.; »Monstrum in weiblicher Gestalt«; 26.4.1975
Stuttgarter Zeitung: hmb.; 29.4.1975
Süddeutsche Zeitung: Thomas Thieringer; »Der Heimlichkeiten überdrüssig ...«; 26.4.1975
Süddeutsche Zeitung: Birgit Weidinger; »Reizvoller Widerspruch«; 29.4.1975
TV Hören und Sehen: Henning Harmssen; »Schöne Bilder – falsche Posen«; 21/1975
TV-Radio-Zeitung: H. K.; »Subtile Gefühle«; 26.4.1975
Die Welt: Uta Gote; »Miss Gressies wunderliche Wege«; 29.4.1975
Westdeutsche Allgemeine: KA; »Emanzipationsversuch«; 29.4.1975
Die Zeit: Hans C. Blumenberg; »Kollision«; Nr. 19, 2.5.1975

**Die verlorene Ehre der Katharina Blum (1975)**

DEUTSCHLAND
*Berichte zu den Dreharbeiten:*
Bergische Landeszeitung: ph.; »Bölls Katharina Blum weinte in Hohkeppel«; 1.3.1975
Bremer Nachrichten: Sigrid Schmitt; »Vielleicht wirkungsvoller als Heinrich Bölls Buch«; 25.7.1975
Filmecho: hjw; 21/1975
Kölnische Rundschau: C. Peck; »›Bei der Aufnahme bitte Stimmung‹«; 5.2.1975
Konkret: C. Buschmann; »Da machen wir nicht mit, Herr Staatssekretär ...«; 25.9.1975
Saarbrücker Zeitung: Sigrid Schmitt; »Jagdszenen aus Köln«; 3.4.1975
Tagesspiegel: Sigrid Schmitt; »Beschreibung eines Menschen«; 9.3.1975
Westfälische Rundschau: G. Dringenberg; »Als Katharina Blum kämpft sie um ihre Ehre«; 8.3.1975

*Interviews, Gespräche:*
Abendpost, Frankfurt: B. Deck; »Ein deutscher Thriller«; 29.9.1975
Abendzeitung, Nürnberg: D. Stoll; »Ich will nicht den Zeigefinger schwingen«; 2.10.1975
Filmecho: hjw.; »Katharina Blum mein ›Chinatown‹«; 23/1975
Film-Korrespondenz: Hans-Günther Pflaum u. R. Neudeck; 3/1975
Film-Report: F. Hopf; 15/16 1975
Kölner Stadt-Anzeiger: Bodo Fründt; »Ein explosiver Stoff«; 7.10.1975
Stuttgarter Nachrichten: D. Kölmel; 8.10.1975
Westdeutsche Allgemeine Zeitung: Thomas Thieringer; »Ein Grüppchenbild mit Dame«; 22.3.1975
Zoom Filmberater: Bruno Jaeggi; »Wo unsere Ehre zu verteidigen ist«; 1/1976

*Rezensionen:*
Der Abend: Inge Bongers; »Stellenweise Glatteis«; 10.10.1975
Abendzeitung, Nürnberg: Ponkie; 17.10.1975
Augsburger Allgemeine: uli; »Film als Medium des Zeitgeistes«; 4.11.1975
Badische Neueste Nachrichten: D-ek; »Die Jäger und die Gejagte«; 11.10.1975
Bayerische Staatszeitung: I. Seidenfaden; »Der Fall der Katharina Blum«; 24.10.1975
Bergische Landeszeitung: G. Engels; »Knalliger Kintopp um ›Katharina Blum‹ oder: Ein Selbsttor des Nobelpreisträgers«; 9.10.1975
Berliner Liberale Zeitung: G. Reymond; »Gewonnene Ehre des deutschen Films«; 8.11.1975
Berliner Morgenpost: Dieter Strunz; »Reporter im Porsche und eine Unschuld in Nöten«; 9.10.1975
Berliner Wochenmagazin: Rudolf Thome; »Der verfilmte Böll«; 42/1975
Berliner Zeitung (DDR): C. Schaffmann; »Das Land der Katharina Blum«; 2.9.1975
Blickpunkt, Berlin: H. Eggers; »Eine Warnung vor dem Machtmißbrauch der Springer-Presse«; 247/1975
Braunschweiger Zeitung: P. Ausmeier; 1.11.1975
Bremer Nachrichten: H. Esderts; »Geschichte einer Empörung«; 3.11.1975
Deutsche Volkszeitung, Düsseldorf: Heiko R. Blum; »Das Klima dieser Jahre«; 30.10.1975
Deutsche Zeitung, Stuttgart: Eckhart Schmidt; »Katharina Blums Ehrenrettung«; 3.10.1975
Deutsches Allgemeines Sonntagsblatt: H. Klunker; »Die angetastete Würde«; 26.10.1975
Donau Kurier, Ingolstadt: K. Saurer; »Gegen Hetze und Meinungsterror«; 4.11.1975

Frankfurter Allgemeine Zeitung: Günther Rühle; »Die vier schrecklichen Tage der Katharina Blum«; 26.9.1975
Frankfurter Neue Presse: Eberhard Seybold; »Schlöndorff schrieb Böll ins reine«; 10.10.1975
Frankfurter Rundschau: Wolfram Schütte; »Der Durchbruch«; 13.9.1975
Frankfurter Rundschau: Wolfram Schütte; »›Nicht versöhnt‹, fortgesetzt«; 6.11.1975
Fränkischer Anzeiger: H. B. Bock; »Die subversive Madonna«; 23.9.1975
Hannoversche Allgemeine Zeitung: Dirk Tils; »Ein Mensch im Räderwerk«; 10.10.1975
Harzburger Zeitung: N. N.; »Subtile Rache an einer gewissen Presse«; 9.10.1975
Harzburger Zeitung: N. N.; »Rufmord an einem Dienstmädchen«; 22.10.1975
Heilbronner Stimme: G. Schwinghammer; »Die (noch) nicht verlorene Ehre des Journalismus«; 4.11.1975
Hessische Allgemeine: L. Orzechowski; »Worin Gewalt besteht«; 14.11.1975
Kieler Nachrichten: C. Munk; »Fast ein Krimi«; 8.11.1975
Kölner Stadt-Anzeiger: Hans C. Blumenberg; »Die Unschuld am Pranger«; 11.10.1975
Kölnische Rundschau: H. Lathe; »Böll-Film ›Katharina Blum‹ paßt Moskau in das gewünschte Bild«; zum Kinostart in Moskau; 18.3.1977
Kommunistische Volkszeitung: er; »Ein bürgerliches Trauerspiel«; 20.11.1975
Konkret: B. Mauer; »Ein Bambi für Schlöndorff«; 11/1975
Lahrer Anzeiger: W. D. Grosse; »Abziehbilder der deutschen Wirklichkeit«; 31.10.1975
Main-Tauber-Post: M. Schmidt; »Junge Frau am Pranger«; 15.11.1975
Mannheimer Morgen: K. Habernoll; 7.10.1975
Münchner Merkur: R. Herfurtner; »Leiden mit Katharina Blum«; 13.10.1975
Neue Hannoversche: R. Hollmann; »Stärker als Böll«; 10.10.1975
Neue Ruhr Zeitung: A. Müller-Gast; »Böll-Story ohne Bölls Ironie«; 9.10.1975
Nürnberger Zeitung: halef; »Die Wut im Bauch des Bundesbürgers«; 18.10.1975
Oberhessische Presse: F. Lippke; »Eine zornige Warnung«; 17.10.1975
Rheinische Post: P. Steinhart; »Katharina Blums Geschichte ohne Bölls Abschweifungen«; 10.10.1975
Rheinischer Merkur: E. R. Dallontano; »Angela Blum«; 24.10.1975

Saarbrücker Zeitung: Michael Bechert; »Die Heilige und die Narren«; 24.10.1975
Schleswiger Nachrichten: E. Stroh; »Bölls verfilmte Zeitkritik«; 1.11.1975
Schwäbische Zeitung: E. Pluta; »Ein Film peitscht Emotionen auf«; 15.10.1975
Spandauer Volksblatt: C. Maerker; »Bewegender Blick in ungewohnte Unterwelt«; 10.10.1975
Der Spiegel: S. Schober; »Die Heilige Johanna der Schlagzeilen«; 41/1975
Stern: A. Nemeczek; »›Nun laß uns erst mal bumsen ...‹«: 42/1975
Stuttgarter Nachrichten: H. Fröhlich; »Geier-Journalismus«; 10.10.1975
Stuttgarter Zeitung: G. Kriewitz; »Ein Senkrechtstarter bewährt sich«; 10.10.1975
Stuttgarter Zeitung: H. D. Deidel; »Chronik einer Zerstörung«; 10.10.1975
Süddeutsche Zeitung: Reinhard Baumgart; »Glanz und Armut einer Politballade«; 11.10.1975
Südwestpresse, Ulm: J. Ebner-Meerapfel; »Rufmord«; 31.10.1975
Tageszeitung, München: E. Wieden; 10.10.1975
Unsere Zeit: R. Ritter; »Mordjournaille am Pranger«; 24.10.1975
Vorwärts, Bonn: Frauke Hanck; »Die Welt besteht aus unbegreifbaren Dingen«; 9.10.1975
Welt am Sonntag: H. Habe; »Jagd frei auf Journalisten«; 2.11.1975
Die Zeit: Wolf Donner; »Der lüsterne Meinungsterror«; 10.10.1975
Zoom Filmberater: Urs Jaeggi; 24/1975

AUSLAND
*Interviews, Gespräche:*
Aftonbladet: S. Melander; »Vi är rädda för utvecklingen i Vesttyskland«; 12.3.1976
Basler Nachrichten: C. R. Stange; »Bölls Heilige Johanna«; 10.12.1975
Chroniques: P. Straram u. L. M. Vacher; 14/1976
Dagens Nyheter: E. A. Geijerstam; »Ny lag hotar vital västtysk film«; 11.3.1976
Expressen: N. P. Sundgren; »Trots allt är vi optimister«; 13.3.1976
France Soir: Monique Pantel; »Entre le cinéma et l'opéra«; 18.3.1976
Il tempo: C. Trionfera; »Il dittatore-computer e la societá tedesca«; 30.4.1976
Il tempo: G. L. Rondi; »Schlöndorff: le battaglie del giovane cinema tedesco«; 12.2.1976
La Presse: S. Dussault; »Schlöndorff: ›faire un film comme on construit un pont‹«; 7.9.1975
La voz de espána: M. Francisca u. F. Valles; 18.9.1975

Le Point: Ursula Zentsch; »Un cinéaste accuse la presse«; 19.4.1976
Le Quotidien de Paris: Anne de Gaspari; »Défendre ses libertés«; 2.4.1976
Politique Hebdo: F. Mohr u. H. Delilia; »Les vieux démons et ceux d'aujourd'hui«; Interview mit Margarethe von Trotta; 217/1976
Telerama: Jean Luc Douin; 31.3.1976
Vorarlberger Nachrichten: L. Heinrich; »Ich habe nicht übertrieben«; 18.10.1975

*Rezensionen:*
AD: C. Wallagh; »Heksenjacht op Meisje«; 24.9.1976
Alto Adige: N. N.; »La Germania che fa paura dietro a Katharina Blum«; 1.5.1976
Bieler Tagblatt: G. Werner; 27.3.1976
Boston Globe: K. Kelly; 30.4.1976
Boston Globe: O. McManus; »Von Trotta films explore contemporary woman«; undatiert
Boston Phoenix: S. Schiff; »Stop the presses«; undatiert
Boston Real Paper: A. Reisman; »Boll Breaker«; undatiert
Bresche, Zürich: F. Gonseth; 28.5.1976
Bund, Bern: FZ; »Kampf um die Ehre – Kampf um das Menschsein«; 7.12.1975
Bund, Bern: T. Feitknecht; 16.1.1976
Capital: N. N.; »Questôes sem resposta em ›Katharina Blum‹«; 20.1.1976
Catholic Standard: B. Todd; »Power of the press«; undatiert
Chigago Daily: C. Nieland; »Böll's ›Katharina‹ makes a stunning film«; 6.10.1975
Cinéma: P. Clarisse; »L'honneur retrouvé du cinéma allemand«; 6.5.1976
Corriere del Ticino: C. Alessio; »Katharina Blum: in difesa dell'onore«; 14.6.1976
Corriere Mercantile: M. Cavagnaro; 8.5.1976
Dagbladet: A. Andersen; »Nar avisen blir aktor og dommer«; 16.10.1976
Dagens Nyheter: H. Hjerten; »Detta angar oss ocksa!«; 2.3.1976
Daily News: J. Oster; »Through a tunnel darkly«; 20.12.1975
Daily News: K. Carroll; »Foul play by the free press«; 3.10.1975
De rode vaan: P. Joye; »Lode de pooter«; 29.4.1976
De Standard: L. T.; »Sterke verfilming van Bölls aanklacht tegen onverdraagzaamheid«; 29.4.1976
De Volkskrant: G. v. d. Westelaken; »Schlöndorff vergeet nuances bij koele woede van Heinrich Böll«; 24.9.1976
Diario de noticidas: L. António; »História e história«; 21.1.1976
El Seviers: W. J. Schuhmacher; »De fijnzinnige wraak van Heinrich Böll«; 2.10.1976

Elle: P. Collin; 31.3.1976
Epocha: F. Medere; »Katharina, voce del cinema tedesco«; 21.4.1976
Expressen: J. Sima; »Västtysklands förlorade heder?«; 2.3.1976
Haarlems Dagblad: C. Boost; »Genuanceerde aanklacht tegen de arrogantie van de staat«; 24.9.1976
Het Parool: T. Ockerswn; »Slachtoffer van schandaalpers«; 24.9.1976
Il Corriere del Pomeriggio: M. Cipolla; »L'equivoca violenza«; 10.5.1976
Il Giornale d'italia: r. g.; »La padrona é servita«; 3./4.5.1976
Il Giornale: P. Fabbri; »Montatura giornalistico-poliziesca«; 7.5.1976
Il messaggero: N. N.; »Un atto d'accusa contro la Germania d'oggi«; 30.4.1976
Il Secolo: A.V.; »Caccia alle strenghe nella Germania ovest«; 7.5.1976
Katholischer Filmkreis, Zürich: M. Schnetzer; undatiert
Kleine Zeitung, Wien: L. Heinrich; 12.10.1975
Kurier, Wien: P. Hajek; »Die Ehre verloren, die Herzen gewonnen«; 11.10.1975
L'aurore: O. Grand; »Comme celle de Katharina Blum votre vie privée est menacée«; 26.3.1976
L'echo de la Bourse: N. N.; 29.4.1976
L'humanité: M. Monod; 11.4.1976
L'osservatore romano: E. Natta; »La coscienza critica di H. Böll«; 25.4.1976
La cite: J. Leirens; 29.4.1976
La Derniere Heure: A.V.; 29.4.1976
La libre Belgique: N. N.; 29.4.1976
La Releve: J. Aubenas; 1.5.1976
La Repubblica: R. Fegatelli; »La stampa gialla contro Katharina«; 1.5.1976
La revue du cinéma: H. B; 4/1976
La Vie Ouvrière: G. Dascal; undatiert
Le Figaro: P. Montaigne; »La démagogie piège la démocratie«; 24.3.1976
Le Jour: J. P. Tadros; »Une charge violente contre la presse allemande à sensation«; 26.9.1975
Le Magazine: P. Borteillen; 31.3.1976
Le nouvel observateur: J. L. Bory; »La terreur au ralenti«; 15.3.1976
Le Peuple: M. S.; 29.4.1976
Le Quotidien: H. Chapier; »Le gauchisme devenu spectacle«; 5.4.1976
Le Soir, Brüssel: L. Honorez; 29.4.1976
Momento sera: E. Zocaro; »Spettacoli politici sulla scena romana«; 3./4.5.1976
Morgenbladet: Bjorn Broymer; »Krasst oppgjor med boulevard-pressen«; undatiert
New Republic: D. Binder; »German prable«; 31.7.1976

Notre Temps: C. Jongen; »Honneur perdu pour qui?«; 29.4.1976
O Journal: N. N.; 20.1.1978
Pan: Chenapan; 5.5.1976
Paris Canard: J. P. Grousset; 7.4.1976
Parispoche: G. Dorman; »Un allemand de chez nous«; undatiert
Politique Hebdo: Perez; »Les tanks du groupe Springer«; undatiert
Pourquoi pas?: N. N.; 29.4.1976
Präsent Magazin: H. Stadler; »Über die gute Absicht gestolpert«; 30.10.1975
Svenska Dagbladet: H. Schiller; »Allvarligt och viktigt om samhället«; 2.3.1976
Tages Nachrichten: jg.; »Kampf um die eigene Menschenwürde«; 3.12.1975
Tagesanzeiger, Zürich: M. Schaub; »Ähnlichkeiten nicht zufällig, sondern unvermeidlich«; 12.5.1976
Tele 7 jour: N. N.; 11.4.1976
The Times: P. Moor; »West Germany's best film of 1975?«; 5.1.1976
TV Radio Zeitung: R. Mühlemann; undatiert
Unicinema: E. de Robertis; 5/1976
Variety: Hawk; 1.10.1975
Verden og vi: O. G. Fjeldstad; 15.10.1976
Vlan, Brüssel: N. N.; 12.5.1976
Volksgazet Antwerpen: M. T.; 14.5.1976
Vooruit: LB; »Scherpe aanval op sensatiepers«; 29.4.1976
Washington Newswork: J. E. Siegel; »Op(press)ive freedom«; undatiert
Washington Star: D. Mills; »The bad guys win in ›Lost Honor‹«; Mai 1976
Washington Times: Lydia Preston; »Lost Honor: Witch hunting in Germany«; undatiert
Yedioth Achronoth, Jerusalem: N. N.; 4.1.1977
Zoom: D. Fretard; undatiert
Zürichsee Zeitung: Charlot; »Die Mechanismen einer Zerstörung«; 15.5.1976

**Der Fangschuß (1976)**

DEUTSCHLAND
*Rezensionen:*
filmdienst: G.W.; 21/1976
Frankfurter Allgemeine Zeitung: Brigitte Jeremias; »Das Abenteuerliche an Männerbündnissen«; 22.10.1976
Frankfurter Rundschau: Wolfram Schütte; »Schlöndorffs ›Fangschuss‹ spielt im Baltikum«; 27.8.1976

Der Spiegel: Heinrich Böll; »Zeitbombe des Zweiten Weltkriegs«; 44/1976
Süddeutsche Zeitung: Hans Günther Pflaum; »Jagdfest bis zum Ende«; 21.11.1976
Die Zeit: Hans C. Blumenberg; »Trotzköpfchen als Terroristin«; 22.10.1976

AUSLAND
*Rezensionen:*
Cinema Lux: N. N.; 6/1977

## Nur zum Spaß – Nur zum Spiel. Kaleidoskop Valeska Gert (1977)

DEUTSCHLAND
*Rezensionen:*
Die Zeit: Manfred Sack; »Tanz mit dem Gesicht«; 8.7.1977
Kinemathek: »Valeska Gert«; Heft 55, Mai 1978
Süddeutsche Zeitung: Volker Schlöndorff; Grabrede zum Tod von Valeska Gert; 15./16.4.1978

## Deutschland im Herbst (1978)

DEUTSCHLAND
*Berichte zu den Dreharbeiten:*
Der Spiegel: N. N.; »Geballter Mut«; Nr. 10, 1978
*Rezensionen:*
Rote Fahne, Köln: N. N.;« Und was wird aus unseren Träumen in diesem zerissenen Land?«; 29.3.1978
Der Spiegel: Wolfgang Limmer; »Bilder aus der Wirklichkeit«; 6.3.1978
tip, Berlin: Jochen Brunow; »In der Wut gefilmt«; 6/1978
Die Zeit: Hans C. Blumenberg; »Lage der Nation«; 24.3.1978

## Die Blechtrommel (1979)

DEUTSCHLAND
Süddeutsche Zeitung: AP; »Richter kassiert »Blechtrommel««; 28./29.6.1997
Wiesbadener Kurier: AP; ›Blechtrommel‹ in USA auf dem Index«; 28./29.6.1997
Wiesbadener Kurier: dpa; »Schlöndorff protestiert«; 2.7.1997
*Berichte zu den Dreharbeiten:*
Erinnerungsbericht: Igor Luther (Kameramann); undatiert
Erinnerungsbericht: Tom F. Spalek (Wiesbaden); undatiert
Frankfurter Allgemeine Zeitung: Ulrich Greiner; »Nach Danzig, der Blechtrommel wegen«; 21.10.1978

Westdeutsche Allgemeine Zeitung: M. Lentz; »Notizen einer Reise nach Polen«; Oktober 1978
Der Spiegel: Marie-Luise Scherer; »Ein Kuckucks-Küken in der Kaschubei«; Nr. 45, 6.11.1978
Die Zeit: W. Gerlach; 10.11.1978
*Interviews, Gespräche:*
Playboy: Florian Hopf; »Ein offenes Gespräch mit Volker Schlöndorff«; Playboy-Interview, Moewig-Verlag. München, 1980
Rheinische Post: Heiko R. Blum; »Das Kind kopiert eigentlich nur die Erwachsenen«; 11.5.1979
*Rezensionen:*
Frankfurter Allgemeine Zeitung: Ulrich Greiner; »Verspätetes Familienfoto mit Oskar«; 28.4.1979
Frankfurter Allgemeine Zeitung: Ulrich Greiner; Portrait David Bennent – Der Blechtrommler; 8.5.1979
Kölner Stadt-Anzeiger: Rolf Thissen; »Größenwahn eines kleinen Kleinbürgers«; 5./6.5.1979
Süddeutsche Zeitung: Peter Buchka; »Ein Monstrum wird Gestalt«; 4.5.1979
taz: P. Schult; 3.5.1979
tip, Berlin: R. Tooten; 21/1978, 13.10.–26.10.1978
Die Zeit: Hans C. Blumenberg; »Das war der wilde Osten«; 4.5.1979
Zoom: N. N.; 11/1979, 6.6.1979

AUSLAND
*Berichte zu den Dreharbeiten:*
Literatura, Polen: S. Dobbowska; Interview; 27.7.1978


**Der Kandidat (1980)**

DEUTSCHLAND
*Interviews, Gespräche:*
ohne Angabe: C. Hembus; undatiert
*Rezensionen:*
Abendzeitung, München: Thomas Veszelits; »Strauß will kein Filmstar sein«; 23./24.2.1980
Abendzeitung, München: Bernd Kühnl; »Maulkorb für ›Oscar‹-Preisträger«; 23.4.1980
Der Spiegel: Ivan Nagel; »Triumph der Angst«; Nr. 17, 21.4.1980
Süddeutsche Zeitung: Robert Leicht; »Der Mythos eines deutschen Wesens«; 21.4.1980
Die Zeit: Hans C. Blumenberg; »Deutsche Ängste, deutsche Bilder«; 25.4.1980

AUSLAND
*Rezensionen:*
ohne Angabe: B. Levin u. E. Behr; »The mauling of a candidate«; undatiert
Evening Standard: Alexander Walker; »The Aussies storm the beach«; 15.5.1980
New York Times: J. Vinocur; »Bavarian ›Kandidat‹ is target of apocalyptic movie satire«; 23.5.1980

**Die Fälschung (1981)**

DEUTSCHLAND
*Berichte zu den Dreharbeiten:*
Quick: V. Moser; undatiert
Der Spiegel: Fitz Rumler; »Die wollen den Rückstoß spüren«; 23.3.1981
Stern: B. Lahann; undatiert
Süddeutsche Zeitung: C. E. Buchalla; 26.2.1981
*Rezensionen:*
Abendzeitung, München: Ponkie; 16.10.1981
Frankfurter Allgemeine Zeitung: M. Schwarze; »Das Falsche im Wahren«; 17.10.1981
Frankfurter Rundschau: D. Kuhlbrodt; »Der Bürgerkrieg als Kinoattraktion«; 16.10.1981
Der Spiegel: Michael Fischer; »Tänzchen auf dem Vulkan«; 12.10.1981
Stuttgarter Zeitung: G. Kriewitz; »Gestellter Schrecken«; 16.10.1981
Süddeutsche Zeitung: Peter Buchka; »Hamlet an der Nachrichtenfront«; 16.10.1981
Die Zeit: Norbert Jochum; »Der Geruch von Leichen«; 16.10.1981

AUSLAND
*Berichte zu den Dreharbeiten:*
International Herald Tribune: G. Bell; 26.3.1981

**Krieg und Frieden (1983)**

DEUTSCHLAND
*Berichte zu den Dreharbeiten:*
Stuttgarter Zeitung: E. S. Bayer; »Menetekel der weltweiten Zerstörung«; 23.7.1982
*Interviews, Gespräche:*
Filmfaust: Bion Steinborn; »Unser Herrgott ist der erste Kernaggressor«; 32/1983
Kultur-Journal, Bayerischer Rundfunk: Klaus Eder u. Peter Hamm; »Reise in die Wirklichkeit«; Manuskript für Fernsehbeitrag; 19.1.1982

*Rezensionen:*
Abendzeitung, München: Ponkie; 11.2.1983
Frankfurter Rundschau: Wolfram Schütte; »Trapezakt«; 12.2.1983
Münchner Merkur: A. Eichholz; »Niemand mehr da, der etwas beurteilen könnte«; 11.2.1983
Süddeutsche Zeitung: Hans Günther Pflaum; »Ein vergebliches Suchen«; 12./13.2.1983
Tageszeitung, München: E. G.; 12./13.2.1983
Die Zeit: Helmut Schödel; »Endspiel«; 18.2.1983

**Eine Liebe von Swann (1984)**

DEUTSCHLAND
*Berichte zu den Dreharbeiten:*
Der Spiegel: Marie-Luise Scherer: »Die eiskalte Sphäre der Hocharistokratie«; Nr. 7, 13.2.1984
Stern: Michael Schaper; »Tiger in der Manege«; 30/1983
Stuttgarter Zeitung: Heiko R. Blum u. Sigrid Schmitt; »Auf der Suche nach dem verlorenen Proust«; 22.7.1983
Zeit-magazin: Ulrich Greiner; »Die Liebe, eine Krankheit«; 22.7.1983
*Rezensionen:*
Film: N. N.; 3/1984
Der Spiegel: Urs Jenny; »Die schönen, schrecklichen Fratzen der Liebe«; Nr. 12, 19.3.1984
Die Zeit: Karsten Witte; »Déjà-Vu«; 23.3.1984

AUSLAND
*Rezensionen:*
France Soir: R. Chazal; undatiert
Le Monde: Jacques Siclier; undatiert
Le Monde: P. Sollers; undatiert

**Tod eines Handlungsreisenden (1985)**

DEUTSCHLAND
*Interviews, Gespräche:*
Abendzeitung, München: Gert Gliewe; »Nur die Verzweiflung ist echt«; 7./8.5.1986
Abendzeitung, München: Kai Niemeyer; »Amerikas Traum als Tragödie zum Lachen?«; 8.8.1985
Deutsche Bühne: Klaus Eder; »Ein provisorisches Leben«; undatiert
Nürnberger Nachrichten: Thomas Thieringer; »Ein Denkmal für den Vater«; 30.8.1985
Stern: Michael Schaper; »Zweikampf um einen Verlierer«; undatiert

*Rezensionen:*
Badische Neueste Woche, Karlsruhe: K.; »Theater als Film«; 12.1.1988
Badisches Tageblatt, Baden Baden: hjw; 12.1.1988
Neue Kino Woche, München: N. N.; »Willy macht Schluß«; 19/1986
Nordbayerischer Kurier; Bayreuth: T. H.; 12.1.1988
Der Spiegel: Hellmuth Karasek; »Vom Scheitern des kleinen Mannes«; Nr. 19, 5.5.1986
Stern: Evelyn Holst; »Perfektion für eine Null«; undatiert
Süddeutsche Zeitung: Claudius Seidl; »Sigmund Freuds amerikanischer Traum«; 9.5.1986
Süddeutsche Zeitung: N. N.; »Begreifen, was einen Mann umbringt«; 9.1.1988
Die Zeit: Siegfried Schober; »Filmlandschaft mit Menschen«; 13.9.1985
Die Zeit: Siegfried Schober; 22/1986, 23.5.1986

AUSLAND

*Interviews, Gespräche:*
Alto Adige: G. A. Pistoia; »Dustin, commesso viaggiatore«; 22.9.1985
Donna: Stefania Berbenni; »Dustin Hoffman: La febbre dello schermo«; undatiert
La Croix: H. Behar; Interview mit Dustin Hoffman; 23.2.1989
Le Figaro: G. Guez; »Schlöndorff: ›Le grand opéra d'Arthur Miller‹«; 22.2.1989
Le Quotidien: N. N.; »Dustin Hoffman: ›Nous sommes tous des autistes‹; Interview mit Dustin Hoffman; 22.2.1989
Los Angeles Times: C. Champlin; »Hoffman sold an Willy Loman«; Interview mit Dustin Hoffman; undatiert
Vanity Fair: Gespräch zwischen Dustin Hoffman und Arthur Miller; 9/1985

*Rezensionen:*
Atlanta Journal: B. King; »From Tootsie to Salesman: Hoffman takes to television«; 15.9.1985
Boston Sunday Globe: E. Siegel; »›Death of a Salesman‹ is brilliant television«; 15.9.1985
Broadcast Week: W. Marsano; »›Death of a Salesman no worry for Kate Reid‹«; 14.9.1985
Cahiers du cinema: F. Str.; 3/1989
Chigago Sun Times: D. Ruth; »A moving ›Salesman‹«; 13.9.1985
Chigago Tribune TV Week: R. Christiansen; »Film version of ›Salesman‹ filled with life«; 15.–21.9.1985
Cincinnati Enquirer: L. Winfrey; »Birth of a masterpiece«; 14.9.1985
Cinema: A. Bellet; »L'émotion bouleversante«; 1989
Daily News: K. Gardella; »Hoffman triumphs as ›Salesman‹«; 13.9.1985

Dallas Times Herald: D. Zurawik; »›Death of a salesman‹ perfectly staged for TV«; 15.9.1985
Familie Chretienne: N. N.; »En mal d'être aimé«; undatiert
Fort Lauderdale News: M. Kuchwara; »›Salesman‹ translates successfully«; 13.9.1985
France-Soir: M. Fabre; »Insoutenable chute d'un être«; 28.2.1989
France-Soir: Monique Pantel; »Schlondorff a cede devant Dustin Hoffman«; 21.2.1989
Globe and Mail; R. Groen; »Salesman's pitch is passé«; 14.9.1985
Hollywood Reporter: G. Williams; 13.9.1985
Journal de Lehas: N. N.; 16.9.1985
L'événement du jeudi: M. B.; 23.2.1989
L'humanité Dimanche: C. S.; 24.2.1989
L'Humanité: J. R.; »L'Academisme mou sur ses rails«; 25.2.1989
L'officiel des spectacles: J. R.; 22.2.1989
L'Unitá: M. Anselmi; »Vecchietti veri e falsi«; 7.9.1985
Le Figaro: C. Baigneres; »Words, words!«; 23.2.1989
Le Figaro: J. P. Lenotre; Portrait Dustin Hoffman; 22.2.1989
Le Monde: Jacques Sicilier: »Les victimes du rêve américain«; 23.2.1989
Le Parisien: E. Leguebe; 22.2.1989
Le Quotidien: F. Jonquet; »Chronique d'un rêve brisé«; 22.2.1989
Les Echos: A. C.; 28.2.1989
Los Angeles Herald Examiner: E. Mitchell; »TV's ›Death of a salesman‹ is a refresher course in great American literature«; 15.9.1985
Los Angeles Times: H. Rosenberg; 15.9.1985
Miami Herald: S. Sonsky; 15.9.1985
Neuilly: N. N.; 3/1989
New York Times: D Shewey; »TV's Custom-tailored ›Salesman‹«; 15.9.1985
New York Times: J. O'Connor; 13.9.1985
OK!: V. Dokan; 20.2.1989
Oregonian: P. Farrell; »Hoffman superb as salesman Willy«; 14.9.1985
Pélerin: C. Fachard; 2.3.1989
Plain Dealer: M. Riccardi; »Cameras excel in ›Salesman‹«; 14.9.1985
Premiere: J. J. B.; 3/1989
Révolution: M. L.; »Salesman 2«; 17.2.1989
Richmond Times: D.: Durden; »Salesman adapts to small screen«; 15.9.1985
Sacramento Bee: W. Glaekin; »TV revives Miller classic ›Death of a Salesman‹«; 12.9.1985
San Diego Union: R. P. Lawrence; »Dustin Hoffman enriches the tragedy that is Willy Loman«; 15.–21.9.1985
Studio: M. Esposito; »Un acteur pour l'humanité«; 24/1989

Sunday Star: J. Bawden; 15.9.1985
Tele K 7: G. Co.; 20.2.1989
Télé Loisirs: F. B.; 6.3.1989
Télérama: P. Murat; »La tragédie du derisoire«; 22.2.1989
Témoignage Chrétien: F. Quenin; 18.2.1989
Tribune Juive: D. Angel; undatiert
TV Chronilog: A. Hodges; »Hoffman's ›Salesman‹ should make Miller happy«; 15.–21.9.1985
USA Today: M. Collins; »This salesman can't be ignored«; 13.9.1985
Voice: R. Goldstein; »An American tragedy, like it or not«; 24.9.1985

**Ein Aufstand alter Männer (1987)**

DEUTSCHLAND
*Interviews, Gespräche:*
ARD-Pressedienst, Köln: N. N.; 13/1987
Frankfurter Rundschau: Sabine Rollberg; »Ein Treffen alter Männer«; 14.1.1987
Hamburger Abendblatt: Mathes Rehder; »Wanderjahre eines Filmemachers«; 15.9.1987
Münchner Stadtzeitung: Gebhard Hölzl; »Ein Reisender in Sachen Film«; 19/1987
Schädelspalter, Hannover: F. Beyer; »Ich hab' schon gespendet«; 10/1987
Szene, München: H. Braun; undatiert
Der Tagesspiegel: Lutz Hachmeister; »Noch ein paar Jahre in Amerika«; 20.9.1987
taz: Lutz Ehrlich; »Irgend was muß man ja machen«; 24.9.1987
Volksblatt Berlin: Annette Ascher; »Amerika beflügelt«; 18.9.1987
Die Welt: Margarete v. Schwarzkopf; »Anstand und Würde in einer heillosen Welt«; 23.9.1987
*Rezensionen:*
Auftritt: W. Rüger; 10/1987
Deutsches Allgemeines Sonntagsblatt, Hamburg: A. Ohland; »Das zähe Spiel mit der Geduld«; 20.9.1987
film-dienst: Karl-Eugen Hagmann; 19/1987; 22.9.1987
Filmecho: Helmut Müller; 2.10.1987
Frankfurter Rundschau: Heike Kühn; »Gewehr und Gegenwehr«; undatiert
Kultur aktuell, München: M. Holfelder; 24.9.1987; Manuskript für Filmbeitrag
Kursbuch: ToM; 10/1987
MagaScene, Hannover: N. N.; 9/1987

Münchner Buchmagazin: F. Falkenstein; 62/1987
Münchner Merkur: P. A. Weckert; »Dornen, die noch immer schmerzen«; undatiert
Nürnberger Nachrichten: H. B. Bock; »Der verspätete Triumph«; 25.9.1987
Ruhrnachrichten, Dortmund: hm; 4.9.1987
Der Spiegel: Hellmuth Karasek; »Tapfere Tattergreise«; 40/1987
Stadtblatt, Münster: C. Becker; undatiert
Süddeutsche Zeitung: Hans Günther Pflaum; »Onkel Toms Ende«; 24.9.1987
Szene, Hamburg: O. de Lattin; undatiert
Szene, München: H. Braun; »Helden für einen Tag«; undatiert
Tageszeitung, München: G. Hölzl; 26./27.9.1987
taz: N. N.; 24.9.1987
tip, Osnabrück: F. Tornabene; undatiert
Die Wahrheit, Berlin: P. Dehn; 24.9.1987
Die Zeit: Karsten Witte; »Die Frucht des Zorns«; 25.9.1987
Zitty, Berlin: hansa; 20/1987

AUSLAND
*Rezensionen:*
7 a Paris: S. Cherer; »La rage de l'oncle Tom«; 18.11.1987
Biba: N. N.; 12/1987
Cinema: J. N.; 19.11.1987
Confidences: K. Malvaes; 11/1987
Cosmopolitan: N. N.; 12/1987
Elle: P. Collin; 17.11.1987
Enfants Magazine: N. N.; 12/1987
Femme Actuelle: N. N.; 23.11.1987
France Soir: Monique Pantel; 12.11.1987
Impact: M. Toullec; 11/1987
Jazz magazine: M. C.; 362/1987
Jeune cinema: G. Gervais; »Rassemblement de vieux hommes«; 182/1987
L'auvergnat: N. N.; 28.11.1987
L'événement du jeudi: M. B.; 19.11.1987
L'express Paris: G. Medioni; 20.11.1987
L'humanité: G. le Morvan; »Ultime révolte«; 27.11.1987
La Croix: J.-L. M.; 26.11.1987
La Depeche: E. Chaumeton; »Le Sud n'est plus ce qu'il était«; 22.11.1987
La Nouvelle Republique du Centre-Ouest: G. Pian; »Tous coupables?«; 18.11.1987

La République du Centre: N. N.; 25.11.1987
La vie française: D. R.; 7.11.1987
La Vie Ouvrière: S. Z.; 14.11.1987
La vie: G. P.; 18.11.1987
Le Figaro: B. Baudin; »Volker Schlöndorff: le droite à la dignité«; 18.11.1987
Le Figaro: C. Baigneres; 19.11.1987
Le film français: N. N.; 30.10.1987
Le généraliste: N. N.; 24.11.1987
Le Journal du Dimanche: M. Stouvenot; 15.11.1987
Le matin: F. Raillard; 21.11.1987
Le Monde: Jacques Sicilier; 22./23.11.1987
Le Progrès: F. Cohendy; 18.11.1987
Le Provençal: N. N.; »Un allemand dans le grand sud«; 18.11.1987
Le Quotidien: Anne de Gaspari; »La casse de l'oncle Tom«; 18.11.1987
Le Quotidien: D. Jamet; »Un tramway nommé poncif«; 20.11.1987
Le Telegramme: N. N.; 18.11.1987
Les Echos: A. Coppermann; »L'oncle Tom se rebelle«; 24.11.1987
Lyon Matin: C. R. D.; 18.11.1987
National Hebdo: A. S.; 12.11.1987
Ouest France: C. Sparfel; 20.11.1987
Paris-Normandie: R. Q.; 17.11.1987
Pariscope: J.-M. Bescos; 18.11.1987
Positif: C.Viviani.; 317–318/1987
Première: S. Molitor u. A. B.; »Un rêve américain«; 11/1987
Rouge: N. N.; 27.11.1987
Starfix: L. Hetier; 11/1987
Studio: C.W.; 11/1987
Télé 7 Jours: G. Lenne; »Un shérif nommé Widmark«; 16.11.1987
Tele K7: G. Gressard; 220/1987
Télé Star: D. Charnay; 16.11.1987
Télérama: C.-M. Tremois; 18.11.1987
Vous et votre avenir: N. N.; »Schlöndorff: Jupiter dans la ligne de mire«; 11/1987

## Die Geschichte der Dienerin (1990)

DEUTSCHLAND
*Berichte zu den Dreharbeiten:*
Die Zeit: Barbara Ungeheuer; »Figuren, die Licht ausatmen«; 26.5.1989
*Interviews, Gespräche:*
Frankfurter Allgemeine Zeitung: Andres Müry; »Vorleser der Filmnation«; 16.2.1990

Frankfurter Neue Presse: C. Göldenboog; »Zuletzt blieb nur Schlöndorff übrig«; Interview Margaret Atwood; 22.2.1990
Generalanzeiger, Bonn: D. Oßwald; »Aufregend ist für mich die Abstimmung an der Kasse«; 1.3.1990
Die Zeit: Sibylle Zehle; »Er ist ein Läufer«; Nr. 8, 16.2.1990
*Rezensionen:*
Abendzeitung, München: Gert Gliewe; »Eine Klassengesellschaft der religiösen Gewalt«; 10./11.2.1990
Abendzeitung, München: Ponkie; 15.2.1990
Akku, Bochum: A. Friehoff; »Kein Kunst-Porno«; 7/1990
Andere Zeitung: S. Walter; 2/1990
Augsburger Allgemeine: uli; 16.2.1990
Badische Neueste Nachrichten: peva; »Endzeitspektakel«; 17.2.1990
Badische Zeitung: D. Hammerstein; »Garantiert lustfrei«; 16.2.1990
Berliner Morgenpost: B. Lubowski; 11.2.1990
Berliner Morgenpost: Dieter Strunz; 11.2.1990
Berliner Rundschau: N. N.; 16.2.1990
Berliner Zeitung (DDR): N. N.; 14.2.1990
Bild, Düsseldorf: N. N.; 22.2.1990
Boulevard: gar; 3/1990
Brigitte: N. N.; 4/1990
Cinema: khs; 2/1990
Cinematograph, Münster: N. N.; 2/1990
Cosmopolitan: N. N.; 3/1990
Düsseldorf Express: HHS; »Steriles Drama um Leihmutter«; 16.2.1990
Düsseldorfer Nachrichten: A. Wilinik; »Der Alptraum einer uniformierten Welt«; 16.2.1990
Emma: N. N.; »Kein feministischer Orwell?«; 2/1990
epd-Film: Verena Lueken; 3/1990
Esquire: R. Leberecht; 2/1990
Filmecho: N. N.; 6/1990
Filmfaust: Bion Steinborn; 3/4 1990
Filmfaust: C. v. Eichel-Streiber; 3/4 1990
Filmillustrierte: N. N.; 2/1990
Frankfurter Allgemeine Zeitung: Hans-Dieter Seidel; »Abhängige und Unabhängige«; 12.2.1990
Frankfurter Neue Presse: Eberhard Seybold; 16.2.1990
Frankfurter Rundschau: Peter Körte; »Bilderbuchhaft totalitär«; 15.2.1990
Freundin: N. N.; 4/1990
Generalanzeiger, Bonn; N. N.; 12.2.1990
Hamburger Abendblatt Magazin: N. N.; 2/1990
Hamburger Abendblatt: M. Rehder; »Frösteln inklusive«; 22.2.1990

Hannoversche Allgemeine Zeitung: E. Böhm; 13.2.1990
Hessische Allgemeine: J. Sattler; »Horror für Frauen und kühle Bilder«; 15.3.1990
Journal der Berlinale: K. Margolis; »For god and country«; 10.2.1990
Journal der Berlinale: U. v. Berg; »Biblische Pflicht«; 10.2.1990
Journal für die Frau: G. Mirhoff; 2/1990
Ketchup, Mannheim: H. Braun; 3/1990
Kieler Nachrichten: C. Munk; »Schlöndorffs Vision: fremdartig und fern«; 15.2.1990
Kinohit: N. N.; 3/1990
Klappe, Darmstadt: KLA; 2/1990
Kölner Stadt-Anzeiger: Brigitte Desalm; »Biblisch und doch verflucht«; 10.2.1990
Lübecker Nachrichten: P. Zimnik; »Grausam reales Bild einer Welt von morgen«; 16.2.1990
MagaScene, Hannover: N. N.; 2/1990
Main Post, Würzburg: cor; 16.2.1990
Mainzer Anzeiger: R. H.; 16.2.1990
Mannheimer Morgen: C. Rhode; 13.2.1990
Marabo: U. Rotermund; »Weiß, männlich. Normal?«; 3/1990
Marie-Claire: K. v. d. Leyen; »Eiszeit für Frauen«; 3/1990
Miss Vogue: N. v. Bredow; 2/1990
Münchner Merkur: E. Horn; »Männliche Kopfgeburt«; 15.2.1990
Neue Ärztliche: W. B.; »Bunt angestrichene graue Mäuse«; 13.2.1990
Neue Presse, Hannover: C. Brebach; »Eine dumme Männerphantasie«; 16.2.1990
Nürnberger Nachrichten: S. Radlmaier; »Guter Hoffnung«; 16.2.1990
Oxmox, Hamburg: rüra; 2/1990
Plärrer, Nürnberg: V. Sommer; 3/1990
Prinz: J. Schütze; »Weinen ist billig! ... Verstehen ist schwieriger«; 2/1990
Rheinische Post: N. N.; 12.2.1990
Rheinischer Merkur: N. N.; 23.2.1990
Die Rheinpfalz: N. N.; 12.2.1990
Schwäbische Zeitung: S. Haefele; »Happy End für Hollywood«; 2.3.1990
Skyline: C. Lenz; 3/1990
Der Spiegel: Hellmuth Karasek; »Ein Blick ins künftige Glück«; 7/1990
Stadtblatt Münster: J. Kehrer; 3/1990
Stadtblatt Osnabrück: RWE; 2/1990
Stadtrevue, Köln: A. Heinrich; 3/1990
Stern TV-Magazin: K. Weber; 8/1990
Süddeutsche Zeitung: Hans Günther Pflaum; »Ein ratloses Werk«; 15.2.1990

Süddeutsche Zeitung: Peter Buchka; »Jenseits der Gegensätze«; 14.2.1990
Tagesspiegel, Berlin: Volker Baer; 11.2.1990
taz: chp; 10.2.1990
Tempo: G. Oestel; 2/1990
Tip, Berlin: Wolfgang Brenner; »Von Mägden und Männchen«; 3/1990
Tips Bielefeld: S. Lux; 3/1990
Tüte, Tübingen: hajo; 3/1990
Ultimo, Münster: Peter Körte; »Totalitarismus aus dem Bilderbuch«; 4/1990
Videoplay: N. N.; 3/1990
Volksblatt Berlin: H. Brockmann; 11.2.1990
Die Welt: Frauke Hanck; »Das Internat der erwachsenen Frauen«; 10.2.1990
Westfälische Rundschau: Arnold Hohmann; 12.2.1990
Zitty, Berlin: H.-J. Neumann; »Plumpe Antiutopie«; 5/1990

AUSLAND
*Berichte zu den Dreharbeiten:*
Charlotte Observer: L. Toppman; »Weaving ›The Handmaid's Tale‹«; 11.4.1990
New York Times: M. Forsberg; 2.4.1989
*Interviews, Gespräche:*
Bomb: C. Steinberg; Sommer/1990
Interview: D. Denicolo; März/1990
MTV to go: N. N.; »From Hearst to Handmaid«; Interview mit Natasha Richardson; 12/1989
*Rezensionen:*
American Film: J. Hodenfield; 3/1990
Arts & Entertainment: D. Maychick; 7.3.1990
Arts & Entertainment: T. Jacobs; 10.10.1990
Boston Sunday Globe: J. Koch; »Beware the book!«; 18.3.1990
Cinefantastique: S. Teitelbaum; »Directing Dystopia«; 4/1990
Columbia Daily Spectator: J. Taylor; »A tale of fascism and sex«; 8.3.1990
Cultural Information Service: F. A. Brussat; 3/1990
Daily News: M. Southgate; »Her genes fit perfectly«; Portrait Natasha Richardson; 4.3.1990
Entertainment Weekly: N. N.; 9.3.1990
Gaipied: R. Guinard; »Couleur sang«; 21.6.1990
Gannett News Service: M. Fine; 7.3.1990
Glamour: B. Hersey; 4/1990

Hollywood Reporter: D. Brown; 7.3.1990
International Herald Tribune: A. H. Malcolm; Portrait Margaret Atwood; 21./22.4.1990
Journal: D. Noh; 3/1990
Los Angeles News: D. Pecchia; 10.3.1990
Los Angeles Times: G. Peary; 4.3.1990
Los Angeles Times: P. Rainer; »Chilling world of programmed procreation«; 7.3.1990
Los Angeles Weekly: N. N.; 56/1990
Los Angeles: M. Shindler; 4/1990
Macleans: B. D. Johnson; »Fascism handmaid«; 26.2.1990
Mademoiselle: L. Morice; 12/1989
Movieline: R. Natale; 4/1990
The Nation: S. Klawens; 2.4.1990
New York Daily News: K. Carroll; 7.3.1990
New York Law Journal: N. Hirsch; »›Handmaid‹ serves thick plot«; 9.3.1990
New York Magazine: D. Denby; »Politics as usual«; 12.3.1990
New York Observer: N. Nicastro; 12.5.1990
New York Post: D. Edelstein; 7.3.1990
New York Times: L. v. Gelder; 12.1.1990
Newsday: M. McGrady; »The power of ideas in ›Handmaid‹«; 7.3.1990
Newsweek: J. K.; 26.3.1990
Orange County Register: J. Emerson; 20.3.1990
People Magazine: R. Novak; 26.5.1990
Playboy: B. Williamson; 5/1990
Premiere: N. N.; 1/1990
Rolling Stone: N. N.; 22.3.1990
Sassy: M. Kaye; 4/1990
Savvy: L. Lordeaux; »Atwood's answer to 1984«; 1/1990
Seven Days: R.T. Jameson; 14.3.1990
Star-Ledger: R. Freedman; 7.3.1990
Starlog: J. Bernard; »The Filmmaker's tale«; 3/1990
Theatrecrafts: J. Calhoun; 2/1990
US Magazine: J. G. Boyum; 3/1990
USA Today: J. Williams; 8.3.1990
USA Today: M. Clark; 7.3.1990
Variety: Lor.; 12.2.1990
Village Voice: M. Musto; 6.3.1990
Voice: G. Brown; 13.3.1990

**Homo Faber (1991)**

DEUTSCHLAND

*Interviews, Gespräche:*
Abendzeitung, München: H. Hintermeier; »Wir scheitern alle am Ausleben unserer Liebe«; 21.3.1991
Cosmopolitan: U. Pittroff; Interview Sam Shepard; 4/1991
Kino: M. Downey; 3/1990
Penthouse: Marion Kroner; 4/1991
Sächsische Zeitung: U. Lemke; 21.2.1992
Der Spiegel: Urs Jenny, Hellmuth Karasek; »Wem wird man schon fehlen?«; 12/1991
Stern: Christine Kruttschnitt, Sven Michaelsen; »Mich ärgern bedeutungsschwangere Künstler«; undatiert
Süddeutsche Zeitung Magazin: C. Kämmerling; Interview Sam Shepard; 31/90
taz: Gerhard Midding; »Ich liebe Schwierigkeiten«; Interview Julie Delpy; 21.3.1991
Weltwoche: Christian Seiler, Thomas Wördehoff; »Der Tod hat für mich nichts Literarisches mehr«; 15/1991, 11.4.1991

*Rezensionen:*
Abendzeitung, München: A. Dullinger; 21.3.1991
Elle: A. Hemrich; undatiert
Filmecho: Jürgen Veile; 12/1991
Frankfurter Allgemeine Zeitung: M. Rüb; 21.3.1991
Frankfurter Rundschau: Sabine Horst; »Keine Super-Konstellation«; 21.3.1991
Kinohit: sti; undatiert
Männer-Vogue: N. N.; undatiert
Marie-Claire: S. Schütze; 3/1991
Rtv: P. W. Engelmeier; 11/1991
Süddeutsche Zeitung: P. Buchka; 21.3.1991
taz: Kraft Wetzel; »Volker Faber Vater«; 21.3.1991
Tempo: G. Sturz; Porträt Julie Delpy; 3/1991
Tip: Peter W. Jansen; »Die Tränen der Männer«; 6/1991
Tz, München: G. G.; 21.3.1991
Zeit-Magazin: Jutta Duhm-Heitzman: »Männer, Krisen und ein Film«; 12/1991
Die Zeit: Andreas Kilb; »Die Fälschung«; 13/1991, 22.3.1991

AUSLAND

*Berichte zu den Dreharbeiten:*
La Vie des spectacles: B. Baudin; 27.4.1990
Télérama: J. Schidlow; »Le souffle Schloendorff«; 23.5.1990

Europes: P. Brogi; 6/1990
La Repubblica: A. M. Mori; »Sam, fascinoso Homo Faber«; 15.6.1990
*Interviews, Gespräche:*
Basler Zeitung: C. Heim; »Ich habe keine Angst vor dem romantischen Kino«; undatiert
Der Bund: F. Zaugg; »Max Frisch, Walter Faber und Bilder des Todes«; undatiert
Cinéma: E. de Brantes; »Faber, père trop aimant«; 4.9.1991
ENA: E. Papazachariou; Interview mit Sam Shepard; 6/1991
Film Bulletin: R. Geib; Interview mit Kameramann Pierre L'homme; 1/1991
Flix: M. Hashimoto; 1/1992
Homme Otoko: N. N.; Interview mit Sam Shepard; 1/1992
Interview: S. O'Shea; Interview mit Julie Delpy; 10/1991
Limmat Zeitung: R. Hönle; »Herzenswunsch erfüllt«; 1.5.1991
Movie-Makers: A. Scott; undatiert
Schweizer Illustrierte: C. Soltmannowski; Portrait Julie Delpy; 14/1991
Sonntagsblick: R. Naef; »Herr Schlöndorff, wie lange wird es das Kino noch geben?«; 28.4.1991
Tele: H. R. Haller; »Anders zurückgekommen, als man aufgebrochen ist«; 29.4.1991
TR 7: M. Kroner; »Stets im Schatten der Literatur«; 27.4.1991
*Rezensionen:*
Basler Zeitung: P. W. Jansen; 12.4.1991
Berner Zeitung; D. Slapping; 13.4.1991
Berner Zeitung: Jutta Duhm-Heitzmann; 13.4.1991
City: M. Lacombe; Portrait Julie Delpy; 5/1991
Corriere della sera: M. Porro; 6.10.1991
Daily News: B. Strauss; 28.2.1992
Daily News: F. Swertlow; 3.3.1992
Daily News: K. Carroll; »Wow, ›Voyager‹: trip to self-discovery«; 31.1.1992
Esquire (Japan): E. Shichiji; 1/1992
Film Bulletin: J. Bösiger; »Ein Mensch auf der Suche«; 1/1991
Film Journal, K. Lally; »Schlöndorff's travel continue with ›Voyager‹ romantic drama«; 94/1991
Folha de S. Paulo: L. Nagib; 15.10.1991
France Soir: Monique Pantel; 4.9.1991
Gannett Surburban Newspapers: M. Fine; »›Voyager‹ takes a haunting trip«; 30.1.1992
Hollywood Reporter: R. Holloway; undatiert
Kinejun: A. Kawahara; 11/1991
La Repubblica: I. Bignardi; 6./7.10.1991

La Vie des Spectacles: B. Baudin; » Le voyage intérieur de Sam Shepard«; 4.9.1991
Los Angeles Reader: A. Klein; 28.2.1992
Los Angeles Times: K. Thomas; »A cathartic journey«; 13.3.1992
Los Angeles Times: K. Turan; 28.2.1992
Los Angeles Times: L. Chunovic; 29.2.1992
Los Angeles Weekly: H. Sheehan; 28.2.1992
Luzerner Neuste Nachrichten: Urs Bugmann; 12.4.1991
Luzerner Tageblatt: R. Breiner; 13.4.1991
Movie Gazette: N. N.; 5.3.1992
Movie Pictures International: N. N.; 28.3.1992
Neue Zürcher Zeitung: rov; »Homo factus«; 12.4.1991
New Video Paradise: N. N.; 11/1991
New York Newsday: M. Wilmington; 31.1.1992
New York Post: J. Tallmer; 31.1.1992
New York Times: John Tagliabue; »A director who pursues the inner demons«; 26.1.1992
New York Times: V. Canby; »A variation on the Oedipus theme«; 31.1.1992
Playboy: B. Williamson; 2/1992
Rolling Stone: P. Travers; 11/1991
Studio: N. N.; undatiert
Switch: S. Kawamoto; 1/1992
Tages-Anzeiger: P. Lachat; 16.4.1991
Tokyo Times: N. N.; 9.10.1991
Valley Vantage: S. Franklyn; 20.2.1992
Vanity Fair: J. Rasenberger; 12/1991
Village View: T. Crow; 28.2.1992
Vogue: B. Lacombe; 2/1991
Vogue: J. J. Buck; 12/1991
WoZ: C. Schelbert; »Der Filmemacher als ewiger Abiturient«; 19.4.1991
Züri Woche: N. N.; 11.4.1991
Züri-Tip im Tages-Anzeiger: W. Ruggle; »Ein Amerikaner in Europa«; 12.4.1991

**Billy, How Did You Do It? (1988–92)**

DEUTSCHLAND
Süddeutsche Zeitung: Volker Schlöndorff; »Nobody is perfect«; 21.6.1991
Wiesbadener Kurier: Helmut Räther; »Wir machen weiter ...«; 21.1.1992

## Der Unhold (1996)

DEUTSCHLAND
*Berichte zu den Dreharbeiten:*
Blickpunkt: Film: also; »Euro-Großfilm mit weltweiten Chancen«; 49/1996
Cinema: Heiko Rosner; »Kopp ab wie im Märchen«; 1/1996
Filmecho: Thilo Wydra; »Das Leben eines Unholds. – Ein Drehbericht aus Paris«; 38/1995
Filmecho: Thilo Wydra; »Beim Drehen aufs Ganze gehen«; 51–52/1995
Potsdamer Morgenpost: N. N.; »›Der Unhold‹ oder wie Nazis die Jugend verführten«; 2.12.1995
Der Spiegel: Urs Jenny; »Ich rieche Menschenfleisch«; 38/1995
Süddeutsche Zeitung: Peter Buchka; »Im Windschatten der Geschichte«; 17.11.1995
Die Welt: Silvia Meixner; »Vom Privileg, Kunst machen zu dürfen«; 2.12.1995
Wiesbadener Kurier: Thilo Wydra; »›Unhold‹ jetzt auf dem Schneidetisch«; 17.1.1996
*Interviews, Gespräche:*
Amica: Roger Willemsen; »John Malkovich – Ich mache Leuten gerne Angst«; Oktober 1996
andere zeitung: Thilo Wydra; »Sanfter Unhold«; Nr. 234, 8/1995
Berliner Zeitung: Merten Worthmann; »Ich bin über meine Leiche gegangen«; 5.9.1996
Blickpunkt: Film: tn; »Dieses Thema ist für mich hochaktuell«; 34/1996
film-dienst: Thilo Wydra; »Ambiguität als Sujet. – Der Schauspieler John Malkovich«; 11/1997
Filmecho: Katharina Dockhorn; »Von Tätern, Opfern und Verführten«; 36/1996
Focus: N. N.; »Etwas Furchtbares in uns«; 37/1996
Kino-coolibri: Thomas Naumann; »Kriege & Siege«; 9/1996
Rheinischer Merkur: Jörn Rohwer; »Ich bin auf Sparflamme«; 37/1996
Rheinische Post: Heiko R. Blum; »Siegfried und die Schießbudenfiguren«; 20.9.1996
Die Welt: Hanns-Georg Rodek; »Volker Schlöndorff: Zeigt doch auch das andere Berlin«; 9.9.1996
Wiesbaden-Magazin: Thilo Wydra; »Neues vom Biebricher Bub«; Nr. 10, 8/1995
Wochenpost: Jörn Rohwer; »Die Fassaden müssen weg«; 1/1996
Die Zeit: Andreas Kilb, Christiane Peitz; »Ich dachte, das mache ich im Schlaf«; 36/1995

*Rezensionen:*
Aachener Nachrichten: N. N.; »Verwirrender Bilderbogen«; 14.9.1996
Aachener Zeitung: Günter H. Jekubzik; »Kein Vergleich zur großen ›Blechtrommel‹«; 12.9.1996
Blickpunkt: Film: N. N.; 34/1996
Cinema: Heiko Rosner; 9/1996
epd-Film: Georg Seeßlen; 9/1996
film-dienst: Josef Lederle; 18/1996
Filmecho: Thilo Wydra; 36/1996
Focus: Harald Pauli; »Drinnen vor der Tür«; 37/1996
Frankfurter Allgemeine Zeitung: Frank Schirrmacher; »Der Elch als Leviathan«; 12.9.1996
Frankfurter Neue Presse: Heinrich Hochthaler; »Blaue Augen und Zuckerguß«; 12.9.1996
Frankfurter Rundschau: Peter Körte; »Liebe, Geld & andere Dämonen«; 31.8.1996
Frankfurter Rundschau: Peter Körte; »Blinder Elch«; 12.9.1996
Kölner Express: HHS.; »Abel, Kinderfänger für die Faschisten«; 12.9.1996
Kölner Stadt-Anzeiger: Brigitte Desalm; »Tumber Tor im braunen Sumpf«; 14./15.9.1996
Kultur-News!: Georg Seeßlen; »Unbefangen«; 9/1996
Rheinische Post: Josef Nagel; »Der Sonderling auf Görings Jagdgut«; 6.9.1996
Rheinische Post: Heiko R. Blum; »Naiver Naturbursche«; 13.9.1996
Der Spiegel: Urs Jenny; »Erlkönigs Wiederkehr«; 36/1996
Stern: Niklas Frank; »Requiem für deutsche Pimpfe«; 29.8.1996
Strandgut: Georg Seeßlen; »Der Faschismus und der Erlkönig«; Nr. 219, 9/1996
Süddeutsche Zeitung: Hans Günther Pflaum; »Auf den Schultern die Last der ganzen Welt«; 12.9.1996
Süddeutsche Zeitung: Michael Althen; »Alpträume im Kinderland«; 31.8.1996
TV-Spielfilm: M. Schmitz; »Ein Schauermärchen«; September 1996
Die Welt: Hanns-Georg Rodek; »Groteske, Irrsinn, Märchen: Reise ins Land der Deutschen«; 12.9.1996
Wiesbadener Kurier: Thilo Wydra; »Ambivalentes Porträt«; 11.10.1996
Wiesbadener Tagblatt: Josef Nagel; »Die NS-Zeit als ›deutsche komische Oper‹?«; 11.10.1996
Die Zeit: Andreas Kilb; »Das Gespenst von Kaltenborn«; 36/1996

AUSLAND

*Berichte zu den Dreharbeiten:*

Corriere della Sera: Paolo Valentino; »L'ombra nazista sull'Orco dei Grimm«; 27.11.1995

Le Figaro: Marie-Noelle Tranchant; »Volker Schlöndorff au pays des ogres«; 26./27.8.1995

International Herald Tribune: Stephen Kinzer; »Director revives Berlin Studio«; 3.1.1996

New York Times: Stephen Kinzer; »Rampant signs of life at a legendary studio«; 31.12.1995

Screen International: Martin Blaney; »Babelsberg – The Ogre«; 9.2.1996

Studio: N. N.; »Un ogre nommé Malkovich«; 9/1995

Télérama: N. N.; »Abel et la bête«; No 2401, 17.1.1996

*Interviews, Gespräche:*

Elle: Annick Le Floc'Hmoan; »John Malkovich – Le séducteur du Couvent«; 4.9.1995

Première: Gilles Verdiani; »Der Roi of the aulnes«; No 236, Novembre 1996

El Pais: Elsa Fernandez-Santos; »Para imaginar a un nazi me basta con mirarme a mi mismo«; 26.2.1997

*Rezensionen:*

Grand Ecran: N. N.; No. 40, Septembre 1996

Le Nouvel Observateur: R.V.; »Le Roi de Babelsberg«; 4–10/1/1996

Première: Gilles Verdiani; No. 235, Octobre 1996

*Zusammengestellt von Annette Friedmann,*
*Martin Strottmann, Thilo Wydra*

# Anmerkungen

1. Drehbuch: THE OGRE. Based on the novel by Michel Tournier. Screenplay by Volker Schlöndorff and Jean-Claude Carrière. Englische Fassung vom 13. Juni 1995 (Korrekturen vom 5. Juli, Änderungen vom 20. September).
2. FSK-Schreiben vom 31.3.1966, Wiesbaden. Gez. Dr. Krüger, Vorsitzender. *(Sammlung V. S.)*
3. FBW-Gutachten, zitiert in: Fischer, Robert u. Joe Hembus: Der neue deutsche Film 1960–1980, Goldmann, München 1981. S. 30.
4. Brief vom 19.5.1966, Paris. Gez. Dr. von Tieschowitz, Kulturreferent der deutschen Botschaft. *(Sammlung V. S.)*
5. Arbeitsdrehbuch Volker Schlöndorffs zu MORD UND TOTSCHLAG, 108 Seiten. *(Sammlung V. S.)*
6. Kleist, Heinrich von: *Michael Kohlhaas*. In: Sämtliche Erzählungen und Anekdoten. dtv, München 1978. S. 9.
7. Cowie, Peter: International Film Guide 1982. The Tantivy Press, London 1982. S. 32.
8. Brecht, Bertolt: Baal. Drei Fassungen. Edition Suhrkamp, Frankfurt/M. 1993. S. 58.
9. Thomsen, Christian Braad: Rainer Werner Fassbinder. Rogner & Bernhard bei Zweitausendeins, Frankfurt/M. 1991. S. 92.
10. Brecht, Bertolt: Baal. S. 79.
11. Schlöndorff, Volker: *Der plötzliche Reichtum der armen Leute von Kombach*. Reihe »Filmtexte«, Kommunales Kino Frankfurt/M. 1971. S. 42.
12. Brief Volker Schlöndorffs, undatiert. *(Sammlung V. S.)*
13. New York, 17. June 1974: Judith Crist; »Divorce, universal style«.
14. Brief Volker Schlöndorffs an Dr. Günter Rohrbach. München, 2.3.1971. *(Sammlung V. S.)*
15. Zuschauerbriefe, die im Oktober 1974 bei der ARD eingegangen sind. *(Sammlung V. S.)*
16. Brief von Dr. H. Prescher, HR Frankfurt/M., 14.10.1974. *(Sammlung V. S.)*
17. Böll, Heinrich: *Die verlorene Ehre der Katharina Blum oder: Wie Gewalt entstehen und wohin sie führen kann*. Erzählung. Kiepenheuer & Witsch, Köln 1992. S. 234
18. Brief Marguerite Yourcenars an Volker Schlöndorff. Maine, USA, 4.12.1974. *(Sammlung V .S.)*
19. Drehbuchfassung: *Oskar wächst ... der Blechtrommel zweiter Teil*. Volker Schlöndorff, nach dem Roman von Günter Grass. Mai 1986, 117 Seiten. *(Sammlung V. S.)*

20. Proust, Marcel: *In Swanns Welt. Auf der Suche nach der verlorenen Zeit. Erster Teil.* Roman. Suhrkamp, Frankfurt/M. 1981. S. 503.
21. L'Avant-scène: UN AMOUR DE SWANN. No 321/322, Février 1984. Sämtliche übersetzte Zitate.
22. Brief von Jeremy Irons an Volker Schlöndorff. Undatiert. *(Sammlung V. S.)*
23. Michel-Thiriet, P: Das Marcel-Proust-Lexikon. Frankfurt/M. 1992. S. 427.
24. Tagebuch von Volker Schlöndorff. 26. Juni 1983. Im Deutschen Filmmuseum Ffm. im Rahmen der Schlöndorff-Ausstellung (26.9. bis 17.11.1996) gezeigt.
25. Lueken, Verena in: epd Film 3/1990.
26. Der Spiegel. »Wem wird man schon fehlen?«, Schlöndorff-Interview, 12/1991. S. 236–249.
27. Brief Max Frischs an Volker Schlöndorff. Datiert 8.4.1991, Bad Ragaz. *(Sammlung V. S.)*
28. Drehbuch: HOMO FABER. Rudi Wurlitzer und Volker Schlöndorff, Mitarbeit Philippe Pilliod; nach dem Roman von Max Frisch. 3., undatierte deutsche Fassung (153 Sequenzen, 116 Seiten). *(Sammlung V. S.)*

## ÜBER DEN AUTOR

*Thilo Wydra* lebt und arbeitet als freier Filmjournalist in Wiesbaden und München. Studium der Komparatistik, Germanistik, Kunstgeschichte und Filmwissenschaft an den Universitäten Mainz und Dijon (Burgund). Publiziert u. a. in den Filmzeitschriften *filmdienst, Filmecho/Filmwoche* und *Zoom* sowie in verschiedenen Tageszeitungen (*Die Welt, Frankfurter Neue Presse, Wiesbadener Kurier*). Koorganisator der *Filmreihe Volker Schlöndorff*, Verfasser des dazugehörigen Katalogs (1996 in Wiesbaden). Mehrere Buchbeiträge.


## FOTONACHWEIS

Baldwin, Sidney 2, 223, 227
Deutsches Filmmuseum 9, 47, 49 (oben), 55, 57, 60, 61, 66, 67, 71, 76, 77, 81, 89, 91, 105, 115, 117, 119, 127, 139, 141, 143, 145, 147, 154, 155, 156, 157, 161, 165, 172, 177, 182, 185, 186, 192, 193, 195, 196, 197, 199, 205, 216, 217, 220, 232, 233, 234; Bavaria 93; Deborah Imogen Beer 142; Bioskop-Film 159; Bob Greene 178; Erika Krause 113; Thomas Luttge 84, 85; Digne Meller Marcovicz 70; Studio Mirkine 128; Jim Rakete 189, 200; K. Reiter 126; Hermann Schulz 80; Heide Maria Weiss 75, 87; B. Wetcher 171; Günter Zint 98, 99, 101, 102; Alexander Graf in Zolna 51
Köhler, Wolf-Dieter 49 (unten), 210
Volker Schlöndorff 224, 225, 226, 228, 230, 237, 240
Archiv Thilo Wydra 6, 13, 14, 17, 18, 19, 21, 22, 24, 25 (2), 27, 28, 31 (2), 32, 33, 35, 36, 37, 39, 40, 41, 42, 45, 53, 56, 59, 63, 65, 69, 73, 83, 97, 103, 107, 109, 110, 111, 114, 121, 123, 124, 125, 129, 131, 132, 133, 135 137, 151, 153, 163, 164, 167, 169, 174, 175, 179, 184, 194, 201, 209, 211, 213 (2), 219

# Register

## A

*1984* 183
*A Free Woman* 86 f.
*A la recherche du temps perdu* 29
*Abschied von gestern* 50
*Academy Award* 132
Achter, Franz 251
Achternbusch, Herbert 88, 256
Adam, Beles 256
Adler, Peter 94, 256
Adorf, Mario 96, 100, 102 f., 121
*After Hours* 166
Aftermann, Peter 265
Albiez, Lars 37, 40 f.
Albrecht, Ernst 261
Alexander, Georg 15
Allaire, Philippe 263
Amiel, Jon 177
*An Officer and a Gentleman* 176
Anna Karina 62, 253
Antonioni, Michelangelo 197
Apicella, Steve 264
*Apocalypse Now* 129
Apted, Michael 184
Arafat, Jassir 138
Arbter, Manfred 268
Archer, Isabel 94
Ardant, Fanny 154
Artaud, Antonin 64
Arvanitis, Yorgos 202
Asmodi, Herbert 44, 251
Astaire, Fred 83
Atwood, Margaret 183
Aulaulu, Carla 70
Aust, Stefan 135, 144 ff.
Axmann-Rezzori, Hanna 44
Aznavour, Charles 260

## B

Baader, Andreas 119
*Baal* 52, 68–72, 74, 244, 253
Baby, Nicolas 263
Bacher, Gabriele 204
Bächler, Wolfgang 73, 254
Baker, Blanche 265
Ballhaus, Michael 116, 165 f., 171
Banfi, Beatrice 267
Barker, Alan 204
Barlier, Michel 263
Baron, Suzanne 255
Barrault, Marie Christine 263
Bartlett, Jennifer 265
Becker, Rolf 100, 257
*Before Sunrise* 198
Benedek, Laszlo 163
Bennent, Anne 263
Bennent, David 122, 124 ff., 132
Bennent, Heinz 96, 100, 121, 146
Benton, Robert 169 f.
Berger, Helmut 149
Berger, Ludwig 231
Berger, Senta 79 f., 82
Berghahn, Willi 46
Bergman, Ingmar 86 f., 94, 155
Berri, Claude 30, 268
Betke, Jan 204
Biddle-Wood, Clement 64, 252
Billington, Francelia 92
*Billy, How Did You Do It?* 203–206, 249, 267
Bissmeier, Joachim 92, 95
*Blind Husbands* 92
Bloch, Lisa 268
Bluhdorn, Charles 188
*Body Heat* 226
Böll, Heinrich 92, 96, 98 f., 101, 104, 120, 144, 188

Bond, Edward 64
Bonnot, François 263
Booker, Richard 268
Born, Nicolas 138 f.
Boro, Claus von 252
Bowin, Claire 268
Boyer, Arne 56, 252
Brandner, Uwe 75
Brando, Marlon 149
Brasch, Helmut 260
*Brave New World 183*
Bray, Barbara 150
Breaux, Walter 173
Brecht, Bertolt 68, 71 f., 82, 116
Brem, Rudolf Waldemar 70
*Brideshead Revisited 151*
Brodzki, Marek 267
Brook, Peter 150, 262
Bruckner, Anton 38
Brückner, Jutta 108
Brunet, Jacques 29
Brunner, Maria 255
Brustellin, Alf 258
*Buddy, Buddy 204*
Bufnoir, Jacques 261
Bülau, Kurt 252
Buschhoff, Walter 254

# C

Campion, Jane 94, 177, 219
Carax, Léos 198
*Carmen 150*
Carmet, Jean 261
Caro, Pierre 253
Carpentier, Peter 267
Carrière Jean-Claude 30, 139, 150 f., 154, 210 f., 213
Carrière, Matthieu 44 f., 51, 53, 55, 106, 109, 113
Carter, Rosanna 264
Cattini, Alberto 92

Cecchi d'Amico, Suso 149
Celentano, Adriano 153
Chabrol, Claude 87, 94
Chandler, David S. 263
Chandler, Jeff 222
Chappel, Herbert 267
Chase, James Hadley 222, 239, 268
Christie, Agatha 177
Clément, René 149
Clever, Edith 92 f., 94
Cloos, Hans-Peter 258
Cobb, Lee J. 163
Cohn-Bendit, Daniel 68
Coker, Gigi 264
Companeez, Nina 154
Coppelmann, Rusty 253
Coppola, Francis Ford 128 f., 212
*Copycat 177*
Corley, Al 269
Corzilius, Claus-Peter 259
Couveinhes, Pierre 237
Cowie, Peter 236
Cramer, Karl-Josef 254
*Crash 177*
Crawford, Neelon 264
Cronenberg, David 177
Curwood, James-Oliver 23
*Cyrano de Bergerac 218*

# D

Danaher, Paul 259
*Dangerous Liaisons 171*
Danis, Arlette 268
Danzer, Sibylle 256
*Danziger Trilogie 123*
*Das Testament des Dr. Mabuse 168*
David, Joel 263
*De Grey 94*
De Sica, Vittorio 87
Dean, James 59
Deeley, Michael 265

Degen, Claude 24
Delon, Alain 147, 149, 152, 154
Delpy, July 188 f., 191, 196, 199 f.
Demme, Jonathan 225
*Denn sie wissen nicht, was sie tun* 60
Depardieu, Gérard 20
Depp, Johnny 223
*Der amerikanische Freund* 180
*Der Einsame* 71
*Der Erlkönig* 30
*Der Fangschuß/Le Coup de Grâce* 8, 95, 106–114, 187, 246, 257
*Der junge Törless* 8, 11, 44–54, 57 ff., 76, 80, 100, 107 f., 203, 227, 243, 251
*Der Kandidat* 134–136, 247, 260
*Der Mann ohne Eigenschaften* 45
*Der plötzliche Reichtum der armen Leute von Kombach* 72–79, 81, 89, 244, 254
*Der Postraub von Subach* 74
*Der Unhold/The Ogre* 8 f., 16 f., 30, 43, 113, 127, 207–220, 249, 267
*Der Zoologische Palast* 259
*Desaster* 37
*Détective* 198
*Deutscher Filmpreis 1976* 100
*Deutscher Filmpreis 1977* 113
*Deutschland im Herbst* 37, 100, 118–122, 135, 144, 246, 258
*Die Blechtrommel – Le Tambour* 8, 11, 30, 100, 111, 122–133, 150, 164, 187, 212, 246 f., 259
*Die Ehe der Maria Braun* 129
*Die Fälschung/Le Faussaire* 30, 136–143, 247, 261
*Die freudlose Gasse* 116
*Die Geschichte der Dienerin/The Handmaid's Tale* 181–186, 190, 249, 265
*Die Moral der Ruth Halbfass* 79–82, 245, 254
*Die Nibelungen* 218
*Die Niklashauser Fart* 75
*Die verlorene Ehre der Katharina Blum* 37, 92, 96–105, 107, 120, 245, 256 f.
*Die Verwirrungen des Zöglings Törless* 8, 45
Diehl, Ferdinand 59
Diehl, Hermann 59
Dietrich, Marlene 46
Dietz, Alfred 44
Diffring, Anton 253
Doldinger, Klaus 253
Domberger, Else 255
Donnerstag, Maria 254
Döring, Joachim 255
Dorman, Geneviève 108, 246, 257
*Double Indemnity* 226 f.
Draht, Kai 262
*Dreigroschenoper* 82
Dreihardt, Leotine 252
Dresbach, Terry 268
Drews, Berta 260
Dubin, Mitch 264
Dunaway, Faye 181, 185
Dunn, Bill 266
Duret, Marc 268
Durning, Charles 263
Duvall, Robert 181, 184 f.

# E

E. Max Frye 225
Ebermayer von Richthofen, Alexander 255
Eckelt, Klaus 251
Egbert, Ann B. 263
Ehrlich, Peter 79
Eichhorn, Werner 257
*Ein Aufstand der alten Männer/ A Gathering of Old Men* 173–180, 188, 248, 264 f.

*Ein unheimlicher Moment 244, 251*
*Eine Liebe von Swann/Un Amour de Swann 30, 146–161, 248*
Eisenstein, Sergej M. 116
Elminger, Susan 264
*Emmy Award 224*
*Ende einer Dienstfahrt 99*
Engel, Tina 260
Engstfeld, Axel 144 f.
Enke, Werner 54
Ensslin, Gudrun 119
Erfmann, Edwin 266
Esterez, Arnaud 263
Ettengruber, Peter 253
Eue, Rolf 268

# F

Farner, Konrad 255
Fassbinder, Rainer Werner 68 ff., 73, 75, 128 f., 144, 166, 218
Fellini, Federico 87, 116
Felz, Jamie 268
Fenske, Annemarie 265
Ferch, Heino 34, 41, 207
Ferguson, T. Sean 268
Ferréol, Andrea 133, 260
*FIPRESCI-Preis 50*
Fischbeck, Manfred 54
Fleischmann, Peter 72, 75, 99, 238
Florian, Luc 268
Forman, Milos 224
Foster, Jodie 177, 184
Franco, Robert J. 263
Frank, Niklas 56, 252
Frear, Stephen 171
Freeman, Richard 132 f.
Frigerio, Ezio 34, 218
Frisch, Max 187 f., 191 f.
Fromme, Harald 251
Frost, Gower 265
Frye, E. Max 268

Fuller, Charles 264
Furness, Deborah-Lee 188, 266
Fux, Herbert 257

# G

Gahr, Michael 146
Gailling, Hans 256
Gaines, Ernest J. 175
Gall, Eva Maria 252
Gallagher, John 268
Gammie, Susan 264
Ganz, Bruno 136, 139 f., 142 f.
Garfunkel, Art 151
Gaster, Nicolas 214
Gehlen, Fritz 251
Geissler, Elke 255
*Georginas Gründe/Les Raisons de Georgina 92–95, 155, 245, 256*
*Germinal 30*
Gershon, Gina 22, 268
Gert, Valeska (Schamosch, Gertrude) 106, 112–118
Gilbert, Ruth 256
Gitlis, Ivry 88
*Giulietta degli spiriti 116*
Glanzrock, Stephen 365
Glattes, Wolfgang 265
Glowna, Vadim 259
Godard, Jean-Luc 198
Goetz-Dickopp, Mulle 261
*Golden Gate Award 50*
*Golden Globe 224*
*Goldene Schale 1979 (Bundesfilmpreis) 129*
Gossett jr., Louis 173, 176, 179
Götz, Ursula 256
Grabbe, Christian Dietrich 71
Grandsart, Hervé 263
Grashoff, Michael 254
Grass, Günter 8, 123 ff., 127, 138, 211
Grasse, Sam de 92

Grasshoff, Wilhelm 73
Graue, Siegfried 68
Greenaway, Peter 219
Griem, Helmut 79, 120
Grischow, Gisela 204
Grosch, Andreas 268
Gruber, Angelika 240
Gruber, Elena 240
*Gruppenbild mit Dame* 96

# H

Haas, Charles 151
Habich, Matthias 106 f., 113
Hadley Chase, James 8
Hakl, Fritz 123, 260
Halem, Gerhard von 256
Hallwachs, Hans Peter 54
Hamm, Peter 81, 91, 254
Hanau, Sasha 19, 268
Handorf, Heidi 256
Hannah, Colin 267
Harlander, Willi 252
Harrelson, Woody 221, 223 f., 226
Harris, Julius 264
Harrison, Ralph 267
Hartpeng, Lucie 265
Hauff, Reinhard 37, 75, 88 f.
Hauschildt, Harald 266
Haynes, Tiger 264
Heinze, Thomas 266
*Helmudt Schmidt in der DDR* 264
Hembus, Joe 254
Henrich, Bernhard 16
Henze, Hans Werner 100, 159
Hermann, Irm 70, 253
Hermann, Kai 139
Hertle, Renate 252
*Herz aus Glas* 75
Herzog, Werner 75, 117, 128, 165, 180
Hickey, Joe 268
Highsmith, Patricia 122

Hijazi, Fayez 262
Hildebrandt, Dorothea 268
Hillebrecht, Angelika 252, 254
Hinz, Theo 118, 135
Hirtz, Dagmar 266
Hitchcock, Alfred 88, 102, 133
Hofer, Arthur 240
Hofmann, Dustin 125, 162 ff., 169 f.
Hoger, Hannelore 96, 100, 257
Holmes, Preston 265
Holtzmann, Thomas 62, 65, 253
*Home for the Holidays* 177
*Homo Faber/The Voyager* 13, 35,
   41, 183, 187–202, 249, 266
Honecker, Erich 264
Hopf, Florian 58
Hoppe, Rolf 222, 268
Houwer, Robert Piet 61, 252
Hunter, Holly 173, 175, 177 f.
Hurst, David 265
Huxley 183

# I

Ibsen, Henrik 82
*Ich liebe dich, ich töte dich* 75
Irons, Jeremy 146, 151 f., 157, 159 f.

# J

Jackson, Brenda 259
Jackson, Inigo 62, 253
Jacob, Gilles 214
Jacobi, Ernst 260
Jaenicke, Käte 260
*Jagdszenen aus Niederbayern* 75, 99
*Jaider – Der einsame Jäger* 75
James, Henry 94 f., 256
Jannings, Emil 129, 235
Jarre, Maurice 140
Jochum, Norbert 143
Joffé, Roland 170

John, Gottfried 34, 219, 268
Johst, Hanns 71
Jones, Brian 58, 61
Junghans, Carl 116
Junkersdorf, Eberhard 129, 138, 190
*Just Another Sucker 8*
Juvet, Nathalie 263

## K

Kahnt, Axel 16
*Kaleidoskop Valeska Gert 166*
Karasek, Hellmuth 203
Karzau, Sonja 252
Kasdan, Lawrence 227
*Katz und Maus 123*
Kaufman, Philip 198
Kaufmann, Günter 146
Kazan, Elia 162
Keil, Klaus-Oliver 253
Keller, Gottfried 74
Kerr, Charlotte 263
Kessler, Bodo 203, 252
Keuerleber, Gisela 262
Keyzer, Bruno de 18, 28, 219, 221
Khalil, Joseph 261
Khalil, Josette 261
Khoury, May 261
Kidman, Nicole 94
Kieslowski, Krzysztof 198
Kinski, Pola 115 f.
Kirchlechner, Dieter 187
Kirschstein, Rüdiger 106, 113, 257
Klein, Jay 264
Klein, Johnny 134
Kleist, Heinrich von 62 f., 252
Kliess, Werner 94, 256
Kloiber, Ingeborg 256
Kloss, Thomas 268
Kluge, Alexander 50, 119 f., 136, 145 f.
Knigge, Wolfgang 254
Kohner, Paul 203

Kondermann, Ingrid 254
*Kopfgeburten oder Die Deutschen
  sterben aus 138*
Kotowski, Konrad 254
Kovacova, Clotilde 252
Kovacs, Rudi 253
*Kramer vs. Kramer 169*
Kramer, Sydney 177
Krapp, Helmut 256
Kraus, Hansi 252
*Krieg und Frieden 100, 136,
  144–146, 248*
Kuhlmann, Harald 257
Kurant, Willy 67
Kurz, Gerlinde 265

## L

*La Femme d'a côté 154*
*La Passion Béatrice 198*
Laabs, Karl-Heinz 268
Lachmann, Edward 180, 264
*Lacombe Lucien 218*
*Land Pa-Isch 209*
Lang, Fritz 12, 42, 168, 218
Lang, Stephen 162, 263
Laser, Dieter 15, 34, 36 f., 41 f., 96,
  100, 121, 218
Laugadière, Hugues de 263
Laughton, Charles 206
Laureux, Jean-Claude 263
Lauterkorn, Uwe 262
*Le Doulos/Der Teufel mit der
  weißen Weste 88*
*Le hussard sur le toit 218 f.*
*Le mari de la coiffeuse 219*
*Le Piège d'or 23*
*Leaving Las Vegas 223 f.*
Leconte, Patrice 219
Ledig-Rowohlt, Heinrich Maria 46
Ledl, Lotte 251
Lehn, Georg 73, 76

Lemmon, Jack 206
Lemper, Ute 267
Lepel, Bernd 261
Lerigoleur, Dominique 263
*Les enfants terribles 148*
Levy, Salvador 268
Lhomme, Pierre 202
*Liebe ist kälter als der Tod 69*
Limmer, Alfred 253
Lind, Tracy 265 f.
Linklater, Richard 198
Lohmann, Dietrich 71
Lohniský, Vaclav 62
Losey, Joseph 148 f.
Löwer, Werner 254
Lubitsch, Ernst 7, 12, 116, 204, 211 f.
*Lucie Aubrac 30*
*Ludwig II. 140*
Luke, David 265
Lumet, Sydney 177
Luther, Igor 14, 111, 131, 136, 138, 142, 146, 186 f.
Lüttge, Martin 83 f.
Lutz, Regine 257
Lyck, Henry von 257
*L'innocente 149*

# M

Macaulay, Marc 268
Mahler, Gustav 84
Mainka, Maximiliane 258
Mainka-Jellinghaus, Beate 258
Malkovich, John 15 ff., 20, 28, 33 f., 37 f., 40 f., 43, 94, 169 ff., 197, 207, 215, 218
Malle, Louis 7, 35, 46, 113, 150, 218
*Man on Horseback 67*
Mangano, Silvana 149
Mante-Proust, Suzy 148
March, Frederic 163
Margraf, Karl 256

Marischka, Georg 84, 255
Martini, Louise 88, 256
*Mathias Kneissl 75*
Matiezen, Kathleen 266
Mattar, Ghassan 261
Maurette, Marc 263
*Mauvais Sang 198*
*Max-Ophüls-Preis 48*
Maydell, Sabine von 253
McGovern, Elisabeth 265
McIntyre, Lucille 265
McKay, Craig 264
Meeves, Helmut 252
Meineke, Eva-Maria 93, 256
Meinhof, Ulrike 105
Meisel, Kurt 65, 253
Melton, Gregory 265
Melville, Jean-Pierre 7, 11, 13, 46, 113, 152
Menegoz, Margaret 153
*Menschen am Sonntag 206*
Merz, Karl-Heinz 79, 146, 254
*Michael Kohlhaas – Der Rebell 61– 67, 72, 76, 244, 251*
Miller, Arthur 20, 164, 166
Millié William 255
Möller, Isa 266
Monroe, Marilyn 206
Morak, Franz 258
*Mord und Totschlag 54– 61, 65, 70, 80, 89, 227, 243, 251*
*Morgan, A Suitable Case for Treatment 64 f.*
*Morte a Venezia/Mort à Venise/Tod in Venedig 149 f.*
Moulnier, Colin 121
Mrejen, Jacques 266
Mueller-Stahl, Armin 207
Müller, Harald 74, 254
Müller-Laue, Klaus 251
Munro, John 261
*Murder on the Orient Express 177*

Musil, Robert 8, 45, 52 f.
Musso, Eugene 269
Muti, Ornella 147, 153, 157, 159
Myers, Stanley 253, 255

# N

*Nachtschatten 75*
Naim, Fouad 261
*Nana 116*
*Natural Born Killers 223*
Needle, Karen 263
Neeson, Liam 184
*Nell 184*
Nero, Franco 65
Nettelbeck, Uwe 51, 57
Neutze, Günther 68
Niefind, Dagmar 261
Nietzsche, Friedrich 38
Nimier, Roger 231
*Nosferatu – Phantom der Nacht 117, 128*
*Nur zum Spaß – Nur zum Spiel. Kaleidoskop Valeska Gert 113–118, 246, 258*
Nykvist, Sven 86 f., 93 ff., 155 f.
Nyman, Michael 219

# O

Olbrychski, Daniel 122, 124, 132
O'Leary, Ryan 32, 213
Oliveri, Mariella 123, 260
Olivier, Laurence 149
Ortion, Gilles 263
Orwell, George 183
Osborne, Rick 268
*Oscar 1979 129*
*Oscar 1980 134*
*Out of Rosenheim 38*
*Owen Windgrave 94*
Owen, Harry 254

# P

Pabst, G. W. 116
Pacha, Maleen 251
Pagé, Ilse 260
Pallenberg, Anita 54 ff., 60 f., 65 f.
*Palme d'Or 129*
*Palmetto 8, 54, 221–229, 268 f.*
Pampuch, Eva 253
Paolini, Christine 28
Papa John Creach 264
*Paris, Texas 197*
Pascale, John 264
Pascale, Philippine 263
Patalas, Enno 259
Patton, Will 173, 178, 264
Paulis, Irmgard 253
Perakis, Nikos 255
Petraschke, Karin 262
Petrovic, Aleksandar 96
Picot, Gregoire 266
Pinter, Harold 148, 150, 183, 265
*Places in the Heart 170*
Polanski, Roman 125
Polito, Jon 263
Pollack, Sydney 169
*Preis des spanischen Filmkritikerverbandes 100*
*Premio Vittorio de Sica 113*
Prescher, Hans 265
Prescher, Hans 72, 74, 90, 256
Prochnow, Jürgen 96, 100, 146
Proust, Marcel 29, 94, 148, 152, 157 ff., 161
Przygodda, Peter 214
Ptok, Friedhelm 83, 255

# Q

Quinlan, Michael 263
Quinn, Aidan 181

## R

Rakete, Jim 41, 202
Rampling, Charlotte 149
Rappaport, Michel 222, 268
Raspe, Jan Carl 119
Rath, Franz 47, 53, 70, 76 f., 90, 138, 146, 231
Ray, David 265
Redgrave, Vanessa 184
Reeg, Ute 255
Rehberg, Hans-Michael 146
Rehm, Werner 260
Reid, Kate 162
Reidy, Joseph 263
Reisz, Karel 64, 151
Reitz, Edgar 120
Rembrandt van Rijn 112
Renoir, Jean 116
Resnais, Alain 7, 46, 150
Rettig, Susanne 79, 254
Rezzori, Enrico von 252
Rezzori, Gregor von 56, 252
Riachi, Alexandre 261
Richard, Keith 65
Richardson, Natasha 181, 184
Richardson, Tony 184
Riefenstahl, Leni 218
Ries, Karl-Heinz 251
Rimbach, Herbert 251
Rogers, Ginger 83
Rohrbach, Günther 89
Rollberg, Sabine 265
*Roots 177*
*Rosalie Goes Shopping 38*
Rosenberg, Godel 134
Rosenblatt, Bart 269
Rossetter, Kathy 263
Rossetti, Dante Gabriel 95
Rousselot, Philippe 201
Rowland, Gibson 92
Rudman, Michael 163
Rywin, Lew 268

## S

Sägebrecht, Marianne 15, 34, 38, 218
Sakamoto, Ryuichi 265
Salmon, Caspar 22, 27, 30 f., 33, 207, 213
Sanders, Nicola 267
Sassinot de Nesle, Yvonne 155
Saulnier, Jacques 155, 263
Schaper, Rainer 240
Scherf, Dieter 251
Scherrer, Rita 88, 256
Schilling, Niklaus 75
*Schindler's List 219*
Schleyer, Eberhard 120
Schleyer, Hanns Martin 119 f.
Schlöndorff, Detlev 231
Schlöndorff, Georg 231
Schlüter, Henning 260
Schmidt, Helmut 136
Schmidt, Joseph 254
Schmidt-Reitwein, Jörg 120
Schmied, Emanuel 253
Schneider, Romy 96
Schnitzler, Karl-Eduard von 105
Schöne, Rainer 265
Schönemann, Jürgen 252
*Schreie und Flüstern 94*
Schubert, Christian 256
Schubert, Peter 258
Schubert, Theo 80
Schubert, »Minouche« 80
Schulze, Thomas 259
Schwarze, Hans-Dieter 99
Schweiger, Heinrich 88, 256
Schygulla, Hanna 68, 70, 137, 140, 143, 154
Scorsese, Martin 166
Sedan, Paul 94
Sedlmayr, Walter 253 f.
Seidowsky, Marian 44, 79 f., 254
Seitz, Franz 46, 50, 124, 242

Seneca, Joe 264
Sevigny, Chloé 222, 228
Shepard, Sam 187, 189, 191, 194, 196 ff., 199f., 202, 219
Shue, Elisabeth 222 f., 227
Si Bekai, Abdel 251
Si Bekai, Ashur 251
Signorelli, Tom 263
Simon, Rainer 208
Singer, Maria 252
Sinise, Gary 170
Sinkel, Bernhard 258
Siodmak, Robert 206
Skolimowski, Jerzy 137, 142
Smith, Daniel 22, 27 f., 33, 213
Smoljanski, Ilja 43, 268
*So ist das Leben 116*
*Some Like It Hot 205*
*Something Wild 225*
Sophokles 120
Spengler, Volker 207, 217 f., 219
Spielberg, Steven 212
Spielvogel, Laurent 268
Spoerri, Miriam 253
Stadelmann, Günter 253
Staeck, Klaus 136
*Steel Magnolias 197*
Steele, Barbara 44, 53
Stéphane, Nicole 148 ff.
Straht, Robert 256
Strauß, Franz Joseph 134 ff.
Strauß, Marianne 261
Streep, Meryl 151
Strode, Woody 264
Stroheim, Erich von 92
*Strohfeuer 52, 81–88, 155, 245, 255*
*Stroszek 180*
Sturbelle, Philippe 268
Sukowa, Barbara 187, 191, 200
Szabò, István 164

# T

*Tagebuch einer Verlorenen 116*
*Tango Mortale 219*
Tauber, Richard 254
Tavernier, Bertrand 198, 219, 229
Taylor, Linwood 265
Tennant, Victoria 265
Teubner, Roland 260
Thalbach, Katharina 123
*The Bench of Desolation 94*
*The Domino Principle 177*
*The Draughtman's Contract 219*
*The French Lieutenants Woman 151*
*The Go-Between 149*
*The Killing Fields 170*
*The Michael Nyman Songbook 267*
*The Ogre 19*
*The People vs. Larry Flynt 223 f.*
*The Piano 177, 219*
*The Portrait of a Lady 94*
*The Proust Screenplay 150*
The Saint 223
*The War of the Roses 38*
Thiele, Rolf 252
Thomas, Jeremy 268
Thost, Bruno 258
Thun, Friedrich von 256
*Thunderheart 197*
Thurman, Uma 223
Tidlow Winn, Harriet 265
Tieschowitz, Bernhard von 50, 52
Tischer, Bernd 44
*Tod eines Handlungsreisenden/ Death of a Salesman 162–172, 176, 248, 263*
Tolstoi, Leo 144 f.
*Tootsie 169*
Topor, Roland 263
Toulouse-Lautrec, Henri 238
Tournier, Michel 30, 32 f., 209 f., 213, 217
Traier, Dieter 146

Trielli, André 261
Trielli, Paul 261
*Trois Couleurs: Blanc 198*
Trotta, Margarethe von 9, 15, 23, 68, 70 f., 73 f., 79, 83 ff., 87, 96, 98 f., 101, 106 f., 109 f., 112 f., 119 f., 138
Truffaut, François 150, 154
Tucholsky, Kurt 117
Turckheim, Charlotte de 263

## U

*Übernachtung in Tirol 88–91, 245, 255*
*Un amour de Swann 94*
*Un dimanche à la campagne 219*
Urtel, Martin 261

## V

Vacano, Jost 103
Vanicek, Ivan 253
Venning, John 259
Visconti, Luchino 46, 148 f.
*Viva Maria! 46*
*Vivement dimanche! 154*
Vizner, Vladimir 262
Vogeler, Volker 75
Vosgerau, Karl-Heinz 100, 257

## W

Wachs, Friedrich C. 240
Wagner, Richard 38
Walser, Franziska 259
Walzel, Klaus 256
Wannberg, Kenneth 263
Wargnier, Régis 15
Warner, David 62, 64 f., 67, 253
Weigel, Helene 72
Weiss, Oliver 268
Weitershausen, Gila von 137, 261

*Wen kümmert's? 242*
Wenders, Wim 180, 197, 214
Wendlandt, Horst 224
Wendlandt, Matthias 223
Wessel, Diane 265
Weyhmüller, Hans-Jörg 253
Whaley, Richard 173
Whiteside, Jenny 267
Wicki, Bernhard 252
Widmark, Richard 173, 175, 177 ff.
Wilcox, Ralph 268
*Wilder-Auktion 266*
Wilder, Billy 7, 11 f., 42, 62, 203 ff., 211, 227
Williams, Tennessee 116
Wilson, Daniel 265
Windisch, Ingrid 239
Winkler, Angela 96 f., 100, 103 ff., 120 ff., 124, 146
Wise, Robert 238
Witte, Gunter 256
Witting, Wigand 260
Wright, Tom 268
Wurlitzer, Rudy 190, 266
Wydra, Thilo 32

## Y

Yourcenar, Marguerite 107 f.

## Z

*Zabriskie Point 197*
Zander, Dieter 251
Zapatka, Manfred 146, 262
*Zazie dans le métro 36*
Zens, Michael 266
Zichy, Frederick von 258
Zirner, August 266
Zola, Emile 74
Zorich, Louis 167, 263
Zougheib, Tannous 261
Zuta, Daniel 262

# Große Regisseure

*Ihre Filme - ihr Leben*

Heiko R. Blum
**Klaus Maria Brandauer**
*Schauspieler und Regisseur*
*32/235*

Bodo Fründt
**Alfred Hitchcock**
*32/91*

François Truffaut
**Mr. Hitchcock, wie haben Sie das gemacht?**
*19/14*

*32/165*

Janet Light
Christopher Nickens
**Psycho**
*Hinter den Kulissen von Hitchcocks Kultthriller*
*32/243*

Rainer Dick
**Laurel & Hardy**
*32/221*

Robert Fischer
**David Lynch**
*32/165*

Rolf Thissen
**Russ Meyer**
*Der König des Sexfilms*
*32/236*

Enzo Siciliano
**Pasolini**
*Leben und Werk*
*32/241*

Brent Maddock
**Die Filme von Jacques Tati**
*32/187*

Roland Keller
**Karl Valentin und seine Filme**
*32/239*

Hellmuth Karasek
**Billy Wilder**
*Eine Nahaufnahme*
*01/8897*

# Heyne-Taschenbücher

**HEYNE BÜCHER**

# Der internationale Film

*Genres, Titel, Hintergründe*

Wolf Jahnke
**Die 100 besten Action-Filme**
*32/226*

Ulrich Hoppe
**Casablanca**
*32/62*

Matthias Peipp
Bernhard Springer
**Edle Wilde – Rote Teufel**
*Indianer im Film*
*32/242*

Ronald M. Hahn
**Das Heyne Lexikon des erotischen Films**
*32/224*

Erich Kocian
**Die James Bond-Filme**
*32/44*

Andreas Kasprzak
**Stephen King und seine Filme**
*32/247*

Ronald M. Hahn
Volker Jansen
**Kultfilme**
*Von »Metropolis« bis »Fargo«*
*32/73*

Andreas Pittler
**Monty Python**
*32/254*

Ronald M. Hahn
Volker Jansen
**Lexikon des Science Fiction Films**
*32/250*

Oliver Denker
**STAR WARS – Die Filme**
*32/244*

*32/254*

Heyne-Taschenbücher

# Starke Männer

*Hollywoods neue & alte Helden*

Alan G. Barbour
**Humphrey Bogart**
*32/1*

John Parker
**Sean Connery**
*32/225*

*32/255*

Frank Schnelle
**Tom Cruise**
*32/192*

David Dalton
**James Dean**
*32/72*

Rein A. Zondergeld
**Alain Delon**
*32/211*

Adolf Heinzlmeier
**Johnny Depp**
*32/245*

Gerald Cole
Peter Williams
**Clint Eastwood**
*32/199*

Adolf Heinzlmeier
**Mel Gibson**
*32/240*

Meinolf Zuhorst
**Tom Hanks**
*32/229*

Robert Fischer
**Al Pacino**
*32/203*

Karsten Prüßmann
**Brad Pitt**
*32/238*

Mary Thürmer
**John Travolta**
*32/249*

**Heyne-Taschenbücher**